BORGES:
EL MISTERIO ESENCIAL

BORGES:
EL MISTERIO ESENCIAL

Conversaciones en universidades
de los Estados Unidos

Edición y fotografías de
WILLIS BARNSTONE

Traducción y notas de
MARTÍN HADIS

Lumen

narrativa

El papel utilizado para la impresión de este libro ha sido fabricado a partir de madera
procedente de bosques y plantaciones gestionadas con los más altos estándares ambientales,
garantizando una explotación de los recursos sostenible con el medio ambiente y beneficiosa para las personas.

Borges: el misterio esencial
Conversaciones en universidades de los Estados Unidos

Título original: *Borges at 80: Conversations*

Copyright © 1981, Indiana University Press
All rights reserved

Primera edición en Argentina: septiembre, 2021
Primera edición en México: junio, 2022

D. R. © 2021, Penguin Random House Grupo Editorial, S.A.
Humberto I, 555, Buenos Aires

D. R. © 2022, derechos de edición mundiales en lengua castellana:
Penguin Random House Grupo Editorial, S. A. de C. V.
Blvd. Miguel de Cervantes Saavedra núm. 301, 1er piso,
colonia Granada, alcaldía Miguel Hidalgo, C. P. 11520,
Ciudad de México

penguinlibros.com

Willis Barnstone por la edición y las fotografías
Martín Hadis, por la traducción y las notas

ISBN: 978-607-381-540-6

Impreso en México – *Printed in Mexico*

ÍNDICE

AGRADECIMIENTOS

Las conversaciones que figuran aquí bajo los títulos "Islas secretas", "Soy simplemente el que soy", "La pesadilla, ese tigre entre los sueños" y "Yo siempre sentí el temor de los espejos" corresponden a conferencias que Borges brindó en la Universidad de Indiana, Bloomington, en el año 1980, gracias al auspicio de la Fundación William T. Patten.[1]

La conversación que figura bajo el título "Al despertar" fue publicada originariamente bajo el título "Thirteen Questions: A Dialogue with Jorge Luis Borges" ("Trece preguntas: un diálogo con Jorge Luis Borges") en el *Chicago Review* y se reproduce aquí con ligeras correcciones con la debida autorización de esa revista.

Partes del "Show de Dick Cavett" del 5 de mayo de 1980 conforman la conversación que figura con el título

---

[1] William T. Patten creó la fundación que lleva su nombre en 1931, a través de una donación a la Universidad de Indiana. La fundación tiene por objetivo enriquecer la vida cultural de esa casa de estudios, y a tal fin invita cada año a profesores y conferencistas, solventando sus gastos de traslado y estadía. Jorge Luis Borges fue designado Conferencista William T. Patten para el semestre de primavera de 1980.

"Sobrevino como un lento crepúsculo de verano", publicada con autorización de Daphne Productions.

Las fotografías de Borges fueron tomadas por Willis Barnstone en Buenos Aires, en los años 1976 y 1977.

La publicación de este libro implica un regreso de estas conversaciones al idioma de Borges. Por ese motivo, la labor de traducción no consistió meramente en trasladar al castellano las palabras que el escritor dijo en inglés, sino en buscar las palabras y frases que Borges solía emplear en castellano para expresar las mismas ideas.

PRÓLOGO

Este libro recoge el conjunto de diálogos con Borges que tuvieron lugar en los Estados Unidos en los años 1976 y 1980. En 1976 Borges viajó al *campus* de la Universidad de Indiana, Bloomington, para participar en una serie de conversaciones sobre su obra. Años más tarde, en la primavera septentrional de 1980, regresó a esa casa de estudios y permaneció allí un mes entero, gracias al auspicio de la Fundación William T. Patten, el Departamento de Español y Portugués, el Departamento de Literatura Comparada y la Oficina de Asuntos Latinoamericanos de esa universidad. Borges se trasladó luego a la Costa Este de los Estados Unidos. En la Universidad de Chicago fue recibido por una audiencia expectante y numerosa. John Coleman y Alistair Reid lo entrevistaron en el PEN Club de Nueva York. Asistió asimismo como invitado al "Show de Dick Cavett". En la Universidad de Columbia sus palabras conmovieron a un público vasto y atento. Allí afirmó: "Toda multitud es una ilusión [...] Estoy hablando con cada uno de ustedes personalmente". Luego partió hacia Cambridge, Massachusetts, donde participó en un diálogo organizado por la Universidad de Boston, la Universidad de Harvard[2] y el Massachusetts Institute of Technology (M.I.T.).

Como notará el lector, varias de estas universidades se cuentan entre las más prestigiosas de los Estados Unidos. En esos ámbitos, Borges dialogó con estudiantes y profesores de literatura, varios de sus traductores y críticos, e investigadores dedicados a analizar su obra. Resulta difícil imaginar una audiencia más propicia, y esto se refleja en la conversación, a la vez afable y erudita. Resulta claro, a lo largo de estas páginas, que Borges agradecía estos encuentros y se encontraba sumamente cómodo y a gusto en ese contexto académico. Recordemos que para ese entonces, el autor de *El Aleph* sobrellevaba ya su ceguera hacía décadas. Y sin embargo, para describir cómo se siente en el auditorio de la Universidad de Chicago, Borges afirma:

> *Percibo la amistad, percibo una sensación muy real de bienvenida. Me siento querido por la gente, siento todo eso. No percibo lo circunstancial sino lo esencial, profundamente. No sé cómo lo hago, pero estoy seguro de que mi percepción es correcta.*

En efecto, el público demuestra, en cada caso su curiosidad e interés por conocer mejor a Borges, sus fuentes literarias, su país natal, su genealogía y su pasado, y también sus futuros proyectos literarios. A

---

[2] Borges había estado ya en Harvard en 1967, año en el que había sido invitado a dictar las Conferencias Charles Eliot Norton sobre poesía.

diferencia de tantas entrevistas radiales y televisivas, nadie interrumpe aquí a Borges, que se extiende todo lo necesario en cada respuesta. Todos escuchan atentamente y la admiración por el escritor argentino se siente en cada pregunta. A tal grado que el mismo Borges recurre con frecuencia a su agudo sentido del humor para mitigar esa reverencia y propiciar un registro más informal. El diálogo fluye con espontaneidad: "Aquí estamos entre amigos", afirma Borges. Y eso lo habilita, al parecer, a cruzar un límite infranqueable: en varios de esto diálogos procede a revelar los mecanismos de creación de sus obras, algo a lo que en otras oportunidades se muestra sumamente renuente. En el PEN Club de Nueva York revela aspectos desconocidos de su célebre cuento "El sur" y agrega, riendo: "Pero [todo esto] es estrictamente confidencial [así que] no se lo digan a nadie, ¿eh?". En otra conversación revela que su poema "Fragmento" —cuya fuente más obvia es el antiguo poema anglosajón llamado *Beowulf*—, está basado, en realidad, en una rima infantil inglesa, que acaso leyó —o escuchó de su abuela inglesa— durante su más tierna infancia. En la Universidad de Chicago, explica cómo su madre colaboró con él para ayudarlo a terminar su cuento "La intrusa", brindándole las palabras finales del protagonista. De ese modo, aclara Borges, "por un instante [mi madre] se convirtió [...] en uno de los personajes del cuento".

A lo largo de todos estos diálogos resaltan también la timidez y la desconcertante modestia del autor de *Ficciones*. En la Universidad de Indiana, Borges declara: "Pienso que la gente ha exagerado mi importancia. Yo no

creo que mi obra tenga tanto interés". Y luego agrega:
"Debo decirles a todos ustedes que les agradezco que
me tomen en serio. Es algo que yo no hago jamás". Esta
actitud, que en otra persona podría parecer mera afec-
tación, era en Borges frecuente y totalmente franca. Y
es que no solo hacía estos comentarios en público. Varios
de sus amigos y familiares las escuchaban con frecuencia. Alicia Jurado solía recordar que una vez acompañó
a Borges a cruzar la Plaza San Martín, mucha gente se
acercaba para felicitarlo y ponderar sus textos. Borges,
algo avergonzado y abrumado, agradecía una y otra vez
sin decir nada. Pero al llegar a la avenida se puso serio y
le aclaró a Alicia: "Por favor, no vayas a creer lo que dice
toda esta gente. Son todos ellos actores, contratados por
mí. Creo que exageran, pero de todos modos hacen bien
su trabajo, ¿no te parece?". Otra testigo directa de estas
situaciones fue su madre, Leonor Acevedo, quien con frecuencia lo acompañaba en sus viajes. Al finalizar cada
homenaje en el extranjero, Borges se volvía hacia ella
y le susurraba perplejo: "Caramba, madre, ¡me toman
en serio!". Para terminar, vale también aquí recordar
aquella ocasión en la que Borges se encontraba firmando
ejemplares en una librería del centro de Buenos Aires.
Un lector se le acercó con un ejemplar de *Ficciones* y le
espetó: "¡Maestro! ¡Usted es inmortal!". A lo que Borges
respondió: "Bueno, joven, ¡vamos!... ¡No hay por qué ser
tan pesimista!".

Volviendo ya a un plano más académico, muchas de
estas conversaciones giran en torno de los intereses cen-
trales de Borges: los límites entre la realidad y la imaginación, las pesadillas, los sueños, el "otro" y el doble,

el heroísmo de sus antepasados militares, la cábala, el inglés antiguo, la memoria y el tiempo. Autores norteamericanos como Robert Frost, Edgar Allan Poe, Emily Dickinson y Walt Whitman reciben, como es de esperar, una atención destacada. A la vez, y muy curiosamente, el hecho de hallarse en los Estados Unidos lleva a Borges a explicar distintos aspectos de su país que para un público argentino resultarían redundantes. Estas conversaciones contienen, por lo tanto y aunque resulte paradójico, más opiniones de Borges sobre la Argentina que las que figuran en otros diálogos que mantuvo con sus compatriotas. Pero la erudición de Borges no respeta fronteras, de manera que para recorrer todos estos temas y autores, el escritor tiende una red que abarca todo el orbe: la Islandia medieval, el viejo Buenos Aires, las literaturas de China, la India y Japón, la Inglaterra sajona, y varios de sus autores favoritos: Stevenson, Chesterton y Kipling, entre otros.

Borges enuncia asimismo en estas páginas el significado de varios de sus símbolos recurrentes: explica el significado que tienen para él tigres y cuchillos, los compadritos y las esquinas del barrio Sur. "[Tiendo a] comunicarme por medio de símbolos —aclara el escritor argentino—. De haber sido una persona más explícita, no sería escritor".[3]

En el M.I.T., afirma que los laberintos representan su visión íntima del universo. En diálogo con el astrofísico Kenneth Brecher y el estudioso de la cábala Jaime

---

[3] Véase Jurado, Alicia. *Borges, genio y figura*, p. 21.

Alazraki, asegura que el universo es un enigma, sugiere que "lo maravilloso es que jamás podremos resolverlo", y finalmente concluye con una confesión que desarma por lo profunda y simple: "Yo vivo en un perpetuo estado de asombro".

Estos diálogos, antes alejados en la geografía y en el tiempo, regresan ahora a la Argentina y al idioma castellano. Esperamos que esta edición refleje la amistad, la profundidad y la poesía que les dieron origen.

WILLIS BARNSTONE   MARTÍN HADIS

Marzo de 2021

BORGES EN EL RECUERDO

En el año 1975, Borges y yo compartimos una cena de Navidad en Buenos Aires. La Argentina se encontraba por ese entonces sumida en graves tensiones políticas, y Borges se encontraba muy serio. Comimos una buena comida, tomamos un buen vino y conversamos, pero la sensación de angustia y opresión que asolaba al país estaba también en nuestros pensamientos. Tras una larga y agradable sobremesa, llegó finalmente el momento de partir. Esa noche había huelga de taxis y de colectivos, de manera que nos vimos obligados a caminar, y Borges, como el caballero que era, insistió en acompañar a María Kodama a su casa. Comenzamos a atravesar la ciudad bajo una penumbra ventosa y lúcida. A medida que la noche transcurría, Borges parecía volverse más y más atento a cada rasgo de las calles que íbamos dejando atrás, a la arquitectura que sus ojos ciegos de alguna manera descifraban, a los pocos transeúntes que se cruzaban en nuestro camino. Tras despedirnos de María, emprendimos el regreso. A las pocas cuadras noté algo que me preocupó: Borges se detenía sistemáticamente cada pocos pasos para hacer alguna afirmación notable y doblaba luego en cada esquina, siguiendo un recorrido circular. Deduje de esto que Borges se había perdido y no tenía la menor idea de cómo regresar a su casa. Pero la realidad era otra: no sólo no estaba en absoluto perdido, sino que el motivo de esa trayectoria errática era deliberado, y mucho más simple. Borges, sencillamente, tenía ganas de seguir conversando: acerca de su hermana Norah y de su infancia, acerca de un asesinato que —me dijo— había presenciado décadas atrás en el límite entre Brasil y Uruguay, acerca de las hazañas de sus antepasados militares en distintos conflictos del siglo XIX. Con frecuencia su bastón quedaba accidentalmente encajado en algún bache o grieta del asfalto, y Borges aprovechaba entonces la ocasión para hacer una pausa, apoyarse sobre él y estirar a un tiempo ambos brazos, en un solo movimiento armonioso que le confería el aire de un actor. El dilatado paseo de esa noche me permitió comprobar una vez más que el personaje y la conversación de Borges eran, al menos, tan profundos y brillantes como su palabra escrita, y esto reafirmaba —al menos para mí— el valor de su obra literaria. Cuando retornamos por fin al departamento de la calle Maipú, el alba despuntaba ya en la vereda. Otra larga noche de conversaciones con Borges había llegado a su fin.

Esa misma tarde acompañé a Borges al Café Saint James. Allí pasamos varias horas hablando sobre Dante y Milton. Por la noche fuimos a cenar a Maxim's. Estábamos saliendo de lo de Borges cuando me sentí invadido por una repentina sensación de melancolía. Le dije: "Borges, siempre recordaré nuestras charlas y mi fascinación al escucharlo, pero jamás podré recobrar las palabras exactas". Borges me tomó del brazo y me respondió entonces con una de sus habituales observaciones paradójicas: "No se preocupe, Willis. Recuerde lo que escribió Swedenborg: 'Dios nos ha concedido la memoria para que tengamos la capacidad de olvidar'".

Hoy me resultaría imposible recuperar cada una de las palabras de tantas horas que pasé conversando con Borges en tantas circunstancias diferentes: volando en avión, caminando por las calles de Buenos Aires o recorriéndolas en distintos autos, cenando en restaurantes, o simplemente dialogando en una u otra casa. En las páginas que siguen, sin embargo, han quedado registrados para siempre el candor, el asombro, la sorpresa e inteligencia de Borges. No he conocido a ninguna otra persona en toda mi vida que me brindara a la vez la calidad socrática, los razonamientos profundos y graciosos, y las réplicas inesperadas que Borges ofrecía continuamente en su diálogo. Es una verdadera fortuna que haya sido grabada y luego transcripta al menos una fracción de las muchas conversaciones que Borges mantuvo con tantas otras personas a lo largo de su vida, mientras ejercía ese otro arte que consideraba la máxima virtud argentina: la amistad.

WILLIS BARNSTONE

1

ISLAS SECRETAS

¿Por qué no hablar de otra isla secreta? ¿Por qué no hablar, ahora, de Manhattan? Cuando uno piensa en Manhattan, piensa en Nueva York como una suerte de ciudad pública. Y sin embargo uno termina encandilado por ella como uno termina encandilado por el sol. El sol, por supuesto, es secreto: se dice que sólo a las águilas les está permitido mirarlo directamente. Y yo no puedo mirar a Nueva York, no porque sea ciego, sino porque, como el sol, me encandila. Y al mismo tiempo, es una ciudad que me gusta mucho: cuando hablo de Nueva York, pienso enseguida en Walt Whitman.

Universidad de Indiana, marzo de 1980

JORGE OCLANDER: Toda la gente que está hoy en este auditorio quiere conocer a Jorge Luis Borges.

JORGE LUIS BORGES: Yo también quisiera conocerlo. Estoy bastante harto de él.

OCLANDER: ¿Sería tan amable de permitirnos recorrer su biblioteca? ¿Cuáles fueron las lecturas más importantes de su juventud?

BORGES: Los mismos libros que me gusta releer hoy. Comencé leyendo a Stevenson, leyendo a Kipling, leyendo la Biblia, leyendo *Las mil y una noches* en la traducción de Edward Lane, y luego en la versión de Burton, y continúo releyendo esos libros. En mi vida he leído poco y he releído mucho. Yo perdí mi vista de lector en el año 55 y desde entonces no he intentado leer nada contemporáneo. No creo haber leído un solo diario en toda mi vida. Podemos conocer el pasado, pero el presente nos está vedado, el presente lo conocerán los historiadores, o esos novelistas que se llaman a sí mismos historiadores. Pero qué es lo que realmente está sucediendo hoy, bueno... eso es algo que forma parte del misterio general del universo.

De manera que yo he preferido releer. En Ginebra aprendí francés, aprendí el latín, y, como he dicho por ahí en un poema, el hecho de haber olvidado el latín es, en sí mismo, una suerte de posesión; el haber olvidado el latín ya es algo. Y además, en cierto sentido nosotros estamos hablando hoy en una suerte de latín venido a menos, dado que estamos hablando en castellano. Pero yo siempre he sentido un anhelo, una suerte de nostalgia por el latín, algo que también han sentido muchos otros escritores. Samuel Johnson, uno de mis autores preferidos, intentó, con todo éxito, escribir latín en inglés. Quevedo y Saavedra Fajardo y Góngora escribieron muy buen latín en español. En cierto sentido todos deberíamos, acaso, volver al latín, y estamos quizá haciendo nuestros mejores esfuerzos para regresar al latín en este preciso instante. Ustedes sabrán disculpar esta *digresión* que continúa: en Ginebra aprendí por mi cuenta alemán porque quería leer a Schopenhauer en el original, y descubrí una manera muy placentera de hacerlo, se la recomiendo a todos ustedes si no saben aún alemán. El procedimiento es el siguiente: consigan un ejemplar del *Buch der Lieder* —eso es fácil de obtener—, luego obtengan un diccionario inglés-alemán, y comiencen a leer. Al principio se sentirán, sin duda, desconcertados, pero al cabo de dos o tres meses descubrirán que son ya capaces de leer la mejor poesía del mundo. Acaso no la entiendan del todo, pero podrán sentirla, y eso es quizá más importante, ya que la poesía no está hecha para la razón sino para el disfrute y la imaginación.

Y luego, cuando perdí mi vista de lector, me dije: esto no debe significar un final. "I shall not abound" —como dijo una vez un escritor que ya debería haber nombrado a esta altura— "in loud self pity"; "no voy a compadecerme de mi mismo en voz alta".[4] "No —me dije—, esto debe ser el comienzo de algo nuevo". Y entonces pensé: voy a explorar el idioma de mis antepasados, el que hablaron acaso en Mercia o en Nortumbria (hoy llamada Northumberland); regresaré al anglosajón. Así que, con un pequeño grupo de estudiantes, entre los que estaba María Kodama, emprendimos el estudio de ese idioma. Y ahora tengo la memoria llena de versos anglosajones... Son poemas magníficos, sin una sola línea que condescienda a lo sentimental. El anglosajón era un idioma de guerreros, de monjes, de navegantes también; y si ustedes leen estos textos verán que, unos siete siglos después de Cristo, los ingleses miraban ya al mar. En esa poesía temprana de Inglaterra, el mar está siempre presente, como suele ocurrir en toda la poesía inglesa. En esa literatura encontrarán versos maravillosos como *on flodes*

---

[4] Borges cita aquí un poema de Rudyard Kipling titulado "A Death Bed" (1918): "Some die quietly. Some abound In loud self-pity".

æht feor gewitan "viajó lejos, bajo el poder de las olas".[5]
Y yo he viajado lejos, bajo el poder del océano, y ahora
me encuentro aquí, muy felizmente, en el centro de su
continente, y de mi continente también, ya que soy un
mero sudamericano, mi continente también es América.

Luego emprendí el estudio del islandés, aunque debo
decir que yo ya había comenzado ese estudio de muy
chico, cuando mi padre me regaló un ejemplar de la *Völsunga Saga*, traducida al inglés por William Morris. Ese
libro me gustó mucho y entonces mi padre me regaló
después también un manual de mitología germánica,
aunque ese manual debería haberse llamado "Mitología
escandinava", ya que Alemania, Inglaterra, los Países
Bajos, y la Escandinavia continental habían olvidado por
completo a sus dioses, cuya memoria fue preservada en
Islandia. Hace dos años yo emprendí una peregrinación
a Islandia —creo que William Morris llamó a esa nación
la "Tierra Santa" del Norte[6]— aunque en realidad yo ya
había comenzado ese peregrinaje cuando leí de chico la
Völsunga Saga de Morris, y ese manual de mitología
germánica. Islandia ha salvado para nosotros la memoria del Norte; todos estamos en deuda con Islandia. Me
cuesta poner en palabras lo que sentí al llegar allí. Pensé
en las sagas, en las *Eddas*. Y al pensar en las *Eddas*,

---

[5] Verso 42 del poema anglosajón *Beowulf*.
[6] En la conferencia que brindó en Hammersmith en 1887 y cuyo título
era "The Early Literature of the North - Iceland", Morris dijo que
sentía un afecto especial por Islandia y que esta nación era para él
"a Holy Land", "una Tierra Santa". Véase asimismo el comienzo del
prólogo de Morris a su traducción de la *Völsunga Saga*.

recordé un poema llamado "El poema de Groenlandia".
Este poema fue escrito o cantado en Groenlandia por un
viking; es un poema acerca de Atila, al que los sajones
llamaban "Ætla" y los alemanes "Etzel".[7] He mencionado
a Islandia; yo ya le he contado alguna vez a Willis cómo
me sentí allí cuando percibí a esos hombres, esos gigan-
tes amables que nos rodeaban. Y, claro, hablé con ellos
sobre las sagas y las *Eddas* del antiguo Norte.

He mencionado a Islandia, esa isla casi secreta. Men-
cionaré ahora a una segunda isla, también secreta —supongo que todas las islas de algún modo lo son—. El año
pasado viajé a Japón, y allí experimenté una sensación
que nunca antes había tenido: sentí que me hallaba, in-
creíblemente, en un país completamente civilizado —una
experiencia más bien infrecuente fuera de Oriente—.
Ahora bien, en Japón la gente tiene dos culturas, nuestra
cultura occidental y la suya propia: un hombre que es budista puede ser a la vez shintoísta y metodista (como mis
ancestros), o luterano, o de cualquier otro credo. Hablar
hoy en día de la cortesía japonesa, y quizá también de la
cortesía china, es casi un lugar común... pero esa cortesía
no es algo meramente superficial; tiene raíces profundas.
Pasé unos treinta días en Japón, y durante esa estadía
hice muchos y buenos amigos que no me infligieron ninguna anécdota. No me hablaron de sus vidas privadas

---

[7] Se refiere al "Atlamál in Grœnlenzku" ("Cantar groenlandés de
Atila"), poema que figura en la *Edda Poética* y se cree fue compuesto
en Groenlandia en el siglo XII. Otro poema acerca de Atila que
también se encuentra en la *Edda Poética*, el "Atlakviða", trata la
misma materia.

—ya que sus vidas eran, en efecto, privadas— y yo no les conté nada de la mía, y sentí que éramos amigos porque podíamos hablar, no de nuestras meras circunstancias, sino de cosas realmente importantes, por ejemplo, sobre religión y filosofía.

He hablado de Islandia, he hablado de Japón, y hemos llegado ahora a la que es, acaso, la más secreta de todas las islas, una nación a la que quiero especialmente y a la que llevo en mi sangre. Me refiero, por supuesto, a Inglaterra. Recuerdo una afirmación de Novalis: "Jeder Engländer ist eine Insel", "Cada inglés es una isla".[8] Evidentemente, todo inglés es un isleño en comparación con París o con Buenos Aires. Londres es una ciudad reservada, una ciudad secreta, que yo he disfrutado intensamente. Y yo creo, además, que el idioma inglés y la literatura inglesa se cuentan entre las más grandes aventuras de la humanidad.

¿Por qué no hablar de otra isla secreta? ¿Por qué no hablar, ahora, de Manhattan? Cuando uno piensa en Manhattan, piensa en Nueva York como una suerte de ciudad pública. Y sin embargo uno termina encandilado por ella como uno termina encandilado por el sol. El sol, por supuesto, es secreto: se dice que sólo a las águilas les está permitido mirarlo directamente. Y yo no puedo mirar a Nueva York, no porque sea ciego, sino porque,

---

[8] Novalis, seudónimo del escritor y místico alemán Georg Philipp Friedrich Freiherr von Hardenberg (1772-1801). La cita que Borges recuerda figura en *Das Allgemeine Brouillon: Materialien zur Enzyklopädistik*, 1798-1799 (§1065, p. 465 de la edición de Hamburg Meiner, 1993).

como el sol, me encandila. Y al mismo tiempo, es una ciudad que me gusta mucho: cuando hablo de Nueva York, pienso enseguida en Walt Whitman. Whitman es un autor esencial, un autor del que no podemos prescindir. Y lo mismo puede decirse de muchos escritores norteamericanos. La literatura no sería hoy lo que es sin Edgar Allan Poe, sin Walt Whitman —y con esto me refiero al mito que Whitman creó, no al Whitman real—, sin Herman Melville, sin Thoreau y sin Emerson. A mí me gusta mucho Emerson, especialmente su poesía. Emerson es para mí *el* poeta intelectual —o, en todo caso, *el* poeta intelectual que era además sumamente lúcido—. Los demás son meramente intelectuales pero sin mayores ideas. En el caso de Emerson, tenía buenas ideas, y era además, profundamente, intensamente, poeta. Emerson influyó además sobre Emily Dickinson,[9] quizá la más grande escritora y la más grande poetisa que América —y con esto me refiero también a nuestra América— ha producido hasta hoy.

De manera que he mencionado cuatro islas. He hablado de Islandia, he hablado de Japón —sé que seguiré re-

---

[9] Emily Dickinson (1830-1886). Poetisa norteamericana, nacida en Amherst, Massachusetts. Si bien escribió un total de más de dos mil poemas, en vida publicó no más de siete. Sus versos, inspirados en la Biblia, en la mitología clásica, en Shakespeare y en hechos de la vida cotidiana, se cuentan entre los más originales y valiosos de toda la literatura norteamericana y de habla inglesa. Nunca se casó ni tuvo hijos y pasó la mayor parte de su vida adulta recluida en el ámbito familiar y hogareño. Falleció a la edad de 55 años en la misma casa en la que había nacido.

cordando a Japón toda mi vida— y he hablado de Inglaterra, y también de Nueva York. Pero... ¿Por qué seguir hablando sobre islas? Esperemos que haya otra pregunta y —esperemos, también— una nueva respuesta, aunque me doy cuenta de que vivo repitiendo las mismas cosas, una y otra vez.

WILLIS BARNSTONE: Cuando Hart Crane escribió *"this great wing of eternity"* ("esta gran ala de la eternidad") en su máquina de escribir, notó que había tecleado por error *"this great wink of eternity"* ("este gran guiño de la eternidad"), que era mucho mejor, y lo dejó así.[10]

BORGES: ¿"Wink"[11] queda mejor que "wing"[12]? No, no creo. No estoy de acuerdo. ¿Cómo puede usted preferir "wink" a "wing"? Ah, caramba, ¡esto no tiene sentido, no podemos seguir así!

BARNSTONE: En todo caso, Hart Crane cometió un error, ya sea de escritura, o de criterio, y la pregunta que yo quisiera hacerle es que, partiendo de la premisa de que todos cometemos errores en nuestras vidas y esos...

BORGES: Prefiero "wings" a "winks".

BARNSTONE: ... errores personales, profesionales, y literarios nos llevan, en algunos casos, al desastre, y en otros a cosas, buenas...

BORGES: Mi vida ha sido una enciclopedia de errores. Un museo.

---

[10] Harold Hart Crane (1899-1932). Poeta modernista norteamericano. El verso aquí citado pertenece a su poema "Voyages", publicado por primera vez en la antología titulada *White Buildings* (1926).
[11] En inglés: "guiño".
[12] En inglés: "ala".

BARNSTONE: ... Para usar las palabras de Frost, ¿qué camino tomaría usted en el bosque?[13] En aquellas ocasiones en que usted se erró el camino en su vida, ¿podría contarnos a qué infortunios o a qué dones lo llevaron esas equivocaciones?

BORGES: ¿Se refiere usted a los libros malos que he escrito?

BARNSTONE: Sí, y también a las mujeres que ha amado equivocadamente, y a los días malos que ha pasado.

BORGES: Bueno... ¿qué puede hacer uno al respecto? Todas esas cosas, las mujeres equivocadas, las acciones incorrectas, las circunstancias erróneas, todas esas cosas son instrumentos para el poeta. Un poeta debe pensar que todas las cosas le son dadas, incluso la desdicha: la adversidad, las desventuras, la humillación, el fracaso, *son* nuestros instrumentos. Uno no crea cuando está feliz. La felicidad es un fin en sí mismo. Pero las equivocaciones, los errores, las pesadillas de casi todas las noches,

---

[13] Se refiere al célebre poema de Robert Frost titulado "The Road Not Taken" ("El camino no elegido"), publicado en 1916, en el que el autor hace referencia a las decisiones que uno debe tomar en la vida. Sus primeros y últimos versos son: "Two roads diverged in a yellow wood, / And sorry I could not travel both / And be one traveler, long I stood / And looked down one as far as I could / To where it bent in the undergrowth [...] Two roads diverged in a wood, and I— / I took the one less traveled by, / And that has made all the difference". ("El sendero se bifurcaba en un bosque amarillo, / Y yo, entristecido por no poder recorrer ambos / a un tiempo, permanecí largamente de pie / Mirando lejos en dirección a uno de ellos, / Hasta donde ese sendero se hundía en la espesura [...] El sendero se bifurcaba en el bosque, y yo / Yo elegí el menos transitado, / Y eso hizo toda la diferencia").

nos son dados para que realicemos la labor de transfor-
marlas en poesía. Y creo además que si yo fuera realmente un poeta, yo sentiría cada momento de mi vida de
manera poética, pensaría que cada instante de mi vida
es una suerte de arcilla para mi obra, a la que debo la-
brar, dar forma, moldear. De manera que no creo que deba
disculparme por mis errores. Esos errores me han sido
dados por esa trama enormemente compleja de causas y
efectos, o mejor dicho, de infinitos efectos y causas —no
hay que comenzar por las causas— para que yo los con-
vierta en poesía.[14] Y dispongo además de un buen instrumento, el idioma castellano, y cuento también, claro, con
los dones del inglés, con mis recuerdos fragmentarios del
latín, y con otro idioma al que quiero mucho, el alemán.
Ahora estoy estudiando inglés antiguo y hago lo posible
por entender algo de japonés, y espero seguir y seguir
aprendiendo. Sé que tengo ochenta años, así que puedo
morirme en cualquier momento, pero ¿qué otra suerte me
queda, excepto seguir viviendo y soñando, ya que soñar
es mi tarea? Debo seguir soñando para luego plasmar
esos sueños en palabras; debo sentirlos y luego hacer lo
mejor o lo peor que pueda con ellos. De manera que no
creo que deba disculparme por mis errores. En cuanto
a lo que escribo, jamás vuelvo a leerlo; yo no conozco mi
propia obra... Cuando escribo algo es porque siento la
necesidad de hacerlo. Y luego, una vez que un texto ha

---

[14] "Digo en primer término efectos, y después causas, porque al empezar
por efectos ahí doy a entender que ese proceso cósmico es infinito".
Borges, *En diálogo*, p. 311 (México: Siglo Veintiuno Editores, 2005).

sido publicado, hago lo que puedo para —fácilmente— olvidarlo.[15] Si ustedes vienen a mi casa —y espero que todos ustedes vengan eventualmente a visitarme a mi casa en la calle Maipú, en el barrio del Retiro, en Buenos Aires— encontrarán una buena biblioteca pero ni un solo libro mío, porque yo no creo que mis libros merezcan estar en mi biblioteca, que está conformada por *buenos* libros. ¿Quién soy yo para estar al lado de Virgilio o de Stevenson? En mi casa no hay ni un solo libro escrito por mí. No encontrarán ni un solo ejemplar de mi autoría.

OCLANDER: Borges, ya que está hablando de su casa... pienso que usted pertenece a un lugar determinado del mundo, pero ha viajado a todas partes.

BORGES: No, no es así. No he ido a todas partes. Yo quisiera visitar China y la India. Aunque es verdad que ya he estado allí, en cierta forma, porque he leído a Kipling[16] y también el *Tao Te Ching*.[17]

OCLANDER: Quizá puede llevarnos ahora a un lugar en el que nunca hemos estado, y que jamás podremos

---

[15] "Yo escribo para desahogarme. Si yo fuera Robinson Crusoe, yo escribiría en mi isla desierta sin ninguna esperanza de ser leído. Yo le pregunté a Alfonso Reyes: ¿por qué publicamos? Y él me dijo: Yo me he hecho esa pregunta varias veces. Publicamos para no pasarnos corrigiendo los borradores". (Entrevista de la TVE de 1976 con Joaquín Soler Serrano).

[16] Joseph Rudyard Kipling (1865-1936). Escritor británico nacido en Bombay, autor de numerosos relatos y poemas basados en la India.

[17] *Tao Te Ching* o *Dao De Jing* (道德經), tratado religioso-filosófico de la antigua China, cuya autoría se atribuye a Lao-Tsé (Laozi), fundador del taoísmo quién, según la tradición, vivió en el siglo VI a.C. y se desempeñó como archivista de la corte imperial de Zhou.

visitar, a aquella ciudad en la que usted creció, al viejo Buenos Aires, a sus calles y su historia.

BORGES: En realidad yo he visto muy poco de esa ciudad. Nací en un barrio bastante humilde, llamado Palermo, pero nunca le había prestado demasiada atención. Recién comencé a fijarme en sus calles hacia el año 29. Así que los recuerdos de mi infancia corresponden a los libros que he leído. Esas memorias son para mí más vívidas que las del barrio en sí.[18] De manera que los recuerdos de mi niñez son en realidad recuerdos de Stevenson, de Kipling y de *Las mil y una noches*, y del *Quijote* (comencé a leerlo de chico, y he seguido leyéndolo, especialmente la segunda parte, que es, creo, la mejor. La primera parte uno la puede saltear tranquilamente, excepto, quizá, el primer capítulo, que es realmente extraordinario).

De manera que, ¿qué puedo decir acerca de mi infancia? Muy poco. Recuerdo los retratos de mis antepasados, recuerdo las espadas que habían servido en lo que ustedes llaman la conquista del oeste y nosotros llamamos *la conquista del desierto*; mi abuelo luchó contra los "pieles rojas", como les dicen ustedes, o los indios pampa, como les decimos nosotros. Pero me quedan pocos recuerdos personales de esa época, mis recuerdos son más que nada

---

[18] Viene al caso recordar aquí las célebres palabras de Borges en su "Prólogo" a *Evaristo Carriego*: "Yo creí, durante años, haberme criado en un suburbio de Buenos Aires, un suburbio de calles aventuradas y de ocasos visibles. Lo cierto es que me crié en un jardín, detrás de una verja con lanzas, y en una biblioteca de ilimitados libros ingleses. Palermo del cuchillo y de la guitarra andaba (me aseguran) por las esquinas".

de libros; de hecho, yo no recuerdo casi nada de mi propia vida. No podría precisarles fechas. Sé que he viajado por unos diecisiete o dieciocho países, pero no podría precisar en qué orden tuvieron lugar esos viajes. Tampoco sé cuánto tiempo pasé en cada lugar. Mis recuerdos son como una miscelánea de fragmentos, de imágenes. De manera que tendremos que regresar, nuevamente, a los libros. Esto es algo que me ocurre cada vez que converso con alguien: regreso siempre a los libros, a las citas. Recuerdo que Emerson, uno de mis escritores preferidos, nos advirtió sobre esto; dijo: "Let us take care. Life itself may become a quotation".[19]

BARNSTONE: Me gustaría preguntarle acerca del infierno.

BORGES: Ah, sí. Lo conozco demasiado bien.

BARNSTONE: ¿Qué es el infierno? ¿Es como un fin del mundo que ocurre una y otra vez cada segundo? ¿O es algo que uno encuentra en las pesadillas? ¿Qué es para usted el infierno, Borges?

BORGES: En primer lugar, me alegra mucho que nuestro amigo Barnstone haya mencionado a la pesadilla, ya que ésta es diferente de todos los demás sueños. Yo he leído muchos libros acerca de los sueños, muchos volúmenes de psicología, y me he sentido parejamente defraudado por todos ellos, ya que nunca he encontrado en esos libros nada interesante sobre las pesadillas. Y sin embargo la pesadilla *es* diferente de los demás sueños. El nombre es, en

---

[19] "Tengamos cuidado: la vida entera puede llegar a convertirse en una larga cita".

sí, curioso, creo que la etimología de la pesadilla puede depararnos dos significados. La palabra inglesa para "pesadilla", *nightmare*, significa acaso "la fábula de la noche".[20] Tenemos, por ejemplo, la palabra alemana *märchen*, que está acaso relacionada.[21] O puede significar también "demonio de la noche". O tal vez —incluso—, una yegua. Creo que Shakespeare se refiere a la pesadilla como "la yegua (*nightfold*) de la noche", y Hugo seguramente leyó eso —a mí me gusta mucho Victor Hugo— porque en uno de sus libros habla del *cheval noir de la nuit* "el caballo negro de la noche,"[22] y con eso se refiere, por supuesto, a la pesadi-

---

[20] *Nightmare* es una palabra compuesta formada por *night*, "noche" y *mare* del inglés antiguo *mare*, "demonio, duende, espectro, incubo", procedente del protogermánico **maron* de igual significado, y éste del indoeuropeo **mora-*, basado en la raíz indoeuropea **mer-* "frotar, dañar, atrapar". Este vocablo aparece también en el nombre de la antigua divinidad irlandesa *Morrigan* ("Reina de los demonios") y en la palabra francesa *cauchemar*, "pesadilla", compuesta por una forma verbal arcaica *cauchier*, "oprimir, presionar" y el término *mar*, procedente del neerlandés medieval *maer*, "demonio o incubo", cognado del inglés antiguo *mare* arriba descripto. El significado etimológico de *nightmare* es, por lo tanto, "demonio o espectro nocturno".

[21] La palabra alemana *Märchen*, "cuento o relato" proviene del altoalemán medio *merechyn* "relato breve", y este del antiguo altoalemán *mari* "noticia, relato," del protogermánico. **mærjo-* "famoso, célebre, ilustre" (cf. inglés antiguo *mære*). Esta palabra, pese a su similitud con *nightmare*, no tiene con esta última vínculo etimológico alguno.

[22] *Nightmare*, como ya hemos visto, está formada por dos palabras. La primera es *night*, "noche"; mientras que la segunda, *mare*, es una palabra del inglés antiguo que significa "incubo o demonio", y ha sobrevivido "fosilizada" en este compuesto pero no ha dejado ningún

lla. Ahora bien, yo creo que la principal diferencia entre las desventuras cotidianas y las pesadillas es que estas últimas tienen un sabor peculiar. Yo me he sentido desdichado en la vigilia muchas veces; la desdicha es algo que eventualmente nos ocurre a todos. Pero yo jamás he sentido ese sabor peculiar, excepto durante una pesadilla. Y podríamos pensar —por qué no hacerlo, ya que todo nos está permitido aquí hoy, ya que estamos entre amigos, y, aunque lo que sigue es algo bastante triste, debo ser sincero con ustedes— que la pesadilla es una prueba de la existencia del infierno. Hay en la *pesadilla* una sensación singular de horror que no se da jamás en la vigilia. Conoz-

---

descendiente directo en el inglés moderno. Por este motivo, muchos autores han interpretado a esta palabra, no como el término del inglés antiguo que realmente es, sino de manera literal (y errónea) como si fuera el vocablo del inglés moderno *mare*, que significa "yegua" y que —pese a no estar en absoluto relacionada con la anterior— hoy se escribe igual que como se escribía en siglos anteriores el término antiguo recién descripto. La lectura de *Mare* como yegua ignora, por lo tanto, la etimología de *nightmare*, decodificando este compuesto en términos del léxico actual. Por eso muchos autores franceses (entre ellos Victor Hugo) tradujeron la palabra compuesta *nightmare*, no procediendo de su significado etimológico de "demonio de la noche", sino interpretándola literalmente en términos del inglés actual: "yegua o caballo de la noche", que en francés se dice "jument de la nuit" o "cheval de la nuit". La cita que Borges recuerda figura en la obra de Victor Hugo titulada *La Légende des siècles*: "Ainsi dans le sommeil notre âme d'effroi pleine. / Parfois s'évade et sent derrière elle l'haleine / De quelque noir cheval de l'ombre et de la nuit". "Así en el sueño nuestra alma llena de temor / Escapa a veces al sentir detrás el aliento / de algún caballo negro de la noche y de la sombra". (*L'aigle du casque*, IX. *Avertissements et châtiments*).

co, por desgracia, demasiado bien esa sensación, y ésta ha sido, además, muy útil para la literatura. Yo recuerdo las espléndidas pesadillas —¿fueron realmente pesadillas? ¿o fueron en realidad invenciones?— de De Quincey, las *Confessions of an English Opium-eater*.[23] Y hay también muchos relatos de Edgar Allan Poe... Uno puede objetarle a Poe la redacción de alguna oración, o cuestionarle tal o cual metáfora, pero no hay duda de que sus relatos son verdaderas pesadillas. Y luego, por supuesto, en las obras de Kafka, encontramos también pesadillas. De manera que el infierno es, quizá, un estado o condición, o un ámbito específico, en el que todas las cosas son pesadillas. Esperemos que no sea así, ya que con el mero sabor de la pesadilla ya tenemos bastante. Es una sensación tan aguda como el dolor físico, e igualmente intolerable.

En lo que respecta al infierno en sí, sospecho que no se trata de un lugar físico. Mucha gente puede pensar eso luego de leer a Dante, pero yo pienso en el infierno como en un estado, una condición. Y recuerdo fragmentos de un verso de Milton, en el que Satán declara: "Yo mismo soy el Infierno".[24] Y con María Kodama estábamos traduciendo el *Cherubinischer Wandersmann* de Angelus Silesius,[25] cuando nos encontramos con esa misma afir-

---

[23] *Confessions of an English Opium Eater* (*Confesiones de un opiófago inglés*, 1821) es un texto autobiográfico del escritor inglés Thomas de Quincey (1785-1859) en el que describe en detalle las alucinaciones que padeció a causa de la ingesta de láudano.

[24] "Which way I fly is hell; myself am hell". *Paradise Lost*, VI, 75.

[25] Angelus Silesius (1624-1677), cuyo nombre originario era Johannes Scheffler, fue un místico de origen polaco-alemán. Nació

mación: el hecho de que un alma que condenada deberá permanecer eternamente en el infierno, de que no tiene sentido que busque el camino al cielo. Y el gran místico sueco Swedenborg[26] pensaba de manera bastante similar: decía que los réprobos sin duda sufren en el infierno, pero sufrirían acaso mucho más en el cielo. Y si quisiéramos resumir toda la filosofía de Swedenborg en una sola sentencia, la encontraríamos en el tercer acto de *Man and the Superman* de George Bernard Shaw,[27] donde no se menciona a Swedenborg, pero en el que toda la configuración del cielo y el infierno coincide con sus ideas, ya que no consiste en premios ni castigos, sino en un estado del alma. Cada alma encuentra su camino hacia el infierno o hacia el cielo, o mejor dicho, se transforma en el infierno o el cielo por sí misma.[28] Y yo encuentro al final

---

en Breslau en el seno de una familia de mercaderes luteranos. De profesión médico, se convirtió al catolicismo en 1653 y pasó el resto de su vida intentando devolver a la población de Silesia a esa fe. En 1661 fue ordenado sacerdote y se retiró al monasterio de los Caballeros de la Cruz, en el que murió años más tarde, legando su cuantiosa fortuna a obras de caridad. Sus himnos, poemas y aforismos, compilados en *Heilige Seelenlust* (*El deleite espiritual del alma*, 1657) y en el *Der Cherubinische Wandersmann* (*El peregrino angélico*, 1675), son consideradas obras cumbres del período barroco alemán.

[26] Emanuel Swedenborg (1688-1772). Científico, teólogo y místico sueco.

[27] George Bernard Shaw (1856-1950). Crítico, ensayista y dramaturgo irlandés. Su obra *Man and the superman* se publicó en 1902.

[28] En la primera nota al pie del ensayo *Nota sobre (hacia) Bernard Shaw*, Borges escribe: "En *Man and Superman* se lee que el Infierno no es un establecimiento penal sino un estado que los pecadores muertos

de cada día que he vivido momentos de felicidad —eso corresponde acaso al cielo— y momentos de desdicha, a los que podemos llamar, empleando una metáfora acaso no demasiado forzada, el infierno.

OCLANDER: Borges, usted dijo una vez que sólo los ciegos ven realmente. Hoy se refirió a Manhattan, y creo que una gran parte de nuestra audiencia de hoy no ha visto jamás los pueblos y culturas de Norteamérica.

BORGES: Hay tantos pueblos aquí, y tan distintos entre sí.

OCLANDER: ¿Sería posible que nos hable acerca de los diferentes pueblos y culturas de los Estados Unidos?

BORGES: Esa pregunta es muy amplia y me temo que no seré capaz de responderla. Pero sí puedo decir que tengo recuerdos muy felices de Texas, especialmente de Austin. Descubrí a los Estados Unidos a través de Texas en 1961, junto a mi madre, que ha muerto hace cuatro o cinco años, a la edad de noventa y nueve años. A mí me gusta el Sur de los Estados Unidos, pero ahora que he mencionado a todos esos escritores, debo decir que también me gusta mucho la costa Este, y si pienso en el Centro-Oeste, el *Midwest* del país, debo recordar a Carl Sandburg,[29] que también me agrada mucho.

---

eligen, por razones de íntima afinidad, como los bienaventurados el Cielo; el tratado *De Coelo et Inferno*, de Swedenborg, publicado en 1758, expone la misma doctrina".

[29] Carl Sandburg (1878-1867). Poeta, historiador y novelista norteamericano de origen sueco. Durante su infancia y juventud trabajó en varios oficios. En 1915 publicó sus célebres *Poemas de Chicago* con los que alcanzó gran reconocimiento y fama. Fue asimismo reconocido como historiador a partir de la publicación de sus

Yo diría, sin embargo, que el gran poeta norteamericano de este siglo es Robert Frost,[30] ese es el nombre que
yo elegiría. Aunque yo nunca elijo las cosas "en contra"
de otras. Me agradan todos los países que he visitado y
todos los autores que he leído (y hay muchos que aún no
he leído que continúan a pesar de ello influyendo sobre
mi), y me considero, en lo personal, un discípulo del pasado, de todo el pasado. Descreo de las escuelas literarias.
Descreo de las cronologías. Pienso que es un error eso de
asignarle una fecha a cada obra y creo también que todos
los poemas deberían ser anónimos. Por ejemplo, si yo pudiera elegir, yo quisiera que una línea o un cuento que yo
haya escrito —y que otros acaso mejoren— perdure, pero
de manera anónima. Yo quisiera que mi nombre sea olvidado, y eso es algo que eventualmente, inexorablemente,
sucederá: el olvido es el destino común de todos los escritores. ¿Qué sabemos hoy en día acerca de los autores
de ese espléndido sueño, *Las mil y una noches*? No sabemos nada de ellos, pero eso no nos preocupa en absoluto.
¿Qué sabemos de la vida privada de Shakespeare? Nada,

---

estudios sobre Abraham Lincoln: *Los años de la pradera* y *Los años
de la guerra*.

[30] Robert Lee Frost (1847-1963). Poeta estadounidense. Se lo considera
el poeta norteamericano más destacado del siglo XX. Estudió en
Harvard, viajó a Inglaterra y obtuvo cuatro premios Pulitzer. Su obra,
escrita en un lenguaje sencillo, se inspira en los paisajes, el lenguaje,
la cultura y la vida rural de Nueva Inglaterra. Muchos de sus poemas
y versos alcanzan, sin embargo, una honda significación metafísica,
explorando en ese contexto local cuestiones trascendentes, tales como
la existencia del ser humano y el sentido de la vida.

pero tampoco nos afecta, ya que Shakespeare convirtió su vida privada en *Macbeth*, en *Hamlet*, en sus sonetos, sonetos que son, por cierto, enigmáticos. Swinburne los llamó "esos documentos divinos y peligrosos".[31] Una buena frase, realmente, aunque me pregunto si es correcta.

Creo, en todo caso, que lo mejor que puede ocurrirle a un autor es pasar a formar parte de la tradición, del lenguaje, ya que los idiomas perduran en tanto que todos los libros corren el riesgo de ser eventualmente olvidados; o quizá cada época reescribe los mismos libros, una y otra vez, variando o modificando algunas circunstancias. Acaso los verdaderos libros son idénticos y eternos, y estamos constantemente reescribiendo lo que ya fue escrito por los antiguos, lo cual debería ser prueba suficiente. En lo personal, no tengo ambición alguna. Pienso que soy una suerte de superstición, que la gente ha exagerado mi importancia. Yo no creo que mi obra tenga tanto interés. Al mismo tiempo debo decirles a todos ustedes que les agradezco que me tomen en serio. Es algo que yo no hago jamás.[32]

---

[31] El poeta, novelista y crítico inglés Algernon Charles Swinburne (1837-1909) se refiere así a estos poemas en su artículo sobre George Chapman que figura en el volumen *The Age of Shakespeare* (1908).

[32] Esta afirmación es del todo sincera. Según recuerda Alicia Jurado, Borges realizó su primer viaje a los Estados Unidos en 1961, en compañía de su madre. Borges dictó cursos y conferencias en inglés en las universidades prestigiosas de ese país, entre ellas, Texas en Austin, Yale, Harvard y Columbia. Descubrió al que muchos estudiantes se encontraban escribiendo tesis doctorales sobre su obra. "¡Caramba, madre! —solía comentar, asombrado— ¡me toman en serio!". Véase Jurado, Alicia. *Borges, genio y figura*, p. 60.

BARNSTONE: Dejando atrás el infierno, pero aplicando el mismo razonamiento, ¿qué podría usted decirnos sobre el cielo?

BORGES: Una vez leí un libro escrito por un clérigo inglés que decía que en el cielo hay mucha tristeza. Yo creo —y de hecho, espero— que así sea. Porque, después de todo, una alegría constante sería algo intolerable. Podemos ser felices durante un rato, pero la felicidad eterna es algo impensable. Aunque yo, personalmente, descreo de la vida más allá de la muerte. Espero cesar del todo. Y cuando me siento desdichado o angustiado —cosa que me ocurre bastante seguido— me digo a mí mismo: ¿Para qué preocuparme si en cualquier momento puede llegar la salvación bajo la forma de la aniquilación, de la muerte? Y, dado que estoy por morir, si sé que puedo morir en cualquier momento, entonces, ¿por qué habría de preocuparme esa sensación de angustia? Lo que yo espero no es la oscuridad total, ya que la oscuridad es algo en sí mismo. No, lo que yo realmente espero es ser olvidado, y estoy seguro de que eso es lo que terminará ocurriendo. Todo, eventualmente, será olvidado.

OCLANDER: Hoy usted decía que el viaje más difícil de afrontar es el viaje que está por ocurrir, que la expectativa es lo más difícil de todo. ¿Podría comentar al respecto?

BORGES: Me pregunto si alguna vez dije eso. Creo que lo que dije es que no es bueno estar constantemente anhelando que algo suceda. Cuando las cosas finalmente ocurren, el presente se transforma enseguida en pasado. He leído un muy buen libro de Herbert Bradley, se titula *Appearance and reality*[33] y allí él describe al tiempo como un río. Bueno, Heráclito y todo eso, *Time and the river* de Wolfe,[34] etc. En todo caso, Bradley concibió al tiempo como algo que fluye desde el futuro hacia nosotros: estamos siempre nadando contra esa corriente. Y el instante en que el futuro se diluye en el pasado es el momento presente; el presente es aquel momento en que el futuro se transforma en pasado. Hace seis meses supe que debería someterme a una operación muy delicada y dolorosa. Sentí miedo y me dije: este miedo, esta ansiedad, los próximos tres días y tres noches, son parte de la operación en sí. Entonces me sentí ya más aliviado.

BARNSTONE: Usted ha buceado en los escritos de los gnósticos, de los místicos, en la Kabbalah, en el *Libro del esplendor*.[35]

BORGES: He estudiado todo lo que pude, pero sigo siendo muy ignorante.

BARNSTONE: Usted se ha interesado por los místicos.

BORGES: Pero al mismo tiempo, yo no soy ningún místico.

---

[33] *Apariencia y realidad* (1893), ensayo del célebre filósofo idealista británico Herbert Francis Bradley (1846-1924).

[34] *Del tiempo y el río* (1935), novela del escritor norteamericano Thomas Wolfe (1900-1938).

[35] El Zohar o *Libro del esplendor* es la obra fundamental de la tradición mística hebrea que recibe el nombre de Cábala. Redactado en Castilla en el siglo XIII, contiene enseñanzas acerca de los aspectos místicos de la Torah, entre ellos la verdadera naturaleza de Dios, el origen y destino del universo, y la esencia del ser humano y su alma.

BARNSTONE: Imagino que usted piensa que los viajes de los místicos son experiencias a la vez reales y seculares. ¿Podría usted comentar las experiencias místicas de otros escritores, como Fray Luis de León?

BORGES: Me pregunto si Fray Luis de León tuvo realmente alguna experiencia mística. Yo creo que no. Cuando hablo de místicos, pienso en Swedenborg, en Angelus Silesius, y en los persas también. No en los españoles. No creo que los españoles hayan tenido experiencias místicas.

BARNSTONE: ¿Y Juan de la Cruz?

BORGES: Creo que Juan de la Cruz estaba repitiendo el modelo del *Cantar de los Cantares*. Y eso es todo. No creo que haya tenido, en realidad, ninguna experiencia mística. En mi vida solo he tenido dos experiencias místicas y no puedo narrarlas, ya que lo que me ocurrió no puede ser puesto en palabras, porque las palabras, después de todo, implican experiencias compartidas. Y si uno no ha tenido la experiencia, es imposible compartirla, sería como ponerse a hablar del sabor del café sin haberlo probado nunca. Dos veces en mi vida he tenido esa sensación, una sensación que fue más agradable que otra cosa. Fue algo asombroso, extraordinario... me sentí abrumado, conmovido. Sentí que estaba viviendo, no dentro del tiempo sino fuera de él. No sé cuánto duró esa sensación, ya que me hallaba fuera del tiempo. Puede haber durado un minuto o algo así, o puede haber durado bastante más. Pero sé que he sentido eso en Buenos Aires, dos veces en mi vida. La primera vez me ocurrió en el sur de la ciudad, cerca de la estación Constitución. De alguna manera descendió sobre mí la sensación de estar viviendo más allá del tempo. No podría describírselas; de hecho, no puedo describírmela ni siquiera a mí mismo, pero tuve esa experiencia, y la tuve dos veces, y acaso me sea dado tenerla una vez más antes de morir.

OCLANDER: ¿Por qué desea viajar a China? ¿Qué espera encontrar allí?

BORGES: Creo que en cierta forma yo siempre he estado en China. Así lo he sentido al leer la *Historia de la literatura china* de Herbert Allen Giles.[36] Luego he leído y releído muchas traducciones del *Tao Te Ching*.[37] Creo que la mejor es la de Arthur Waley, pero también he leído la de Wilhelm y la versión francesa, y se han hecho también muchas traducciones al castellano. Además, he pasado un mes en Japón, y en Japón uno siente constantemente la sombra tutelar de China. Y esto no tiene nada que ver con la política. No se contradice, tampoco, con el hecho de que la cultura japonesa sea una cultura en sí misma. En Japón sienten a China del mismo modo en que nosotros, en Occidente, sentimos a Grecia. Y en lo que a mí respecta, jamás aprenderé el idioma chino, pero continuaré leyendo traducciones. He leído, por ejemplo,

---

[36] Herbert Allen Giles (1845-1935). Diplomático, traductor y sinólogo británico. Publicó numerosas obras con traducciones de obras literarias chinas y también ensayos y análisis de la cultura, la literatura y las religiones de esa nación. Su *History of Chinese Literature* ("Historia de la literatura china") se publicó por primera vez en 1901.

[37] *Tao Te Ching* (道德經), libro fundamental del taoísmo y obra cumbre del pensamiento filosófico chino. Alcanzó su forma actual alrededor del siglo IV a.C. y su redacción se atribuye al sabio Lao-Tsé.

El sueño de la mansión roja.[38] Me pregunto si lo han leído. Yo lo he leído en inglés y en versión alemana, pero sé que existe una traducción mucho más vasta, y acaso más precisa, en francés. *El sueño de la mansión roja.* El libro, les aseguro, es tan bueno como el título.

BARNSTONE: Borges, por favor llévenos nuevamente hacia la isla de la conciencia, al origen de las palabras, pensamientos y sensaciones, y díganos qué es lo que ocurre allí antes del lenguaje, antes de que Borges acuñe sus palabras.

BORGES: Creo que puedo decir que el proceso de escribir poesía o escribir cuentos —ambas cosas son, en el fondo, similares— es algo que ocurre más allá de la voluntad de uno. Yo nunca he intentado escribir sobre un tema en particular; yo no elijo los temas, dejo que ellos me elijan. Y luego, mientras voy caminando por la calle, o paso en mi casa —la angosta casa de un hombre ciego— de una habitación a otra, siento que algo está por ocurrir, y ese algo puede ser una línea o una cierta forma. Podemos usar una isla como metáfora. Yo veo los dos extremos. Y esos dos extremos son el principio y el fin de un poema o de un cuento. Y eso es todo: yo debo inventar, debo crear, lo que hay en el medio. Esa tarea me corresponde a mí. Lo que la musa, o acaso el Espíritu, para usar un nombre más fuerte y acaso más oscuro, me concede es el

---

[38] *El sueño de la mansión roja,* en chino *Hóng Lóu Mèng* (紅樓夢). Novela escrita por Cao Xueqin (曹雪芹) a fines del siglo XVIII, a mediados de la dinastía Qing. Se la considera la obra cumbre de la literatura clásica china.

comienzo y el final de un cuento o de un poema. Y a mí
me toca descubrir el resto. A veces me equivoco y debo
volver sobre mis pasos e inventar otra cosa. Pero siempre
sé el principio y el fin. Esa es mi experiencia personal.

Imagino que cada escritor sigue su propio método, y
hay escritores que —según me han dicho— solo saben
el principio, y parten de allí, y a medida que avanzan
descubren o inventan —estas dos palabras son en realidad sinónimas— el final. Pero en mi caso debo saber el
principio y el final.

Por lo general evito que mis opiniones influyan en
lo que escribo. No pienso en la moraleja de la fábula,
digamos, sino en la fábula en sí. Nuestras ideas son cam-
biantes; las cuestiones políticas fluctúan; mis propias
opiniones personales varían a lo largo del tiempo. Pero
cuando yo escribo intento ser fiel al sueño, ser auténtico
al narrarlo. Eso es todo lo que puedo decir.

Y cuando yo empecé a escribir, lo hacía siguiendo un
estilo muy barroco. Hice mis mejores esfuerzos para ser
Sir Thomas Browne o Góngora o Lugones o algún otro
escritor. En ese entonces, intentaba deslumbrar siempre
al lector, utilizando arcaísmos o palabras nuevas, neo-
logismos. Pero ahora intento escribir con palabras muy
simples. Intento evitar, las que en inglés se llaman *hard
words*, "palabras difíciles", *dictionary words* "palabras de
diccionario". Intento evitarlas.

Y pienso que mi mejor libro de relatos es el último que
escribí, *El libro de arena*, y en ese libro no hay, creo, ni
una sola palabra que pueda demorar al lector. Los cuentos en ese libro están escritos de un modo muy sencillo,
aunque las historias en sí no lo son, ya que no hay una

sola cosa en el mundo que lo sea; todo, en el universo, es complejo. Pero los he disfrazado de cuentos simples. De hecho, los escribo, luego los reescribo unas nueve o diez veces, pero intento que den la impresión de haber sido escritos de manera un tanto descuidada. E intento ser lo más simple posible.

Si no han leído ninguno de mis libros, hay dos que me atrevo a recomendarles. Uno es un libro de poemas titulado *Historia de la luna*,[39] y el otro, *El libro de arena*. En cuanto a mis otros libros, pueden olvidarlos, y les estaré agradecido si lo hacen, ya que yo mismo los he olvidado.

BARNSTONE: La muerte es una marca del tiempo. Cada persona tiene dos muertes: la primera precede a su nacimiento; la segunda ocurre al final de su vida. ¿Qué opina usted al respecto?

BORGES: Recordará usted a San Pablo: "Muero cada día...".[40]

BARNSTONE: La muerte es algo que sólo podemos percibir en el presente. Los místicos hablan de la muerte en vida como una experiencia fuera del tiempo. ¿Cómo la percibe usted?

BORGES: Creo que morimos continuamente. Cada vez que no estamos sintiendo, cada vez que no estamos descubriendo algo, sino repitiendo algo mecánicamente, en

---

[39] Borges parece haber olvidado aquí el título de su propia obra. Se refiere a su libro de poemas titulado *Historia de la noche* (1977).

[40] El escritor cita aquí la Epístola de Pablo a los Corintios (1 Corintios, 15:31), a la que también hace referencia, implícitamente, el cuento "Ulrica" de *El libro de arena* (1975). Véase el capítulo 7, "Regreso a Ulrica", del libro *Siete guerreros nortumbrios*.

ese instante uno está muerto. La vida puede alcanzarnos también en cualquier momento. Cada día pueden ocurrirnos varias muertes, supongo, y también varios nacimientos. Pero yo trato de no estar muerto. Trato de sentir curiosidad por todas las cosas, y estoy continuamente recibiendo experiencias, y esas experiencias se transforman luego en poemas, en cuentos, en relatos. Llegan a mí continuamente, si bien es cierto también que muchas de las cosas que digo y hago son mecánicas, es decir, pertenecen a la muerte más que a la vida.

OCLANDER: Me gustaría que nos lleve en un viaje a algún lugar donde usted jamás haya estado.

BORGES: Creo que ese lugar es el pasado, ya que es muy difícil cambiar el presente. El presente tiene algo de duro, de rígido. Pero al pasado estamos modificándolo constantemente. Cada vez que recordamos algo, estamos alterando levemente ese recuerdo.[41] Y creo que deberíamos estar agradecidos con todo el pasado, con la historia de la humanidad, con todos los libros, todos los recuerdos, ya que, después de todo, el pasado es lo único que realmente nos pertenece, y es, además, un acto de fe. Por ejemplo, si yo digo "nací en Buenos Aires en 1899"... Bueno, ese es un acto de fe, ya que yo no guardo, como es de esperar, recuerdos de esa época. Si mis padres me hubieran dicho "naciste en el siglo III en Timbuktú", yo

---

[41] Esta afirmación ha sido confirmada por estudios recientes. Véase Bridge, Donna J. y Ken A. Paller, "Neural Correlates of Reactivation and Retrieval-Induced Distortion". *The Journal of Neuroscience*, 29 August 2012, 32(35).

les hubiera creído también. Pero me atengo a lo que ellos me contaron, porque confío en que me dijeron la verdad. Así que cuando digo que nací en Buenos Aires en 1899, estoy realizando un acto de fe.

Pero regresemos al pasado. El pasado es para nosotros un tesoro. Es lo único que realmente poseemos, y que está a nuestra entera disposición. Podemos cambiarlo, modificar incluso a los personajes de la historia, y lo bueno de todo esto es que el pasado está conformado, no sólo por los hechos que ocurrieron, sino también por los sueños de los hombres. Creo que Macbeth es una persona del pasado y una persona del presente tanto como, digamos, Carlos de Suecia, Julio César o Bolívar. Tenemos también los libros, y esos libros son en realidad sueños, y cada vez que releemos un libro, éste es levemente diferente y nosotros somos levemente diferentes también. De manera que creo que podremos seguir recurriendo con confianza a ese vasto emporio, el pasado. Y en lo personal, debo decir que espero seguir encontrando mi camino hacia él, para así seguir sumándolo a mi experiencia física de la vida.

2

AL DESPERTAR

*Al despertar, me encuentro con algo peor: el asombro de
ser yo mismo.*

WFIU, Universidad de Indiana, marzo de 1976

WILLIS BARNSTONE: ... por si llega a querer un huevo
duro?

JORGE LUIS BORGES: Bueno, ¡claro!

BARNSTONE: Bueno, yo se lo preparo.

BORGES: Bueno, es que, si no, no puedo romperlo. No
puedo romper un huevo duro. ¡Porque está duro!

BARNSTONE: Es bueno traer huevos duros a las radioemisoras. ¿No?

BORGES: Una buena combinación, creo yo. Huevos duros y radioemisoras.

BARNSTONE: Borges... ¿Pondría eso en un poema?

BORGES: No. Pero yo creo, de todos modos, que todas
las cosas son aptas para la poesía. Todas las palabras
son aptas. De hecho, todas las cosas lo son. Uno puede
hacer cualquier cosa, claro, pero uno solo puede hablar
de unas pocas cosas.

BARNSTONE: Tengo algunas preguntas. Algunas de
ellas son, quizá, demasiado largas. Pero sus respuestas
no lo serán.

BORGES: Ah. ¿Serán lacónicas?

BARNSTONE: Sabemos que todos los seres humanos tienen conciencia, y sin embargo esa conciencia se limita a nuestra propia mente. A veces despertamos, digamos, a un conocimiento misterioso de la existencia particular de la mente.

BORGES: Bueno, pero esa es una pregunta acerca de la naturaleza del solipsismo, ¿no? Ahora bien, yo no creo en el solipsismo, porque si lo hiciera me volvería loco. Pero sin duda nuestra existencia constituye, en sí, un hecho curioso.

Al mismo tiempo, siento que no estoy soñándolo a usted, o, digámoslo de otra manera, estoy bastante seguro de que usted no está soñándome a mí. Pero en todo caso, el hecho de maravillarse ante la vida misma representa, quizá, la esencia de la poesía. Toda la poesía consiste en sentir que las cosas son extrañas, mientras que toda la retórica consiste en pensar que éstas son comunes u obvias. Claro que yo me siento siempre perplejo ante el hecho de mi propia existencia en un cuerpo humano, de ver a través de ojos, de oír a través de oídos, etc. Y quizá todo lo que he escrito no es más que una mera metáfora, una mera variación de esa cuestión central de mi asombro ante las cosas. En tal caso, yo creo que no existe ninguna diferencia esencial entre la filosofía y la poesía, ya que ambas expresan el mismo tipo de asombro. Excepto que en el caso de la filosofía, uno llega a las respuestas a través de la lógica, y en el caso de la poesía, a través de la metáfora. Y si uno utiliza para ello el lenguaje, entonces está haciendo un uso constante de metáforas. Y dado que ustedes conocen bien mi obra —bueno, podemos usar esa palabra, aunque yo realmente no las considere *obras*... Digamos, mejor, que ustedes conocen bien mis *ejercicios*—, supongo que habrán notado ya que yo me siento constantemente asombrado, e intento llegar al origen de ese asombro.

BARNSTONE: En Cincinatti, cuando un admirador suyo le dijo "¡Borges, ojalá viva mil años!", usted le respondió "No hay por qué ser tan pesimistas".

BORGES: Me refiero a que cuando me siento desdichado —y eso es algo que a todos nos sucede con cierta frecuencia— encuentro verdadero consuelo en la idea de que en unos pocos años, o quizá en unos pocos días, estaré muerto, y entonces nada de todo esto tendrá importancia. Espero ser borrado del todo. Pero cuando pienso que mi muerte será, quizá, una mera ilusión, que más allá de la muerte continuaré siendo de algún modo, entonces me siento muy desdichado. Porque, la verdad, yo estoy harto de mí mismo. Ahora bien, si yo fuera a continuar existiendo sin ningún recuerdo personal de haber sido Borges, eso sí podría llegar a aceptarlo, ya que yo podré haber sido cientos de personas cualesquiera antes de haber nacido otra vez, pero todas esas vidas no me pesarán en absoluto, ya que las habré olvidado. De modo que cuando pienso en la mortalidad, en la muerte, lo hago con esperanza, con cierta expectativa. Podría decir que siento avidez de la muerte, que deseo dejar de despertarme cada mañana y descubrir nuevamente: bueno, aquí estoy, tengo que volver a ser Borges.

Hay una expresión en castellano que ustedes seguramente conocen. Me pregunto si se sigue utilizando. En lugar de decir "despertarse" se dice "recordarse", es decir, acordarse de que uno existe. Mi madre solía decir: "Que me recuerde a las ocho". Cada mañana tengo esa sensación porque siento que soy más o menos inexistente y al despertar me siento invariablemente decepcionado. Porque, bueno, aquí estoy otra vez, y debo seguir jugando el mismo juego de siempre. Tengo, nuevamente, que ser alguien. Tengo que ser exactamente ese alguien y eso me obliga a cumplir con ciertos compromisos, y uno de esos compromisos es dejarme vivir ese día entero. Entonces veo toda la rutina que se extiende ante mí, y todas esas cosas, naturalmente, me fatigan, me cansan. Claro que cuando uno es joven no se siente así. Al despertar uno siente, bueno, estoy tan contento de haber regresado nuevamente a este mundo tan maravilloso. Pero yo creo que jamás me he sentido así. Bueno, quizá cuando era joven. Especialmente cuando era joven. Ahora me queda la resignación. Ahora me levanto cada día y me digo: debo vivir otro día más. Y dejo que eso ocurra. Supongo que la gente percibe esto de otro modo ya que muchos piensan en la inmortalidad como una forma de la felicidad, quizá porque no se dan cuenta de todo esto.

BARNSTONE: ¿No se dan cuenta de qué?

BORGES: Del hecho de que seguir viviendo indefinidamente sería, digamos, algo terrible.

BARNSTONE: ¿Sería otra forma del infierno, como usted afirma en uno de sus cuentos?

BORGES: Sí, exactamente, eso. Dado que esta vida es ya un infierno… ¿Para qué seguir con más y más infiernos, con dosis más y más altas de infierno?

BARNSTONE: ¿Durante doscientos años?

BORGES: Sí. Bueno, claro que podríamos decir que esos

doscientos años no existen, ya que lo único que realmente existe es el momento presente, cargado del recuerdo del pasado y del temor del futuro. Pero, ¿a qué nos referimos exactamente cuando hablamos del presente? El presente es algo tan abstracto como el pasado o el futuro. En el presente siempre tenemos algún tipo de pasado y algún tipo de futuro. Pasamos constantemente de uno a otro.

BARNSTONE: Pero obviamente usted tiene momentos de gran placer durante su vida.

BORGES: Sí, creo que todos los tenemos. Pero me pregunto si esos momentos no son acaso mejores en el recuerdo. Ya que cuando uno es feliz, uno no es casi consciente de lo que está sucediendo. El hecho de ser consciente lleva a la infelicidad.

BARNSTONE: Ser consciente de la felicidad suele permitir la intrusión de la duda.

BORGES: Pero yo creo haber conocido momentos de felicidad; supongo que todos los tenemos. Hay momentos, digamos, de amar, cabalgar, nadar, hablar con amigos, digamos, mantener conversaciones, leer, o incluso *escribir*, o mejor dicho, no el acto de escribir, sino de inventar algo, ya que cuando uno se sienta a escribir, bueno, entonces ya la felicidad no es completa porque surgen las lógicas inquietudes por cuestiones técnicas. Pero cuando uno está elaborando algo, entonces supongo que le está permitido ser feliz.[42] Y luego hay momentos en los que uno se desliza hacia el sueño y se siente feliz, o por lo menos eso es

---

[42] Esto se parece mucho al concepto de *flow* definido por Mihály Csíkszentmihályi.

lo que me ocurre a mí. Recuerdo que la primera vez que tomé un somnífero (que fue muy eficaz, claro, porque era la primera vez que lo tomaba), solía decirme a mí mismo: Ahora oigo cómo ese tranvía dobla la esquina, pero no llegaré a oír el final de ese sonido, ese ruido, porque estaré dormido para entonces. Y entonces me sentía muy, muy feliz, porque sentía que iba a perder el conocimiento.

BARNSTONE: ¿A usted le importa el reconocimiento literario? ¿Busca la fama?

BORGES: ¡No, No! Esas cosas no existen para mí. Al mismo tiempo, cuando ésta me llega —y acaso me ha llegado— siento que es algo que debería agradecer. Quiero decir, si la gente me toma en serio, pienso que, bueno, deben estar equivocados, pero al mismo tiempo yo debería estar agradecido.

BARNSTONE: ¿Vive usted para el próximo poema, cuento, ensayo o conversación?

BORGES: Sí. Así es.

BARNSTONE: Me parece que usted es afortunado en tener todas esas obsesiones infinitas que lo llevan a crear y escribir. ¿Sabe usted de dónde le viene ese destino de ser escritor, ese destino o esa obsesión?

BORGES: Lo único que puedo decir al respecto es que yo *necesito* esas obsesiones. Porque de lo contrario, ¿qué razón tendría para seguir viviendo? No estoy diciendo que me suicidaría de no tenerlas, pero sin duda me sentiría muy injustificado. Esto no implica, necesariamente, que a mí me parezca gran cosa lo que escribo. Quiere decir, simplemente, que yo *necesito* escribir. Porque si yo no me pongo a escribir una idea, esa idea me sigue atormentando, entonces debo escribirla para librarme de ella.

BARNSTONE: En la *República*, Platón dedica mucho tiempo a buscar una definición de justicia, una especie de definición pública. Esa noción, ¿es acaso válida para cada uno de nosotros a nivel personal? ¿Es acaso nuestra vida, que termina con la muerte, un experimento de vida *justo*, o constituye acaso una suerte de traición contra la mente y el cuerpo? Platón habla de la justicia pública. Dado el hecho de la muerte, ¿cree usted en la justicia privada?

BORGES: Creo que la justicia privada es la única justicia posible, porque en lo que respecta a la justicia pública, bueno... Me pregunto si ésta existe realmente.

BARNSTONE: ¿Considera entonces que la justicia privada existe? ¿Qué podemos decir acerca de la moral y el Juicio Final?

BORGES: En cada momento de nuestras vidas sabemos si estamos obrando bien o mal. Podríamos decir, por lo tanto, que el Juicio Final está ocurriendo continuamente, ya que a cada instante de nuestras vidas estamos optando por el bien o por el mal. El Juicio Final no es un desenlace, es algo que está continuamente ocurriendo. Y a cada instante sabemos, gracias a nuestra propia percepción instintiva, cuándo es que actuamos bien o mal.

BARNSTONE: ¿Hay alguna traición biológica en el hecho de la vida debido a la existencia de la muerte?

BORGES: No entiendo qué quiere decir usted con "traición biológica". La biología es algo tan oscuro para mí, que me pregunto si puedo asimilar esa palabra.

BARNSTONE: Bueno, traición física entonces.

BORGES: Bueno, física, sí. Creo que puedo entender eso. Soy un hombre muy simple. Si usted se pone a usar esas palabras tan largas y elaboradas, *biología* y *psicología*...

BARNSTONE: ... nos estaríamos adentrando en la clase de vocabulario que podría haber utilizado su padre, ¿no es cierto?

BORGES: Sí, sin duda él podría haber utilizado esas palabras, pero casi no lo hacía, ya que era profesor de psicología, y a la vez un hombre bastante escéptico.

BARNSTONE: Yo pasé un año entero de mi vida, cuando era estudiante, buscando el centro de la conciencia. Jamás lo encontré.

BORGES: No creo que logre encontrarlo jamás. Nos elude de segundo en segundo.

BARNSTONE: Pero sí descubrí que buscarse a uno mismo es algo a la vez fascinante e intolerable.

BORGES: Sí, lo es. Claro que como soy ciego, me la paso haciendo eso todo el tiempo. Antes de quedarme ciego, encontraba siempre refugio en observar mi entorno, en mirar las cosas, en la lectura, pero ahora debo dedicarme a pensar o mejor dicho, ya que mi capacidad de pensar no es demasiado buena, digamos que debo dedicarme a soñar, y en cierto modo, a dejarme vivir mientras sueño. Es lo único que puedo hacer ahora. Es cierto que también paso largos períodos en soledad, pero eso ya no me molesta. Antes, recuerdo que vivía en una ciudad llamada Adrogué, al sur de Buenos Aires, y cuando debía viajar en el tren durante media hora y no tenía ningún libro conmigo, me sentía muy desdichado. Pero ahora puedo pasar horas y horas sin libros porque de todos modos no podría leerlos. O, por ejemplo, si sufro de insomnio, eso es algo que ya no me preocupa demasiado porque ahora me limito a sentir el fluir del tiempo. Es como un suave declive. De manera que me dejo vivir. Cuando no era ciego, sentía que debía poblar mi tiempo con cosas diversas. Ahora, ya no. Ahora simplemente me dejo vivir.[43]

BARNSTONE: Pero de todas maneras usted disfruta mucho la compañía de otros.

BORGES: Por supuesto, vivo en la memoria. Y supongo que un poeta debe habitar la memoria porque, después de todo, ¿qué es la imaginación? La imaginación, yo creo, está hecha de memoria y olvido. Es la suma de ambas cosas.

BARNSTONE: ¿Se lleva usted bien con el tiempo?

BORGES: Sí, sin duda. Todas las personas que quedan ciegas reciben una suerte de compensación: una percepción distinta del tiempo. Uno se libra de la necesidad de poblar cada instante con algo distinto. Uno sabe que debe dejarse vivir, dejar que el tiempo lo atraviese a uno. Eso brinda un cierto alivio. Creo que es un gran alivio o quizá una gran recompensa. Uno de los dones de la ceguera es que uno siente el tiempo de manera distinta, ¿no? Uno debe dedicarse a recordar y a olvi-

---

[43] Este pensamiento de Borges —el contraste entre enfocarse en la lectura de libros y el dejarse vivir durante el viaje en ferrocarril— aparece plasmado casi exactamente en el siguiente párrafo de "El sur": "A los lados del tren, la ciudad se desgarraba en suburbios; esta visión y luego la de jardines y quintas demoraron el principio de la lectura. La verdad es que Dahlmann leyó poco; la montaña de piedra imán y el genio que ha jurado matar a su bienhechor eran, quién lo niega, maravillosos, pero no mucho más que la mañana y que el hecho de ser. La felicidad lo distraía de Shahrazad y de sus milagros superfluos; Dahlmann cerraba el libro y se dejaba simplemente vivir". Esta similitud confirma el origen autobiográfico de ese relato, que Borges explicita más adelante, en el capítulo 9 de este libro.

dar, no a recordarlo todo porque, bueno, ese personaje sobre el que escribí, Funes, se vuelve loco porque su memoria es infinita. Aunque, claro, tampoco sería bueno olvidarlo todo, porque entonces uno dejaría de existir, ya que uno existe gracias al pasado y a los recuerdos de ese pasado. Si una persona olvidara absolutamente todo, entonces ya ni siquiera sabría quién es; no podría recordar siquiera su propio nombre. De manera que considero que lo más aconsejable es una combinación de ambos elementos, de memoria y de olvido, y de eso que llamamos imaginación, aunque esa palabra es un tanto rebuscada.

BARNSTONE: Sé que no le gustan las palabras rebuscadas porque usted es, de hecho, un hombre de letras.

BORGES: Lo que ocurre es que soy escéptico con respecto a las palabras. Los hombres de letras no confían demasiado en las palabras.

BARNSTONE: Para regresar a mi pregunta originaria: el proceso de buscarme a mí mismo me resultó a la vez fascinante e intolerable porque cuanto más profundamente sentía que había logrado meterme en mí mismo, más desaparecía, hasta que llegué a dudar de todo, hasta de mi propia existencia.

BORGES: Bueno, creo que Hume dijo que cada vez que fue a buscarse a sí mismo, no encontró a nadie en casa. Así son las cosas.

BARNSTONE: Uno pasa del sueño a la pesadilla.

BORGES: Yo tengo pesadillas casi todas las noches. Tuve una esta mañana, aunque no fue una verdadera pesadilla.

BARNSTONE: ¿Cómo era?

BORGES: Era así: yo me encontraba en un edificio enorme, hecho de ladrillos, con muchas habitaciones vacías,
grandes habitaciones vacías. Habitaciones de ladrillos. Y
yo iba de una habitación a otra, y parecía no haber puer-
tas. Salía siempre al patio. Luego, después de un tiempo
yo subía y bajaba, gritaba para ver si había alguien, pero
nadie respondía. Ese gran edificio tan grande y un tanto monótono estaba vacío, y me dije a mí mismo: "¡Pero
claro! ¡Esta es la pesadilla del laberinto! De manera que
no voy a hallar aquí ninguna puerta, sólo tengo que sen-
tarme a esperar en una de las habitaciones hasta que
despierte". Y eso fue exactamente lo que ocurrió: una vez
que me di cuenta y me dije a mí mismo, "esta es la pesadilla del laberinto", dado que yo ya conozco perfectamente
esa pesadilla mía, ya no le hice más caso. Simplemente
me senté en el suelo a esperar.

BARNSTONE: Hasta que pasó el tiempo.

BORGES: Sólo debí esperar un momento, y me desperté.

BARNSTONE: ¿Tiene otras pesadillas recurrentes?
¿Cuáles son?

BORGES: Sí, son dos o tres. En este momento la que
recuerdo es la del laberinto. Luego tengo otra, que se
debe a mi ceguera. Es una pesadilla en la que intento
leer y no logro hacerlo porque las letras cobran vida,
porque cada letra se convierte en otra letra, y entonces
las palabras del comienzo se acortan cuando intento des-
cifrarlas. Son largas palabras en idioma holandés, llenas
de vocales que se repiten. O, si no, los espacios entre
renglones comienzan a agrandarse, y luego las letras se
bifurcan, y todo esto sucede con letras negras o rojas, en
un papel muy brillante, y se vuelven tan grandes que

resulta intolerable. Y una vez que despierto, esas letras
me siguen acompañando durante un rato, y durante un
instante pienso: no voy a poder olvidarlas y me voy a
volver loco. Esta es una pesadilla recurrente. Especialmente desde que perdí la vista, tengo este sueño de leer,
de no poder leer porque las letras cobran vida. Este es
uno de los sueños que se repiten. Y luego los demás son
sueños sobre espejos, sobre personas enmascaradas. De
manera que supongo que tengo tres pesadillas esenciales: el laberinto, las letras, y los espejos. Y luego hay otros
que son más o menos comunes, sueños que puede tener
cualquiera, pero esas son mis tres pesadillas recurrentes,
las tengo casi todas las noches. Y luego, cuando despierto,
permanecen conmigo, y me acompañan durante varios
minutos. A veces me llegan antes de estar completamente dormido. Hay muchas personas que sueñan antes de
quedarse dormidas, y luego siguen soñando incluso después de despertar. Quedan como a mitad de camino. ¿No?
Entre la vigilia y el sueño.[44]

---

[44] Estos estados de duermevela, "a mitad de camino" entre la vigilia
y el sueño, son objeto de estudio de la neurología, la psicología
y la psiquiatría. Al estado de conciencia intermedia que precede
inmediatamente y conduce al sueño se lo denomina *hipnagógico*. Su
contraparte, es decir, al estado entre el sueño y la vigilia que puede
darse al despertar, se llama *hipnopómpico*. Si el despertar gradual
ocurre tras la fase de sueño profundo denominada REM (*rapid eye
movement*, movimiento ocular rápido), las imágenes y percepciones del
sueño pueden adentrarse en la vigilia y perdurar durante un tiempo
de manera sumamente vívida. A estas ensoñaciones persistentes que,
a juzgar por sus dichos, Borges experimentaba con cierta frecuencia
se las llama *alucinaciones hipnopómpicas*. Tanto la *hipnagogia* como

BARNSTONE: Ese es también el momento en que usted reúne mucho del material que luego usa para escribir. ¿No?

BORGES: Sí, así es. De Quincey[45] y todo eso, se trata de una venerable tradición literaria. Aunque De Quincey debe haber creado sus pesadillas mientras las escribía, ¿no? Porque son tan buenas... Además, dependen también de las palabras, mientras que las pesadillas, por lo general, no dependen de las palabras. Lo que resulta difícil al narrar una pesadilla es que la sensación de la pesadilla no procede de las imágenes, sino que, como decía Coleridge, son las sensaciones las que generan las imágenes.

---

la *hipnopompia* son estados que suelen estar asociados con sueños lúcidos, y el hallazgo de soluciones entonces impensadas por vía intuitiva o simbólica. El caso más famoso es el del químico August Kekulé, quien afirmó haber descubierto la estructura anular de la molécula de benceno al quedarse semidormido ante el fuego de la chimenea y percibir en ese estado de ensoñación la imagen de una serpiente que mordía su cola. Muchos otros científicos, artistas y escritores —entre ellos Isaac Newton, Thomas Edison, Ludwig van Beethoven y Salvador Dalí— han afirmado haber experimentado episodios de esta naturaleza que les sirvieron luego de inspiración para sus obras y descubrimientos. Acaso la sucesión de este tipo de experiencias contribuyó a desdibujar para Borges los límites entre el sueño y la vigilia, y entre la realidad y la ficción, fronteras todas que aparecen retratadas de manera implícita como innecesarias, inexistentes o difusas a lo largo de toda su obra.

[45] Thomas de Quincey (1785-1859). Escritor inglés, conocido por su obra titulada *Confessions of an English Opium-Eater* (*Confesiones de un opiófago inglés*, 1821), que describe nítidamente una serie de pesadillas inducidas por la ingesta de láudano.

BARNSTONE: Esa es una diferencia importante, porque la mayoría de la gente piensa exactamente lo contrario, no considera que sean el fruto de una elaboración.

BORGES: Cuando uno se sienta a escribir las imágenes de una pesadilla, éstas ya no significan nada para uno. Es lo que ocurre en el caso de Poe o Lovecraft.[46] Las imágenes son acaso espantosas, pero la sensación no lo es.

BARNSTONE: Y supongo que un buen escritor es aquel que es capaz de conjurar las imágenes correctas, que corresponden a cada sensación.

BORGES: A cada sensación, sí. O que es capaz de darle al lector la sensación de la pesadilla a través de objetos o cosas comunes. Recuerdo que encontré una prueba de ello en un cuento de Chesterton. Él dice que podríamos pensar que en el fin del mundo hay un árbol cuya mera forma es maligna.[47] Esa, creo, es una palabra apropiada, y creo que representa bien la sensación de la pesadilla, ¿no? Ahora bien, sería casi imposible describir un árbol así. Porque, si uno piensa, por ejemplo, en un árbol hecho de calaveras, o de fantasmas, bueno, eso sería algo bas-

---

[46] H.P. Lovecraft (1890-1937). Escritor norteamericano, autor de obras clásicas en los géneros de fantasía, terror y ciencia ficción.

[47] En el capítulo VI de *The man who was Thursday* (*El hombre que fue jueves*), Chesterton escribe: "Sólo podía imaginar, como en una de esas fábulas del viejo mundo, que si un hombre viajara en dirección oeste hacia el fin del mundo terminaría encontrando algo —digamos, un árbol— que fuera más o menos que un árbol, un árbol poseído por un espíritu, y que si viajara en dirección este hacia el fin del mundo encontraría algo —una torre, quizá— cuya mera forma fuera maligna. Así estas figuras parecían erguirse, violentas e inexplicables, contra un horizonte remoto, visiones al borde de la conciencia".

tante tonto. Pero lo que dijo Chesterton, un árbol cuya mera forma es maligna, bueno, eso demuestra que él tuvo una pesadilla en la que soñó ese árbol, ¿no? De lo contrario, ¿cómo pudo llegar a ese árbol?

BARNSTONE: Yo siempre me he preguntado cómo es que se mueve mi lengua, que las palabras salen de mi boca o de mi cabeza. Las palabras son como segundos de un reloj: simplemente ocurren, suenan casi por sí mismas.

BORGES: Pero creo que antes de irse a dormir uno comienza, o al menos yo comienzo, a murmurar frases sin sentido. Y entonces sé que estoy por quedarme dormido. Cuando me oigo, cuando me encuentro diciendo algo que no tiene sentido, es una buena señal de que estoy por quedarme dormido en instantes.[48]

BARNSTONE: Bueno, iba a preguntarle, sobre las palabras que suceden, que se forman en nuestras bocas. Mientras el tiempo existe, las palabras vienen. Por ende, también los pensamientos. Pero esto no ocurre porque uno desee hacerlo conscientemente, ni siquiera porque desee tener ese deseo.

BORGES: No creo que esas palabras que yo digo antes de dormir tengan significado alguno. Al menos para mí.

BARNSTONE: Sí, pero yo no me refiero únicamente a las palabras que uno pronuncia antes de dormir. Me refiero a todas las palabras que acuden a nosotros en este preciso instante. En otras palabras, no sé por qué las palabras

---

[48] Este fenómeno recibe el nombre de "discurso hipnagógico". Véase Mavromatis, Andreas. *Hypnagogia: The Unique State of Consciousness Between Wakefulness and Sleep*, p. 42 (Routledge, 1987).

salen de mi boca en este momento. Hay alguna fuerza que las impulsa. No soy yo quien las dirige. Y eso es algo que jamás he entendido. Es una suerte de misterio fundamental para mí.

BORGES: Pero supongo que esas palabras corresponden a sus pensamientos. Porque de otro modo serían incomprensibles o irrelevantes.

BARNSTONE: Pero yo me siento como un reloj al que le han dado cuerda y que hace tic-tac cada segundo, un reloj del que brotan palabras. No tengo idea de por qué estoy hablándole a usted de manera más o menos lógica en este momento. O por qué usted me está respondiendo. Es un gran enigma para mí.

BORGES: Sí, entiendo. Bueno, creo que debería simplemente aceptarlo.

BARNSTONE: Sí, eso hago: lo acepto, si no me volvería loco.

BORGES: Sí, eso es. Podríamos decir incluso que el solo hecho de pensar puede llevarlo a uno a la locura.

BARNSTONE: Sí.

BORGES: Hay que evitarlo con sumo cuidado. ¿No?

BARNSTONE: Bueno, si uno trata de pensar por qué piensa, no puede pensar en eso. Y sin embargo, a veces voy caminando por la calle y me digo, no "quién es este que va caminando por la calle", sino "quién es este que va pensando que camina por la calle", y entonces me siento realmente perplejo.

BORGES: Sí, y si se pone a pensar quién está pensando que está pensando que está pensando que está pensando... ¿No? Bueno, no creo que eso tenga el menor sentido. Es puramente gramatical, son palabras nada más.

BARNSTONE: Suena como un espejo.

BORGES: Podríamos pasar a una segunda categoría. Supongamos que uno siente un dolor físico intenso. Por ejemplo, a causa de la electricidad o de un dolor de muelas. Entonces al sentir ese dolor, no sentirá ya el dolor. Dirá entonces: bueno, es un dolor de muelas, y uno ya ha sentido el dolor. Y podríamos pasar luego a una tercera categoría y decir: bueno, uno siente que ha sentido que ha sentido dolor. Pero creo que no se puede seguir más allá. Y además, esto sólo tiene sentido dentro del mismo juego, ya en realidad uno continúa pensando en la misma cosa. Pero creo que esto solo puede hacerse en tres niveles. Si uno dice, pienso que pienso que pienso que pienso que pienso que pienso, todo eso se vuelve, acaso, irreal a partir del segundo nivel. Yo he leído un libro de John William Dunne, *An Experiment with Time*,[49] en el que dice que, dado que uno sabe algo, uno sabe también que lo sabe, y uno sabe que sabe que lo sabe, y uno sabe que sabe que sabe que lo sabe, y uno sabe que sabe que sabe que lo

---

[49] *An Experiment with Time* (*Un experimento con el tiempo*), ensayo del ingeniero británico de origen irlandés John William Dunne (1875-1949) acerca de la conciencia humana, el tiempo, y los sueños, que postula infinitas dimensiones temporales e intenta explicar fenómenos tales como la precognición y el *déjà vu*. Ya desde su primera edición, que data de 1927, el libro atrajo gran interés y a lo largo de los años ha influido sobre autores de la talla de H.G. Wells y J.B. Priestley. Entre las obras más conocidas de J.W. Dunne figuran también *The Serial Universe* (*El universo serial*, 1934), *The New Immortality* (*La nueva inmortalidad*, 1938) y *Nothing Dies* (*Nada muere*, 1940). Véase el ensayo de Borges titulado "El tiempo y J.W. Dunne", en *Otras inquisiciones* (1952).

sabe, de manera que cada ser humano consiste en una infinidad de individuos. Pero no creo que eso pueda ser demostrado.

BARNSTONE: ¿Qué piensa usted de esa lucidez momentánea, a la vez sobrecogedora y aterradora, que nos lleva a preguntarnos cómo es que nuestras mentes pueden pensar y hablar? Cada vez que despierto, me asombra el mero hecho de seguir existiendo, o siendo.

BORGES: Al despertar, me encuentro con algo peor: el asombro de ser yo mismo. Tal y tal, nacido en Buenos Aires en 1899, alguien que vivió en Ginebra...

BARNSTONE: Claro. ¿Por qué no es usted el Hombre de Pekín,[50] por ejemplo, o alguien que vivirá dentro de cinco millones de años?

BORGES: Bueno, una vez se me ocurrió una fantasía con fines literarios: que en cualquier momento cada uno de nosotros pasa a habitar la conciencia de otra persona. Pero claro, como uno ya se ha convertido en esa otra persona, no se da cuenta de ello. Por ejemplo, en algún momento yo seré usted. Y usted será Borges. Pero dado

---

[50] Hombre de Pekín (nombre científico: *homo erectus pekinensis*), subespecie de homínidos que habitó regiones de lo que hoy es China hace unos 300.000 a 700.000 años. Sus restos fósiles fueron hallados entre 1923 y 1927 en una cueva de la localidad de Zhoukoudian, al sudoeste de Pekín (Beijing). Este hallazgo fue ampliamente divulgado porque al momento de ser encontrado, muchos entendieron que estos fósiles representaban el famoso "eslabón perdido" que faltaba para demostrar el vínculo entre los humanos modernos y sus ancestros remotos, constituyéndose así en evidencia suficiente para la aplicación de la teoría de la evolución a la especie humana.

que ese cambio, esa traslación, es completa, usted no tendrá recuerdo alguno, no sabrá que ha pasado a ser yo. Al fin de cuentas, uno está acaso cambiando todo el tiempo, uno puede pasar a ser en este instante cualquier persona en la Tierra, ya que al convertirse en esa persona, uno ha adquirido también su pasado, sus memorias, sus temores, sus esperanzas, etcétera.

BARNSTONE: El pasado mismo se destruye.

BORGES: Sí, uno podría estar acaso convirtiéndose continuamente en otras personas y nadie lo notaría. Quizá eso es lo que realmente sucede. Lo cual, claro está, no tiene el menor sentido. Esto me lleva a pensar en un cuento, nada más que en un cuento… Pero hay cosas que sólo sirven para fines literarios, y a veces para fines literarios no demasiado buenos, que no pasan de ser meros trucos narrativos.

BARNSTONE: Hay una fuerza poderosa que está siempre dentro de nosotros que nos impulsa a salir de nuestro ser para alcanzar el mundo. Se manifiesta de muchas formas: sexualmente, a través de la escritura, hablando, tocando…

BORGES: Bueno, viviendo.

BARNSTONE: Sí, viviendo. No somos más que nosotros mismos y sin embargo existe este impulso, el más fuerte de todos, de destruir nuestra propia soledad incluyendo en ella a otros. Safo ha escrito un fragmento en el que describe bien esta sensación. Dice: "No llegaré a tocar / el inmenso cielo / con las dos manos". Esta idea representa esa fuerza imperiosa de la vida que nos impulsa a salir de nosotros mismos.

BORGES: Si entiendo lo que usted trata de decir, es que

huimos de nosotros mismos todo el tiempo, y que sentimos la necesidad de hacerlo.

BARNSTONE: Estamos siempre intentando expandirnos para ser más, para alcanzar, tocar más allá de nuestro propio círculo.

BORGES: Supongo que así es. Pero no creo que usted deba preocuparse al respecto. En todo caso, esto no debería entristecerlo, aun cuando seamos conscientes de que jamás nos será dado lograrlo, o que acaso lo lograremos pero sólo de manera imperfecta.

BARNSTONE: No podemos lograrlo, pero parte del arte de vivir es fingir que podríamos lograrlo, y eso nos lleva a la escritura, al amor, a todas las cosas que hacen que las personas se vinculen unas con otras.

BORGES: Bueno, ya que los días de nuestra edad son, digamos, setenta años, y debemos poblarlos de algún modo, ¿por qué no ensayar todas estas cosas? Después de todo, nuestra vida es finita. Si no, nos aburriríamos mucho.

BARNSTONE: Me parece que usted valora mucho más su obra futura que sus logros ya existentes.

BORGES: Bueno, es lo más aconsejable, ¿no?

BARNSTONE: Lo contrario sería probablemente fatal. Y sin embargo, me sorprende notar que usted parece pensar que sus últimos libros de poemas son menos importantes que sus libros anteriores.

BORGES: Es que a estos últimos los conozco demasiado bien.

BARNSTONE: Yo estoy convencido de que sus nuevos poemas son los más poderosos, por la inteligencia y pasión que usted despliega en ellos. Y esa pasión se expresa con frecuencia a través de una suerte de angustia personal que usted no siempre se permite exteriorizar en sus cuentos o ensayos.

BORGES: No, yo creo que usted se equivoca. Creo que usted piensa que mis últimos poemas son buenos sólo porque los lee a la luz de mis poemas anteriores, pero si estos poemas más recientes hubieran llegado a usted de manera anónima, sin duda los descartaría. ¿No le parece? Cuando uno lee algo escrito por un autor cuya obra ya conoce, entonces uno lee los textos más recientes como si fueran las últimas páginas de una larga novela, pero esas páginas recientes no tendrían sentido alguno sin aquellas que las precedieron. Cuando uno piensa en un poeta, uno tiende a creer que su poema más reciente es bueno, aun cuando, individualmente, tal vez no lo sea.

BARNSTONE: Sí, pero los poemas más recientes también ayudan a los poemas anteriores porque contribuyen a forjar la personalidad conjunta de su voz. Sin estos poemas suyos más recientes, uno no leería sus poemas anteriores con la misma intensidad.

BORGES: Bueno, supongo que se ayudan entre sí.

BARNSTONE: Así es. Porque juntos conforman una voz total. Cuando Blake dice algo gracioso, es en parte gracioso porque por lo general Blake nunca decía nada cómico, y entonces ahí decimos: "Ah, aquí tenemos a Blake haciéndose el bromista".

BORGES: Blake por lo general es tedioso y bastante oscuro.

BARNSTONE: Para mí sus poemas más recientes, Borges, son los más poderosos, en términos de intelecto y pasión.

BORGES: Esperemos que así sea. Aunque yo no piense en ellos de ese modo. Para mí son meros ejercicios. Además, si siento nostalgia por algo, si extraño mi ciudad, bueno, esos poemas no son más que experimentos para lograr estar de regreso en Buenos Aires o para huir de las cosas. Los he escrito solamente como ripios para mi próximo libro. Pero espero que usted tenga razón.

BARNSTONE: Cuando se encuentra usted frente a un espejo o anota un sueño en un poema, su delineamiento preciso de un *pathos* revela una virtud que hoy en día se ha perdido en la poesía moderna. Me parece bien que se rehúse a sobreestimar sus poemas más recientes, pero debo decirle que usted muy probablemente se equivoca al denostarlos.

BORGES: ¡Pero sí, claro, yo espero estar equivocado! Me alegra que intente persuadirme, Barnstone, pero soy yo quien no logra convencerse. No deseo tener razón. ¿Por qué debería querer tenerla? ¿Por qué debo seguir afirmando que estoy escribiendo poemas muy pobres?

BARNSTONE: ¿En su mente hay siempre un poema escondido que usted termina finalmente encontrando? ¿O más bien cabría decir que sus poemas tienen origen en una suerte de mirada nueva hacia las cosas cotidianas, de la misma forma en que uno recuerda repentinamente que ama a su madre o a su padre? Y por último: ¿Es usted quien encuentra al poema, o es el poema el que lo encuentra a usted?

BORGES: Yo diría que el poema me encuentra, y aún más en el caso de los cuentos. En ese caso, el cuento se apodera de mí, y debo librarme de él, y la única manera de lograr eso es escribiéndolo. No tengo otra forma de librarme de él, si no lo escribo me sigue atormentando.

BARNSTONE: Usted afirma que sus poemas son meros ejercicios… Pero ¿ejercicios de qué tipo?

BORGES: Creo que son ejercicios del lenguaje. Son ejercicios del idioma castellano, del sonido de los versos, de rima. Dado que no soy bueno con la rima, hago lo que puedo. Y son también ejercicios de imaginación. En el caso de los cuentos, sé que debo elaborar un cuento, clara y coherentemente. De lo contrario, no surtirá efecto: no será más que una serie de palabras. Y debe aspirar a ser más que eso. Un cuento debe transmitir más que las palabras que lo constituyen, debe ser más que meras palabras. Recuerdo haber leído, creo que en un ensayo de Stevenson: "¿Qué es el personaje de un libro? No es más que una serie de palabras".[51] Ahora bien, yo creo que esa afirmación es errónea. Un personaje no es, quizá, más que palabras, pero no debería dejarnos la impresión de ser sólo eso. Porque cuando pensamos en Macbeth o en Lord Jim o el Capitán Ahab,[52] pensamos en ellos como

---

[51] Esta afirmación figura en el ensayo de Robert Louis Stevenson titulado "Some Gentlemen in Fiction" que fue publicado por primera vez en 1888 y luego compilado en el libro *Familiar Studies of Men and Books* (1894). El párrafo citado, en el que Stevenson analiza a ciertos personajes de Charles Dickens, es el siguiente: "Estos títeres verbales […] tienen un doble origen: el hálito de su vida emana de su hacedor, pero ellos no son en sí otra cosa que series de palabras y partes de libros; habitan en y pertenecen a la literatura, a la convención, el artificio técnico, las necesidades mecánicas del arte…".

[52] Borges se refiere aquí a diversos personajes literarios: el Rey de Escocia de la *Tragedia de Macbeth*, escrita a comienzos del siglo XVII

personajes que existen más allá de las palabras. El autor no nos dice todo sobre ellos, pero sabemos que les han ocurrido muchas cosas aunque el autor no las mencione. Por ejemplo, leemos que un personaje hace tal y tal cosa, y al día siguiente hace alguna otra. El autor no nos cuenta qué ha sucedido entre un día y otro, pero no hace falta: sabemos que ha pasado la noche durmiendo, que acaso ha soñado, que le han sucedido cosas entre medio que al autor no le ha parecido necesario narrar. En el caso de Don Quijote, por ejemplo, sabemos que ha sido un niño alguna vez, aun cuando Cervantes no nos dice, hasta donde yo sé, una sola palabra sobre la infancia de Don Quijote. De manera que un personaje es mucho más que una serie de palabras. Porque de lo contrario, no sería un personaje auténtico, no lograría interesarnos. Incluso en el caso de un personaje que existe en un espacio de sólo diez líneas —"¡Ay, pobre Yorick! Yo lo conocía bien, Horacio"[53]—, ese personaje tiene una existencia propia. Y sin embargo, existe solamente en un conjunto de palabras que abarca diez renglones, o quizá incluso menos.

BARNSTONE: Y en las palabras de otro, ya que ni siquiera aparece en el escenario.

BORGES: Y sin embargo uno piensa en él como en una persona real.

---

por William Shakespeare; Jim, protagonista de la obra de Joseph Conrad, *Lord Jim* (publicada entre 1899 y 1900) y el Capitán Ahab de *Moby Dick*, la famosa novela publicada en 1851 por el escritor norteamericano Herman Melville.

[53] *Hamlet*, Acto V, Escena I.

BARNSTONE: Y siente compasión por él.

BORGES: Sí, uno siente compasión por él. Shakespeare tenía a Hamlet en un cementerio, y pensó que hacerlo sostener una calavera, una calavera blanca —Hamlet estaba vestido de negro—, sería una imagen muy efectiva. Pero dado que no podía estar meramente sosteniendo una calavera sin decir una palabra, debía hacerlo decir algo. Y así, Yorick pasó a existir gracias a esa necesidad técnica de Shakespeare. Y pasó a existir para siempre. Desde ese punto de vista, Yorick es mucho más que una serie de palabras. Supongo que Stevenson sabía todo eso, ya que era escritor y creó muchos personajes y esos personajes eran mucho más que palabras.

BARNSTONE: Y en diez renglones venció al paso del tiempo, para siempre.

BORGES: Sí. Es muy extraño eso, ¿no?

BARNSTONE: Tengo una pregunta muy personal.

BORGES: Las únicas preguntas interesantes son las preguntas personales. No las que tratan acerca del futuro de la República, del futuro de Norteamérica, del futuro del Cosmos... Esas cosas no tienen sentido.

BARNSTONE: Creo que todas mis preguntas han sido bastante personales.

BORGES: Así deben ser.

BARNSTONE: ¿Alberga usted sentimientos paternales hacia sus amigos? ¿O acaso esta palabra, *paternal*, le resulta totalmente irrelevante?

BORGES: No, no son paternales

BARNSTONE: ¿Nos siente a todos como pares?

BORGES: Son sentimientos fraternales, más que paternales. Claro que al ser un hombre viejo, se espera que yo sea paternal, pero lo cierto es que no lo soy. Ahora bien, Macedonio Fernández pensaba que el sentimiento paterno era un sentimiento equivocado. Me dijo una vez: "¿Qué tengo yo en común con mi hijo? Pertenecemos a distintas generaciones. Yo lo quiero, pero es un error mío. Él me quiere, pero ese es un error que él comete. Ese sentimiento mutuo no debería existir". Yo le contesté: "Sí, pero eso no depende de una regla. Podés quererlo igual a pesar de todos estos argumentos. Y supongamos que estás diciendo estas cosas porque te preocupás demasiado por él, o sentís que no te has portado bien con él". Hay un montón de tonterías que se dicen acerca de que los padres no deberían permitirse amar a sus hijos y que éstos no deberían permitirse amar a sus padres.

BARNSTONE: Por favor, continúe.

BORGES: Bueno, claro, Macedonio había abandonado a su familia. Hay una explicación muy obvia para su argumento: él los había dejado para vivir su propia vida.

BARNSTONE: Para pasar de los padres a los sueños, usted habla mucho de los sueños. ¿Qué significan para usted los sueños, y en qué difieren éstos de la vigilia?

BORGES: Los sueños son creaciones. La vigilia acaso sea también una creación: parte de un posible solipsismo[54] y todo eso, pero es evidente que nadie piensa de

---

[54] Solipsismo: tesis filosófica que afirma que uno solo puede conocer la existencia de uno mismo, ya que la existencia de cualquier otro ser o entidad está basada únicamente en percepciones procedentes de los sentidos, y por ende subjetivas y acaso falsas.

ese modo. De manera que en el caso de los sueños, uno sabe que todo se origina en uno mismo, mientras que en el caso de la vigilia, bueno, a uno pueden sucederle muchas cosas que no tienen nada que ver con lo que uno piense, a menos que uno crea en el solipsismo. Porque en tal caso uno estaría soñando todo el tiempo, ya sea durante el sueño o durante la vigilia. Pero yo no creo en el solipsismo. No creo que nadie crea en eso realmente. La diferencia esencial entre estar despierto y la experiencia de dormir o soñar reside en el hecho de que el sueño es una creación propia, concebida por uno mismo y que evoluciona a partir de uno.

BARNSTONE: Pero no necesariamente al dormir.

BORGES: No, no, no necesariamente al dormir. Cuando uno elabora un poema hay poca diferencia entre estar dormido o despierto, ¿no? Ya que ambos estados representan la misma cosa. Si uno está pensando, o está inventando, o durmiendo, entonces el sueño puede corresponder a una visión, o a un pensamiento, o al mismo sueño. Eso no tiene casi importancia.

BARNSTONE: Como todos nosotros, usted es un hombre egoísta. Usted ha ahondado en sí mismo, ha habitado, explorado y explotado los recovecos de su propia mente, y ha transmitido esas observaciones a otros.

BORGES: Bueno, ¿qué otra cosa puedo hacer? No debería culpárseme por eso, nadie puede echarme la culpa por eso.

BARNSTONE: Claro, porque si ha transmitido sus observaciones a otros, entonces usted, sin duda, no es egoísta. Ya que el hecho de dar sus obras a otros, y de ofrecer también una suerte de conversación socrática a los demás, es un acto de generosidad de una especie ética difícil de encontrar.

BORGES: Creo que satisface además una necesidad mía, ya que yo también la estoy disfrutando.

BARNSTONE: Y sin embargo siento que esta especie de generosidad ética está en vías de extinción, y que no volveremos a tener a nadie como usted, protegido como está por su ceguera y por su lealtad a autores anteriores.

BORGES: ¡Se perderá para toda la eternidad, para siempre!

BARNSTONE: Luego pienso un poco más y me vuelvo más optimista y pienso que este hombre ético y creativo volverá a surgir otra vez. ¿Es usted un hombre ético?

BORGES: Sí, soy una persona esencialmente ética. Siempre pienso en las cosas en términos del bien o el mal. Creo que mucha gente en mi país, por ejemplo, tiene muy poco sentimiento ético. Supongo que en los Estados Unidos la gente es más ética que en la Argentina. Aquí, en los Estados Unidos, la gente al actuar piensa por si está obrando bien o mal, pienso en la guerra en Vietnam y todo eso. Pero en mi país la gente piensa únicamente si algo le sirve o no para beneficiarse de algún modo. Esa es toda la diferencia. Porque aquí el puritanismo, el protestantismo, todo eso lleva a consideraciones éticas, mientras que la religión católica lleva únicamente a la pompa y a la circunstancia, es decir, a un ateísmo esencial.

BARNSTONE: Hay mucha diversión en usted Borges... Usted busca divertirse; de a ratos juega a ser niño, se ríe, disfruta de las cosas, tiene gran sentido del humor.

BORGES: Bueno, es lo que debo hacer, ¿no? Me pregunto si soy realmente adulto. Supongo que nadie lo es.

BARNSTONE: No, nadie lo es. Antes, cuando me sentía desdichado, en el amor, o alguna otra tontería como esa...

BORGES: No, ninguna tontería. Esas cosas son parte de la experiencia humana. Quiero decir: el hecho de amar y no ser correspondido, eso está en todas las biografías, ¿no? Pero si usted viniera y me dijera: estoy enamorado de tal y tal, pero ella me ha rechazado, bueno, creo que esa es una historia que podemos contar todos los seres humanos. Todos hemos sido rechazados, y hemos rechazado a alguien alguna vez. Esas dos situaciones nos han ocurrido a todos. En este preciso momento, alguien está rechazando a alguien o alguien está siendo rechazado. Es algo que ocurre continuamente. Claro que cuando nos ocurre a nosotros, como decía Heine, entonces nos sentimos muy desdichados.

BARNSTONE: En ocasiones me he sentido tan desdichado que he deseado morirme, pero sabía íntimamente que, en realidad, esa era una señal de que quería seguir viviendo.

BORGES: He pensado en el suicidio muchas veces, pero siempre lo he pospuesto. Me he dicho a mí mismo, para qué preocuparme, ya que tengo esa arma tan efectiva, el suicidio, y al mismo tiempo nunca la he utilizado, al menos creo no haberla usado jamás.

BARNSTONE: Bueno, usted ya casi ha contestado mi pregunta antes de que la formule. Quería preguntarle si usted piensa que la idea del suicidio es meramente una expresión del deseo de seguir viviendo, si incluso el falso suicidio que yo había considerado representaba un deseo desesperado de vivir mejor, de manera más plena.

BORGES: Cuando la gente piensa en el suicidio, piensa

únicamente en lo que los demás pensarán de ellos una vez que sepan que se han suicidado. De manera que en cierta forma siguen viviendo. Lo hacen en general por venganza. Mucha gente se suicida porque está enojada. Es una manera de manifestar su enojo y llevar a cabo una venganza, para así hacer sentir a otro culpable de un acto que uno mismo ha cometido, lo cual está notablemente mal.

BARNSTONE: El suicidio es más que nada una idea romántica que tienen los jóvenes, una puerta falsa que los jóvenes a veces deciden atravesar. Pero ¿qué hay del impulso contrario? ¿De dónde proviene la pasión por la vida? ¿Por qué existe esa pasión que lleva a los jóvenes a la muerte, y al escritor a narrar? ¿Cuál es el origen de esa pasión arrolladora por vivir?

BORGES: Si pudiera responder esa pregunta, podría explicar el enigma del universo, y no creo que pueda, ¿eh? Dado que todos los que lo intentaron antes han fracasado. He sabido de muchos suicidios. Muchos de mis amigos se han suicidado. De hecho, entre los hombres de letras de mi país, el suicidio es bastante común, quizá más que aquí. Pero creo que la mayoría de ellos lo ha hecho para vengarse de alguien, para hacer que alguien se sienta culpable de su muerte. En el caso de Leopoldo Lugones, por ejemplo, creo que estaba intentando convertir a otra persona en asesino.

BARNSTONE: Algunas veces hay un cierto cansancio, un deseo de liberación, cuando una persona está muy enferma.

BORGES: Por supuesto, pero esa es otra clase de suicidio. Cuando un amigo mío se enteró de que tenía cáncer, se suicidó, y yo creo que fue algo razonable. Yo, al menos, no podría juzgar a nadie que tomara esa decisión en un caso así. Puedo entenderlo.

BARNSTONE: No tengo más preguntas, a menos que usted tenga alguna pregunta que quiera hacerme.

BORGES: No, yo quisiera agradecerle por su amabilidad y por este encuentro tan agradable, porque yo pensé que la conversación sería acaso difícil de llevar, pero no ha sido así, no ha ocurrido nada de eso. Todo lo contrario: ha sido una experiencia muy grata. Ha sido usted muy generoso, me ha nutrido con sus pensamientos, para luego hacerme sentir que éstos eran míos. Lo ha hecho todo muy bien, y ha sabido llevarme muy hábilmente todo este rato, y le estoy muy agradecido. Gracias, Barnstone.

BARNSTONE: Gracias, Borges.

3

SOBREVINO COMO UN LENTO CREPÚSCULO DE VERANO

Sobrevino como un lento crepúsculo de verano. Yo era director de la Biblioteca Nacional y empecé a darme cuenta de que me hallaba rodeado de libros sin letras. Después, mis amigos fueron perdiendo lentamente sus rostros. Y luego, un buen día me di cuenta de que ya no había nadie en el espejo.

Entrevista con Dick Cavett,[55]
Nueva York, mayo de 1980

DICK CAVETT: Es bueno tener aquí en el programa no solo a un poeta y escritor sino también a un inspector de aves tan eminente. ¿Podría explicarnos —parece algo salido de S.J. Perelman[56]— cómo fue que llegó a ser inspector de aves?

---

[55] Dick Cavett, periodista y entrevistador de televisión norteamericano, nacido en 1936. Esta entrevista tuvo lugar en su programa, *The Dick Cavett Show*, el 5 de mayo de 1980.

[56] Sidney Joseph Perelman (1904-1979). Humorista, libretista y escritor norteamericano, tenía un sentido del humor surrealista, proclive al absurdo y la ironía. Fue colaborador de la revista *The New Yorker* y autor de numerosos libretos y guiones, entre ellos, varios que escribió para los hermanos Marx.

JORGE LUIS BORGES: Yo tenía un puesto en una biblioteca municipal de Buenos Aires, pero recibí la orden de
ir a inspeccionar las ventas de pollos y huevos en los
mercados. Fui a la municipalidad y pregunté a un amigo que trabajaba allí: "¿Por qué es que ocurrió esto?".
Y él me contestó: "Bueno, usted fue partidario de los
aliados. ¿Qué esperaba?". Obviamente, yo había estado
a favor de los aliados. Y mi amigo dijo: "Entonces, ¿qué
esperaba?". A lo que respondí: "Bueno, claro, no tengo
nada que responder a ese argumento". Ese había sido
el motivo.

CAVETT: Y este era el régimen de Perón.

BORGES: Sí, y ese régimen estaba a favor de Hitler y
de Mussolini. Amo a Italia y amo a Alemania, y por esa
misma razón, detesto a Mussolini y a Hitler.

CAVETT: ¿Qué tan seria era su enemistad con Perón?
Nombrarlo a usted inspector de aves parece más un in-
sulto que un acto grave en sí. Pero su madre recibió una
llamada ominosa en medio de la noche.

BORGES: Sí, recibió una llamada a la madrugada. Yo
escuché que el teléfono sonaba y a la mañana siguiente
le pregunté: "¿Acaso lo soñé yo, o llamaron anoche?". "No,
no lo soñaste —me aclaró mi madre—. Llamó un tilingo a
las dos de la mañana y me avisó que nos iba a matar". Y
mi madre le respondió: "Matar a mi hijo es fácil. Lo puede
encontrar en la calle y matarlo cuando se le ocurra. En
cuanto a mí, ya tengo más de noventa años, así que le
aconsejo que no pierda el tiempo hablando por teléfono y
venga a matarme pronto, porque si no se apura, por ahí
me le muero antes". Luego de esto, colgó el teléfono, y se
fue a dormir otra vez.

CAVETT: Me habría encantado conocerla en persona. Pero su madre ha muerto ya, ¿verdad?

BORGES: Sí, mi madre ha muerto hace cinco años. Tenía noventa y nueve años. Creo que se sentía culpable de haber vivido tanto. Solía decir: "¡Caramba! ¡Se me fue la mano!". Vivir hasta los noventa y nueve debe ser terrible.

CAVETT: ¿Terrible?

BORGES: Sí. Bueno, vivir hasta los ochenta también es terrible. Vivir es terrible, digamos. Pero uno no puede evitarlo. Y además, el hecho de vivir puede ser también muy agradable. En este momento, por ejemplo, lo es.

CAVETT: ¿Ahora es placentero?

BORGES: Sí, por supuesto. Estoy en Nueva York. Estoy hablando con usted.

CAVETT: A usted le gusta Nueva York.

BORGES: Sí, cuando pienso en Nueva York pienso en Walt Whitman, en O. Henry,[57] y también en la mera belleza. La ciudad entera —con sus rascacielos que ascienden como fuentes— es realmente muy lírica.

CAVETT: Señor Borges, ¿su ceguera es hereditaria?

BORGES: Sí. He visto a mi padre morir ciego y sonriente. Mi abuela paterna era del "North Country" de Inglaterra. Venía de Northumberland.[58] También la vi morir

---

[57] O. Henry, seudónimo del escritor norteamericano William Sydney Porter (1862-1910). Sus cuentos se caracterizan por retratar la vida cotidiana de la gente común de la ciudad de Nueva York, y por sus finales sorprendentes e inesperados.

[58] Northumberland es un condado del noreste de Inglaterra, en el límite con Escocia. La abuela de Borges, Frances Haslam (1842-1935), nació en realidad en Hanley, Staffordshire. Fue el padre de ésta última,

ciega y sonriente. Y mi bisabuelo también murió ciego. No sé si sonreía o no al morir. Eso es lo más lejos que he podido llegar. Yo soy la cuarta generación.

CAVETT: ¿Cómo lo cambia a uno la ceguera?

BORGES: Como yo me fui dando gradualmente cuenta de que me estaba quedando ciego, no hubo ningún momento especialmente patético. Sobrevino como un lento crepúsculo de verano. Yo era director de la Biblioteca Nacional y empecé a darme cuenta de que me hallaba rodeado de libros sin letras. Después mis amigos fueron perdiendo lentamente sus rostros. Y luego, un buen día me di cuenta de que ya no había nadie en el espejo. Y desde entonces todas las cosas se han ido borrando, y ahora sólo distingo blancos y grises. Hay dos colores que me han sido negados: el negro y el rojo. Los veo como un vago marrón. Cuando Shakespeare dijo: "Looking on darkness which the blind do see",[59] estaba equivocado. La oscuridad está vedada a los ciegos. Yo vivo rodeado de una terca niebla luminosa.

CAVETT: Una niebla luminosa.

BORGES: Grisácea o azulada. No estoy muy seguro. Es demasiado tenue. Yo diría que vivo rodeado de un mundo azulado.

CAVETT: Azulado.

Edward Young Haslam (bisabuelo de Jorge Luis Borges), quien nació en Nortumbria, pero la conexión entre la familia Haslam y ese condado es de todos modos tenue. Véase el capítulo X de *Literatos y excéntricos: los ancestros ingleses de Jorge Luis Borges*.

[59] "Mirando la oscuridad que ven los ciegos". William Shakespeare, "Soneto XXVII".

BORGES: Aunque tal vez sea gris, al fin de cuentas.

CAVETT: ¿Intentó usted leer todo lo que podía, lo más rápido posible, cuando se dio cuenta de que se iba a quedar ciego?

BORGES: No. Aunque debería haber hecho eso, claro. Desde entonces —eso fue en 1955, el año de la revolución— he releído mucho pero he leído poco.

CAVETT: ¿En Braille, y con gente que le leía?

BORGES: No, nunca intenté aprender Braille. Pero continúo leyendo los mismos libros que leía cuando era chico.

CAVETT: Creo recordar que a usted le gusta *Huckleberry Finn* pero no *Tom Sawyer*.[60]

BORGES: Creo que Tom Sawyer arruina el libro. ¿Por qué le permitieron entrar en el libro? *Huckleberry Finn* es un gran libro.

CAVETT: Usted se refiere a la aparición de Tom Sawyer al final de *Huckleberry Finn*.

BORGES: Sí, creo que eso estropea al libro. Es un gran libro, no deberían haberlo estropeado así. Yo tengo una teoría personal, y es que *Huckleberry Finn* engendró otro gran libro. Me refiero, por supuesto, al *Kim* de Kipling. Si bien se trata de dos libros totalmente distintos —el primero transcurre en Norteamérica y el segundo, en

---

[60] Novelas del escritor norteamericano Mark Twain (1835-1910). *The Adventures of Tom Sawyer* (*Las aventuras de Tom Sawyer*) se publicó en 1876. *The Adventures of Huckleberry Finn* (*Las aventuras de Huckleberry Finn*) se publicó en Inglaterra a fines de 1884 y en los Estados Unidos a comienzos de 1885. Tom Sawyer, personaje de la primera novela aquí citada, aparece también en la segunda, hecho que parece haber disgustado a Borges.

la India— ambos tienen la misma estructura, el mismo argumento: un hombre viejo y un niño que descubren su país. Los países y los estilos son muy diferentes. Kipling de hecho conoció a Mark Twain. Leí esto en uno de sus libros.

CAVETT: Y a usted le hubiera gustado conocer a ambos.

BORGES: Sí, por supuesto. Ese libro se llama *From Sea to Sea*,[61] aunque no estoy seguro.[62] Conoció a Mark Twain pero jamás conoció a Robert Louis Stevenson.

CAVETT: ¿A Kipling le hubiera gustado conocer a Stevenson?

BORGES: Sí. Pero nunca llegó a conocerlo.

CAVETT: A veces pienso que usted hubiera sido más feliz si hubiera nacido unas décadas antes, dada su afición por ese período.

BORGES: Yo no me considero un escritor moderno. Soy un escritor del siglo XIX. Mis novedades son novedades del siglo XIX. No me considero un contemporáneo del surrealismo, del dadaísmo, o del imaginismo, ni de las

---

[61] *From Sea to Sea* (*De mar a mar*) es una antología en dos volúmenes que abarca las cartas y despachos que Kipling escribió para diversos periódicos entre 1887 y 1889. Esta compilación cubre tanto los viajes que Kipling realizó dentro de la India como la travesía que emprendió para regresar a Inglaterra, "de mar a mar", entre marzo y septiembre de 1889.

[62] El recuerdo de Borges es (para variar) exacto. Rudyard Kipling registró su encuentro con el escritor norteamericano en un artículo titulado "An interview with Mark Twain" ("Una entrevista con Mark Twain") que se publicó en *The New York Herald* el 17 de agosto de 1890. Este texto está, en efecto, compilado en *From Sea to Sea*, bajo el número XXXVII.

demás tonterías literarias, ¿no? Pienso en la literatura en términos del siglo XIX y de comienzos del siglo XX. Me gusta leer a Bernard Shaw y a Henry James.

CAVETT: Sus lectores están tan completamente fascinados por su obra… Eso es algo maravilloso. Yo recién la descubrí, lamento decirlo, hace poco. Pero hay algo que uno nota inmediatamente en sus textos, y es que éstos están llenos de laberintos y enigmas e incluso bromas o engaños.

BORGES: Bueno, "engaños"… Pero los laberintos se explican por el hecho de que vivo en un mundo que me resulta sorprendente. Es decir, me siento continuamente perplejo. Yo vivo en un estado continuo de asombro.

CAVETT: Sé que usted ha afirmado que su destino es la lengua castellana. Y a la vez ha dicho que el castellano es un idioma que en cierto modo lo limita al momento de escribir. ¿Cuál sería un buen ejemplo de algo que no le resulta posible decir en castellano, pero sí en inglés?

BORGES: Bueno, creo que sería apropiado citar algunos versos de "The Ballad of East and West" de Kipling. Hay un oficial inglés que está persiguiendo a un ladrón de caballos afgano. Ambos van a caballo y Kipling dice: "They have ridden the low moon out of the sky. Their hooves drum up the dawn".[63] Bueno, eso no puede ha-

---

[63] Estos versos en lengua inglesa utilizan *phrasal verbs* que, como bien dice Borges, dan un matiz especial al poema y resultan imposibles de traducir literalmente, ya que no existen en castellano. Una traducción aproximada (ya que no preserva la estructura del original) sería la siguiente: "Han cabalgado hasta sacar la luna del cielo, / sus cascos hacen retumbar a la madrugada".

cerse en castellano, eso no está permitido en castellano. Pero el castellano nos ofrece, a cambio, otras virtudes. Por ejemplo, las vocales abiertas. Esas vocales existían en el inglés antiguo, pero se han perdido y ahora, en el inglés actual, no existen. Creo que Shakespeare las tenía también. Me dijeron en Escocia que Shakespeare hubiera dicho "Tow be or not tow be, that is the question. Whether 'tis nobler in the maend to suffer the slings and arrows of outrageous fortune...".

CAVETT: Usted sabe todos esos idiomas... *Dim* (tenue) es una bella palabra.

BORGES: Está emparentada con la palabra alemana *Dämmerung*, "crepúsculo". *Dämmerung* y *dim* están relacionadas.[64]

CAVETT: ¿No hay acaso una línea que menciona "this palace of dim night"[65] en Shakespeare?

BORGES: Por supuesto que sí.[66] Y luego está la alitera-

---

[64] *Dim* proviene del inglés antiguo *dimm* "oscuro, sombrío" y éste del protogermánico **dimbaz* que dio en nórdico antiguo *dimmr*, en antiguo frisio *dim*, en antiguo altoalemán *timber*, de significado similar. El origen primigenio de esta palabra es incierto; no parece tener raíz indoeuropea ya que no existe en las demás ramas de esa familia y figura únicamente en la rama germánica.

[65] En castellano: "Este palacio de noche sombría".

[66] "This palace of dim night". "Este palacio de noche sombría". En *Romeo y Julieta*, Acto V, Escena III: "For fear of that I still will stay with thee, / And never from this palace of dim night / Depart again: here, here will I remain / With worms that are thy chambermaids; O, here / Will I set up my everlasting rest, / And shake the yoke of inauspicious stars / From this worldweary flesh". "¡Así lo temo, y por ello permaneceré siempre a tu lado, / sin salir jamás de este palacio

ción sajona, que en castellano es algo que prácticamente no existe. Hay un muy buen verso de Leopoldo Lugones en el que se oye el sonido de la *ele* dos veces: "Iba el silencio andando como un largo lebrel".[67] Ahí se oye la aliteración. Pero eso casi no se usa en castellano. Preferimos la rima y la asonancia.

CAVETT: ¿Alguna vez intentó escribir en inglés?

BORGES: Sí, pero respeto demasiado al idioma inglés como para seguir intentándolo. Escribí dos o tres poemas en inglés para mis amigos, y luego fueron publicados, pero eso es algo que no intentaría ahora. Hago lo mejor que puedo con el castellano. Después de todo, el castellano es mi destino y también mi instrumento. Es mi lengua materna.

CAVETT: Quisiera que me explique algo que siempre me ha desconcertado, la simpatía que hay por Hitler y los nazis en la Argentina.

BORGES: Bueno, yo creo que la República Argentina no puede ser explicada. Es tan misteriosa como el universo. Yo no logro entenderla, no podría afirmar que la entiendo. No tengo opiniones políticas tampoco. Intento mante-

---

de noche sombría! ¡Aquí, aquí / Quiero quedarme con los gusanos, doncellas de tu servidumbre! ¡Oh! / ¡Aquí fijaré mi eterna morada, / para sacudir el yugo de estrellas infaustas / de esta carne cansada del mundo!".

[67] Octavo verso del poema "La hora azul" de Leopoldo Lugones. La estrofa es la siguiente: "De este lado del mundo, pálidos abedules / delineaban la tarde cual si fuera un vergel; / y en el fondo, hacia tierras remotamente azules, / iba el Silencio andando como un largo lebrel".

nerme al margen de la política. No pertenezco a ningún partido; me considero un individualista. Mi padre era discípulo de Herbert Spencer. Creció leyendo *The Man Versus the State*.[68] No puedo explicar ese tipo de cosas. Ni yo mismo las entiendo.

CAVETT: Usted escribió en algún lado que usted veía a Hitler como un hombre que deseaba ser derrotado, en cierta forma.

BORGES: Sí, pero todo eso no era más que un juego literario mío. Y si la gente admira a Napoleón, ¿por qué no debería admirar a Hitler? Creo que ambas cosas van juntas. Si uno admira a los conquistadores, uno termina apoyándolos. Pero obviamente, detesto y odio a Hitler. Su antisemitismo era algo extremadamente estúpido.

CAVETT: Los laberintos y enredos y todas esas formas extrañas que aparecen en su obra, ¿están ahí como adornos artísticos, o porque representan algo vivo?

BORGES: No, yo pienso en ellos como en signos esenciales, o símbolos esenciales. No los he elegido: me han sido dados. Sigo utilizándolos porque considero que son los símbolos apropiados para expresar lo que siento. Yo vivo asombrado, perplejo, de manera que el laberinto es un símbolo apropiado. No se trata, al menos en lo que a mí respecta, de recursos o trucos literarios. Son parte de mi destino, de mi manera de sentir, de vivir. No los he elegido.

CAVETT: ¿Sigue yendo al cine?

---

[68] *The Man Versus the State* (*El hombre contra el Estado*, 1884) es la obra más conocida del filósofo individualista inglés Herbert Spencer (1820-1903).

BORGES: Sí, pero solo puedo oír las voces.

CAVETT: Me sorprendió enterarme de su interés por el cine y que, de hecho, creo que una vez escribió un guión.

BORGES: Recuerdo películas excelentes que ahora parecen haber sido olvidadas. Esas películas de *gangsters* de Josef von Sternberg.[69] Películas que recuerdo: *The Underworld, The Dragnet*. Los actores eran George Bancroft, William Powell, Fred Kohler. Esas fueron de las últimas películas mudas. Después vinieron las películas sonoras, y todo cambió. He visto muchas veces esa excelente película, *Citizen Kane*.

CAVETT: Esa es una película que la gente ve una y otra vez.

BORGES: Y me aterrorizó ver *Psicosis*. La vi tres o cuatro veces y aprendí a cerrar los ojos en el momento exacto para no ver a la madre.

CAVETT: Usted dijo una vez que la infelicidad es una bendición para el escritor.

BORGES: Yo diría que la infelicidad es uno de los muchos instrumentos que le son dados al escritor. O uno de los muchos dones, para usar otra metáfora. La desdicha, la soledad, todas esas cosas deben ser utilizadas por el escritor. Hasta la pesadilla es un instrumento. Muchos de mis cuentos me fueron dados por pesadillas. Yo tengo pesadillas casi todas las noches.

CAVETT: ¿Cuál es ese cuento suyo en el que nadie envejece? Después de un cierto punto del relato, nadie muere.

---

[69] Josef von Sternberg (1894-1969). Cineasta norteamericano de origen austríaco.

De manera que hay gente de todas las edades, suspendidos en la eternidad. Uno de los personajes resulta ser Homero.

BORGES: Ah sí, claro. En ese cuento hay un hombre que ha vivido tanto que ha olvidado que él mismo es Homero, y ha olvidado el idioma griego también. Ese relato se llama "El inmortal",[70] creo. Pero está escrito en un estilo rebuscado. Ya no escribo así hoy en día. Intento seguir la lección de *Plain Tales from the Hills* de Kipling;[71] es decir, no de los cuentos más complejos que Kipling escribió más tarde, sino de los primeros. Esos son cuentos muy simples y a la vez, obras maestras.

CAVETT: Usted es un tanto duro con Carl Sandburg en un texto suyo que leí. Usted dice que lo considera inferior a...

BORGES: No, solo digo que es inferior a Frost, que fue un poeta eminente. Yo creo que Carl Sandburg fue el mejor discípulo de Walt Whitman. Y me gusta más Sandburg que Edgar Lee Masters.[72] Tal vez esto que digo es una herejía.

---

[70] "El inmortal", publicado en *El Aleph* (1949).

[71] *Plain Tales from the Hills* (*Cuentos llanos de las colinas*, 1888) es la primera colección de cuentos de Rudyard Kipling. El título del libro es un juego de palabras que contrasta el doble significado de "llano" con las colinas de Shimla y hace a la vez referencia al estilo engañosamente simple de estos relatos, que en realidad esconden toda una serie de conceptos profundos y complejos.

[72] Edgar Lee Masters (1869-1950). Poeta norteamericano. Se crió en Illinois, estudió derecho y se instaló en la ciudad de Chicago, donde continuó escribiendo al tiempo que ejercía su profesión de abogado. Alcanzó la fama al publicar el libro titulado *Spoon River Anthology*

CAVETT: ¿Y qué poeta ha sido infravalorado?

BORGES: Yo diría que Emerson, como poeta, no ha sido suficientemente reconocido. Creo que Emerson fue un gran poeta, como poeta frío, intelectual. Pero parece haber sido olvidado como tal. Chesterton fue también un gran poeta, pero sus versos también parecen haber sido olvidados. Y también los de Kipling. Cuando la gente piensa en Chesterton dicen, bueno, era católico. Y Kipling, imperialista. Pero eran mucho más que eso. Ambos eran hombres de genio. Oscar Wilde dijo de Kipling —claro que de manera tan injusta como ingeniosa— que "desde el punto de vista de la literatura, Kipling es un genio que se come las H's".[73]

CAVETT: ¿Encuentra usted alguna desventaja en ser tan famoso?

(1915). En esta obra el poeta imagina los epitafios grabados en las tumbas de un cementerio de una ciudad ficticia del Midwest (Centro-Oeste) norteamericano llamada Spoon River. A través de poemas escritos en verso libre, las voces de los muertos revelan de manera cruda los pormenores de sus vidas: las hipocresías, las intrigas, las decepciones y las angustias diarias. La antología representa así una crítica mordaz a la vida provinciana y a la mentalidad puritana. Masters escribió también *The New Star Chamber* (1904), *The Blood of the Prophets* (1905), *The Great Valley* (1916), *Domesday Book* (1920), *The New Spoon River* (1924), la autobiografía *Across Spoon River* (1936) y *The Sangamon* (1942).

[73] Oscar Wilde hace esta afirmación en el diálogo ficticio titulado "The Critic as Artist: with some remarks upon the importance of doing nothing" ("El crítico como artista: con algunos comentarios acerca de la importancia de no hacer nada"), publicado en la antología de ensayos titulada *Intentions* (1891): "From the point of view of literature Mr. Kipling is a genius who drops his aspirates".

BORGES: Me siento agradecido y al mismo tiempo consideso que todo ese asunto de la fama es un gran error, que en cualquier momento me van a descubrir, la gente se va dar cuenta.

CAVETT: Le preocupa que lo descubran.

BORGES: Yo realmente no sé por qué soy famoso. Creo que lo soy, digamos, a pesar de los libros que he escrito.

CAVETT: Usted es, por cierto, muy modesto y humilde.

BORGES: Sí, lo soy. Soy realmente modesto. ¡Sí señor!

CAVETT: Hay una anécdota sobre su traductor, cuando intentaba traducir la frase "noche unánime".

BORGES: Ah, esa frase. ¡Qué fanfarronada, realmente!

CAVETT: El traductor dijo: "Pero qué diantres quiere decir esto, 'unánime noche'".[74]

BORGES: Ah, no sé, no recuerdo eso.

CAVETT: ¿Considera usted que es importante ser inmortal?

BORGES: Yo quisiera morir enteramente, en cuerpo y alma, y ser olvidado.

CAVETT: Ese es su mayor deseo.

BORGES: Y en lo que respecta a mi nombre, ¿por qué debería interesarme? Es un nombre tan torpe, Jorge Luis Borges, como "Jorge Luis Jorges" o "Borge Luis Borges", un trabalenguas. Casi ni puedo pronunciarlo yo mismo.

CAVETT: Bueno, lo hace muy bien, sobre todo si tenemos en cuenta el tiempo que ha tenido para practicar.

BORGES: Sí, ochenta años. Tengo más de ochenta.

---

[74] Esta expresión figura al comienzo del cuento "Las ruinas circulares", publicado en *Ficciones* (1944).

CAVETT: Ha sido maravilloso conocerlo y tenerlo aquí.

BORGES: Ha sido maravilloso para mí conocerlo, conocer Nueva York y conocer los Estados Unidos.

CAVETT: Claro, los rascacielos y todo eso. Gracias, señor Borges.

BORGES: No, gracias a usted.

4

SOY SIMPLEMENTE EL QUE SOY

"Borges" representa todo lo que yo detesto [...] Yo creo que soy simplemente el que soy.

Universidad de Indiana, marzo de 1980

Nota: Durante este diálogo, Scott Sanders, Willis Barnstone, Luis Beltrán, Miguel Enguídanos y Jorge Oclander leen varios poemas de Borges en voz alta. Luego de cada lectura, Borges comenta sus propios textos.

MI VIDA ENTERA[75]

Aquí otra vez, los labios memorables, único y
Semejante a vosotros.
Soy esa torpe intensidad que es un alma.
He persistido en la aproximación de la dicha y
En la privanza del pesar.
He atravesado el mar.
He conocido muchas tierras; he visto una mujer
Y dos o tres hombres.

---

[75] "Mi vida entera", publicado en *Luna de enfrente* (1925).

He querido a una niña altiva y blanca y de una
Hispánica quietud.
He visto un arrabal infinito donde se cumple una
Insaciada inmortalidad de ponientes.
He paladeado numerosas palabras.
Creo profundamente que eso es todo y que ni veré
Ni ejecutaré cosas nuevas.
Creo que mis jornadas y mis noches se igualan en
Pobreza y en riqueza a las de Dios y a las
De todos los hombres.

Cuando escribí este poema me sentía abatido. No sabía todas las cosas que me depararía el futuro. Sentía que mis días eran meras repeticiones, meros espejos. Pero no imaginaba los dones que me aguardaban. Por ejemplo, Inglaterra, Escocia, Islandia, Suecia, y el descubrimiento de los Estados Unidos en 1961, en Texas. Allí conocí a mi amigo Enguídanos y la enseñanza de la literatura inglesa. Claro que la literatura inglesa es infinita, no puede ser enseñada. Pero al menos pude enseñarles a mis estudiantes el amor de esa literatura, o, digamos, el amor por los sajones, por De Quincey, Milton, y tantos otros. Y me ocurrirían además muchas otras cosas —la amistad, el amor, la dictadura que padecimos, mi madre y mi hermana en prisión, y tantas otras cosas que vendrían— y todas ellas me conducirían a este otro acontecimiento singular que jamás hubiera esperado: esta noche que hoy estamos compartiendo. Todas esas cosas me condujeron a Bloomington, Indiana, y a nuestro vínculo secreto y personal de esta noche.

EL REMORDIMIENTO[76]

He cometido el peor de los pecados
que un hombre puede cometer. No he sido
feliz. Que los glaciares del olvido
me arrastren y me pierdan, despiadados.
Mis padres me engendraron para el juego
arriesgado y hermoso de la vida,
para la tierra, el agua, el aire, el fuego.
Los defraudé. No fui feliz. Cumplida
no fue su joven voluntad. Mi mente
se aplicó a las simétricas porfías
del arte, que entreteje naderías.
Me legaron valor. No fui valiente.
No me abandona. Siempre está a mi lado
La sombra de haber sido un desdichado.

Recuerdo en este momento que Wordsworth escribió que la poesía surge de la emoción recordada en la tranquilidad. Es decir, atravesamos la felicidad o el dolor. Luego debemos limitarnos a ejercer la paciencia. Pero tiempo después, al recordar esas emociones, no somos ya actores sino espectadores, testigos y *eso*, según Wordsworth, es lo que propicia el surgimiento de la poesía. Entonces, según esta teoría, dado que yo escribí este soneto unos cuatro o cinco días después del fallecimiento de mi madre, cuando todavía me sentía abrumado por ello, este poema no puede ser bueno. Pero por otro lado, mucha gente lo recuerda,

---

[76] "El remordimiento", publicado en *La moneda de hierro* (1976).

mucha gente en Buenos Aires se lo sabe de memoria, lo comenta y lo relee. Personalmente considero que en lo que respecta a la técnica, este poema vale poco y nada. Pero tal vez sea bueno de alguna otra manera secreta. Y ahora que lo he oído, creo que me gusta. Quizá porque Enguídanos lo ha leído tan bien, y quizá porque Willis Barnstone lo ha enriquecido, lo ha mejorado mucho.

EL MAR[77]

Antes que el sueño (o el terror) tejiera
Mitologías y cosmogonías,
Antes que el tiempo se acuñara en días,
El mar, el siempre mar, ya estaba y era.
¿Quién es el mar? ¿Quién es aquel violento
Y antiguo ser que roe los pilares
De la tierra y es uno y muchos mares
Y abismo y resplandor y azar y viento?
Quien lo mira lo ve por vez primera,
Siempre. Con el asombro que las cosas
Elementales dejan, las hermosas
Tardes, la luna, el fuego de una hoguera.
¿Quién es el mar, quién soy? Lo sabré el día
Ulterior que sucede a la agonía.

Creo que este poema debe ser bueno ya que el tema es el mar. El mar ha maravillado a los poetas desde Homero, y en la poesía inglesa encontramos el sentir del mar des-

---

[77] "El mar", publicado en *El otro, el mismo* (1964).

de sus mismos comienzos. Figura ya en los primeros versos del *Beowulf*, en los que el poeta menciona el barco de Scyld Scefing, rey de Dinamarca, y nos dice que ese rey fue lanzado al mar en esa nave.[78] Luego el poeta nos dice que lo enviaron lejos, sobre el poder de las olas. De manera que el mar ha estado siempre con nosotros. El mar es, además, mucho más misterioso que la tierra. Y no creo que uno pueda hablar del mar sin acordarse de ese primer capítulo de *Moby Dick*. Ahí también sentimos el misterio del mar.

¿Qué es lo que he querido hacer con este poema? Bueno, creo que solo he intentado reescribir esos poemas acerca del mar. Recuerdo a Camões,[79] por supuesto —"*Por mares nunca dantes navegados*"[80]—, recuerdo la Odisea, y tantos otros mares. El mar siempre nos cautiva. Sigue siendo un misterio para nosotros. No sabemos qué es, o como yo digo en el poema, quién es, ya que no sabemos quiénes somos nosotros mismos: ese es otro misterio. He escrito muchos poemas sobre el mar. Este en particular sea acaso digno de la atención que ustedes generosamente le brindan. No creo que pueda agregar nada más acerca de este poema, ya que no se trata de un poema intelectual. Y es mejor así: es un poema surgido de una emoción, así que no puede ser demasiado malo.

---

[78] Borges traduce estos primeros versos del *Beowulf* en su *Breve antología anglosajona* (1978).

[79] Luís Vaz de Camões (1524-1580), el más célebre de los poetas portugueses.

[80] *Los Lusíadas*, Canto I.

G. A. BÜRGER[81]

No acabo de entender
por qué me afectan de este modo las cosas
que le sucedieron a Bürger
(sus dos fechas están en la enciclopedia)
en una de las ciudades de la llanura,
junto al río que tiene una sola margen
en la que crece la palmera, no el pino.
Al igual de todos los hombres,
dijo y oyó mentiras,
fue traicionado y fue traidor,
agonizó de amor muchas veces
y, tras la noche del insomnio,
vio los cristales grises del alba,
pero mereció la gran voz de Shakespeare
(en la que están las otras)
y la de Angelus Silesius de Breslau
y con falso descuido limó algún verso,
en el estilo de su época.
Sabía que el presente no es otra cosa
que una partícula fugaz del pasado
que estamos hechos de olvido:

---

[81] "G. A. Bürger", publicado en *Historia de la noche* (1977). Las iniciales corresponden al nombre del poeta Gottfried August Bürger (1747-1794) nacido en Molmerswende, Anhalt, Alemania, en el seno de una familia de pastores luteranos. Bürger escribió numerosos sonetos de tono elegíaco que fueron singularmente apreciados por la crítica, pero se lo recuerda especialmente por sus baladas, entre ellas: *Lenore, Das Lied vom braven Manne, Der Kaiser und der Abt* y *Der wilde Jäger*.

sabiduría tan inútil
como los corolarios de Spinoza
o las magias del miedo.
En la ciudad junto al río inmóvil,
unos dos mil años después de la muerte de un dios
(la historia que refiero es antigua),
Bürger está solo y ahora,
precisamente ahora, lima unos versos.

Estos versos me fueron dados una tarde en mi departamento en Buenos Aires. Me sentía triste, angustiado y abrumado, y me dije: "¿Por qué razón debería preocuparme lo que le sucede a Borges? Después de todo, Borges no existe, es una mera ficción". Y entonces pensé en escribir este poema. Y pensé en mí mismo desde una perspectiva etimológica —yo tiendo a pensar de manera etimológica— y me dije: mi nombre, un apellido portugués muy común, Borges, significa "burgués", "habitante de un burgo". Luego pensé en un poeta alemán, un poeta alemán bastante conocido cuyas obras, supongo, he leído. Su nombre es igual al mío: Bürger. Y entonces se me ocurrió un truco literario: decidí escribir un poema sobre Bürger. Pero a medida que el lector avanzara, iría descubriendo que Bürger no es Bürger, sino Borges. Los dos tenemos, al fin de cuentas, el mismo nombre. Y entonces comencé hablando de una ciudad en la llanura. Acaso esa llanura representa mejor a los países bajos que a Alemania, pero en todo caso alude, también, a la provincia de Buenos Aires. Y dejé entonces una pista para el lector, hablé de la palmera en lugar del pino, y luego hablé de un río, un río con una sola margen, y recordé ese hermoso título que lleva un libro de Mallea,[82] *La ciudad junto al río inmóvil*, y lo incluí en ese verso. El lector se da cuenta al final que el poema no es sobre Bürger sino sobre mí, y, encontrará acaso, también, que el truco es legítimo. Espero que funcione.

BORGES Y YO[83]

Al otro, a Borges, es a quien le ocurren las cosas. Yo camino por Buenos Aires y me demoro, acaso ya mecánicamente, para mirar el arco de un zaguán y la puerta cancel; de Borges tengo noticias por el correo y veo su nombre en una terna de profesores o en un diccionario biográfico. Me gustan los relojes de arena, los mapas, la tipografía del siglo XVIII, las etimologías, el sabor del café y la prosa de Stevenson; el otro comparte esas preferencias, pero de un modo vanidoso que las convierte en atributos de un actor. Sería exagerado afirmar que nuestra relación es hostil; yo vivo, yo me dejo vivir, para que Borges pueda tramar su literatura y esa literatura me justifica. Nada me cuesta confesar que ha logrado ciertas páginas válidas, pero esas páginas no me pueden salvar, quizá porque lo bueno ya no es de nadie, ni siquiera del otro, sino del lenguaje o la tradición. Por lo demás, yo estoy destinado a perderme, definitivamente, y sólo algún instante de mí podrá

---

[82] Eduardo Mallea (1903-1982). Escritor y crítico argentino.
[83] "Borges y yo", publicado en *El hacedor* (1960).

sobrevivir en el otro. Poco a poco voy cediéndole todo, aunque me consta su perversa costumbre de falsear y magnificar. Spinoza entendió que todas las cosas quieren perseverar en su ser; la piedra eternamente quiere ser piedra y el tigre un tigre. Yo he de quedar en Borges, no en mí (si es que alguien soy), pero me reconozco menos en sus libros que en muchos otros o que en el laborioso rasgueo de una guitarra. Hace años yo traté de librarme de él y pasé de las mitologías del arrabal a los juegos con el tiempo y con lo infinito, pero esos juegos son de Borges ahora y tendré que idear otras cosas. Así mi vida es una fuga y todo lo pierdo y todo es del olvido, o del otro. No sé cuál de los dos escribe esta página.

Acabamos de oír el gran nombre, acaso el gran nombre olvidado, de Robert Louis Stevenson. Sin duda todos ustedes recuerdan que escribió *Jekyll y Hyde*, y es de *Jekyll y Hyde* que proviene esta página. Pero en la fábula de Stevenson la diferencia entre Jekyll y Hyde es que a Jekyll lo conforma, como a todos nosotros, una mezcla de bondad y de maldad, mientras que Hyde está conformado por maldad pura. Y por maldad Stevenson no entendió la lujuria, ya que no la consideraba algo malo, sino la crueldad. Pensó que la crueldad era el pecado prohibido, el pecado que ni el Espíritu Santo perdonaría. Este es, claro, el mismo argumento que Oscar Wilde utiliza en *El retrato de Dorian Gray*, creo que con menos eficacia que Stevenson, pero en el caso de este texto la diferencia entre "Borges" y "yo" es otra. Ya que en este texto, "Borges" representa todo lo que yo detesto. Representa la publicidad, el ser fotografiado, tener que dar entrevistas, la política, las opiniones (ya que todas las opiniones son superficiales). Y representa también a esas dos nulidades, esos dos grandes impostores, como los llamaba Kipling, el fracaso y el éxito, "podemos encontrarnos con el triunfo y el desastre, y tratar a ambos de igual modo". "Borges" representa todo eso. Mientras que el "yo", digamos —ya que el título del texto es "Borges y yo"—, el "yo" de este texto representa no al hombre público sino a mi "yo" privado, a mi realidad, ya que todas las demás cosas que acabo de mencionar, entre ellas la fama, son para mí irreales. Las cosas verdaderas que uno hace son sentir, soñar, escribir, pero no publicar, ya que eso le pertenece, creo, a "Borges", no a mi verdadero "yo". Hay que evitar caer en todas esas trampas. Yo sé, por supuesto, que el "yo" ha sido refutado por muchos filósofos. Por ejemplo, por Hume, por Schopenhauer, por Moore, por Macedonio Fernández, por Frances Herbert Bradley. Y sin embargo creo que podemos pensar en el "yo" como si fuera una cosa. Y noto que en este instante acude en mi ayuda nada menos que William Shakespeare. Recordemos al Sargento Parolles. Parolles era un *miles gloriosus*, un cobarde. Fue degradado: la gente se dio cuenta de que no era, en realidad, valiente. Y entonces Shakespeare lo ilumina con su luz, y hace que el Sargento Parolles diga: "Captain I'll be no more / simply the thing I am / shall make me live".[84] "No seré capitán, simplemente la cosa que soy me hará vivir". Y eso nos remite, claro, a las grandes palabras de Dios: "Soy el que

---

[84] *All's well that ends well*, Acto 4, Escena 3.

soy",[85] *Ego sum qui sum*. Bueno, yo creo que soy simplemente el que soy, esa cosa íntima y secreta. Quizás algún día averigüe *quién* es Borges, en lugar de *qué* es.

ENDIMIÓN EN LATMOS[86]

Yo dormía en la cumbre y era hermoso
Mi cuerpo, que los años han gastado.
Alto en la noche helénica, el centauro
Demoraba su cuádruple carrera
Para atisbar mi sueño. Me placía
Dormir para soñar y para el otro
Sueño lustral que elude la memoria
Y que nos purifica del gravamen
De ser aquel que somos en la tierra.
Diana, la diosa que es también la luna,
Me veía dormir en la montaña
Y lentamente descendió a mis brazos
Oro y amor en la encendida noche.
Yo apretaba los párpados mortales,
Yo quería no ver el rostro bello
Que mis labios de polvo profanaban.
Yo aspiré la fragancia de la luna
Y su infinita voz dijo mi nombre.
Oh las puras mejillas que se buscan,
Oh ríos del amor y de la noche,

---

[85] *Ehyeh asher ehyeh*, "Soy el que soy", es la respuesta que Dios brinda en la Biblia cuando Moisés le pregunta su nombre (Éxodo 3:14).
[86] "Endimión en Latmos", publicado en *Historia de la noche* (1977).

Oh el beso humano y la tensión del arco.
No sé cuánto duraron mis venturas;
Hay cosas que no miden los racimos
Ni la flor ni la nieve delicada.
La gente me rehúye. Le da miedo
El hombre que fue amado por la luna.
Los años han pasado. Una zozobra
Da horror a mi vigilia. Me pregunto
Si aquel tumulto de oro en la montaña
Fue verdadero o no fue más que un sueño.
Inútil repetirme que el recuerdo
De ayer y un sueño son la misma cosa.
Mi soledad recorre los comunes
Caminos de la tierra, pero siempre
Busco en la antigua noche de los númenes
La indiferente luna, hija de Zeus.

"Endimión en Latmos" es un poema mitológico, y también, quizá el único poema personal que he escrito. Porque Endimión, como todos los mitos, no es únicamente imaginario, ni meramente racional. Endimión representa a todos los hombres, ya que cuando un hombre ha sido amado, siente que ha sido amado por la divinidad, ha sido amado por una diosa, ha sido amado por la luna. De manera que creo que tengo derecho a escribir este poema, ya que como todos los hombres he sido, al menos una o dos veces, o acaso tres, Endimión. He sido amado por una diosa. Luego me he sentido indigno de ello, y al mismo tiempo, agradecido, ya que las cosas buenas nunca duran para siempre. Como decía Keats, "A beautiful thing is a joy forever", "Una cosa bella es una alegría para siempre".[87] El relato de Endimión puede ser un símbolo del hecho de amar o ser amado, y yo he intentado que este poema sea algo vivo, que el lector sienta que esos versos están basados, no en el *Diccionario Clásico* de Lemprière[88], sino en mi destino personal y en el destino personal de todos los hombres de todo el mundo, y de todas las épocas.

FRAGMENTO[89]

Una espada,
una espada de hierro forjada en el frío del alba,
una espada con runas
que nadie podrá desoír ni descifrar del todo,
una espada del Báltico que será cantada en Nortumbria.
Una espada que los poetas
igualarán al hielo y al fuego,
una espada que un rey dará a otro rey
y este rey a un sueño,
una espada que será leal

---

[87] Borges recuerda aquí el primer verso del poema "Endymion", de John Keats, publicado por primera vez en 1818.

[88] El *Diccionario Clásico* del erudito, teólogo y lexicógrafo John Lemprière (1765-1824), cuyo título original era *Classical Dictionary containing a full Account of all the Proper Names mentioned in Ancient Authors* se publicó en Inglaterra en 1788 y continuó siendo utilizado hasta épocas recientes como referencia para la lectura de obras grecolatinas, a pesar de ser considerado por muchos, ya desde mediados del siglo XIX, un volumen obsoleto y vetusto.

[89] "Fragmento", publicado en *El otro, el mismo* (1964).

hasta una hora que ya sabe el Destino,
una espada que iluminará la batalla
Una espada para la mano
que regirá la hermosa batalla, el tejido de hombres,
una espada para la mano
que enrojecerá los dientes del lobo
y el despiadado pico del cuervo,
una espada para la mano
que prodigará el oro rojo,
una espada para la mano
que dará muerte a la serpiente en su lecho de oro,
una espada para la mano
que ganará un reino y perderá un reino,
una espada para la mano
que derribará la selva de lanzas.
Una espada para la mano de Beowulf.

Este debería ser mi mejor poema ya que en realidad
fue escrito por Rudyard Kipling, quien lo tituló "The
Thing".[90] Pero el contexto en mi caso era diferente: yo

---

[90] El poema de Kipling que Borges recuerda se titula en realidad
"The Runes on Weland's Sword" ("Las runas en la espada de Weland")
del libro *Puck of Pook's Hill* (1906): "A Smith makes me / To betray my
Man / In my first fight. // To gather Gold / At the world's end / I am
sent. // The Gold I gather / Comes into England / Out of deep Water.
// Like a shining Fish / Then it descends / Into deep Water. // It is not
given / For goods or gear, / But for The Thing. // The Gold I gather / A
King covets / For an ill use. // The Gold I gather / Is drawn up / Out
of deep Water. // Like a shining Fish / Then it descends / Into deep
Water. // It is not given / For goods or gear, / But for The Thing". En
castellano: "Un herrero me hizo / Para traicionar a mi hombre / en mi

estaba pasando unos meses en Austin, Texas, una ciudad que me gustó mucho, y allí leí, o releí, la *Historia del modernismo*, de Max Henríquez Ureña,[91] y en ese libro encontré un soneto de un poeta boliviano. Creo que puedo recordar la primera estrofa, que dice así (y les pido que presten atención al sonido):

Peregrina paloma imaginaria
que enardeces los últimos amores,
alma de luz, de música y de flores,
Peregrina paloma imaginaria.[92]

---

primer combate // Para juntar oro / hacia el fin del mundo / me han enviado // El oro que junto / Llega a Inglaterra / desde aguas profundas // Como un pez brillante / Luego se sumerge / En aguas profundas // No es dado / a cambio de bienes o de aparejos / Sino por La Cosa // El oro que yo acaparo / Lo codicia un Rey / Para un mal uso // El oro que junto / fue traído hacia aquí / desde aguas profundas // Como un pez brillante / Luego se sumerge / En aguas profundas / No es dado a cambio / de bienes o aparejos / Sino por La Cosa".

[91] Max Henríquez Ureña (1885-1968). Escritor y abogado dominicano, hermano del célebre y eminente filólogo Pedro Henríquez Ureña. Fue designado embajador de su país en la Argentina en 1945-1946. Publicó libros de versos modernistas, entre ellos *Ánforas* (1914), *Fosforescencias* (1930) y *Garra de luz* (1958). Escribió ensayos históricos y políticos tales como *Los Estados Unidos y la República Dominicana* (1919) y *Los yanquis en Santo Domingo* (1929), y numerosos libros de crítica literaria, entre ellos, *El retorno de los galeones* (1930), *Las influencias francesas sobre la poesía hispanoamericana* (1937) y el volumen que Borges recuerda: *Breve historia del modernismo* (1954).

[92] Este poema, cuyo título consiste en las palabras de su primer verso, "Peregrina paloma imaginaria", fue escrito por el poeta boliviano Ricardo Jaimes Freyre (1868-1933), nacido en Perú y fallecido en

Entonces me dije: este poema no significa absolutamente nada y es, a la vez, muy bello. Y eso es algo que ocurre con frecuencia. Por ejemplo —podemos recurrir una vez más a Shakespeare—: "Music to hear, why hear'st thou music sadly? Sweets with sweets war not, joy delights in joy",[93] bueno, cuando leemos esas líneas de Shakespeare que recuerdan a Verlaine, que profetizan a Verlaine,[94] no pensamos en su significado. Pensamos solamente en el sonido y en los símbolos. Y entonces me dije, bueno, voy a intentar hacer eso mismo. Me dije: voy a escribir un poema que sea estéticamente bello —me pregunto si lo he conseguido— pero, para lograr esto, voy a escribir además un poema que no tenga significado alguno. Recurrí entonces a una de mis pasiones, mi pasión por el inglés antiguo y por el escandinavo antiguo, y recordé las *kenningar*, aquellas metáforas utilizadas por los poetas sajones y nórdicos. Y así escribí este poema, siguiendo el ritmo de esa canción infantil inglesa que comienza "This is the house that

---

la Argentina. Max Henríquez Ureña pondera a este poeta con las siguientes palabras: "En ocasiones, el verso de Jaimes Freyre, de suavidad exquisita, parece mero alarde verbal, si bien su música arrobadora, impalpable como un aroma, gira en torno a una idea vaga e imprecisa, semejante a la bruma de un ensueño" (*Breve historia del modernismo*, edición de 1962 de FCE, p. 182).

[93] "Música para oír, ¿por qué escuchas música tristemente? Los dulces no riñen con los dulces, la alegría se deleita en la alegría". William Shakespeare, "Soneto VIII".

[94] Paul-Marie Verlaine (1844-1896). Poeta simbolista francés.

Jack built",[95] y se pone a enumerar cosas. Bueno, comencé hablando únicamente de la espada, y luego de la mano que la blandía, y luego de los nórdicos, y todo eso. Y al final doy la respuesta. La respuesta es menos importante que el poema en sí, menos importante que los sonidos, que los símbolos, que la presencia de todas esas cosas nórdicas y antiguas. Y al final digo: "Una espada para la mano de

---

[95] "This is the house that Jack built", "Esta es la casa que Jack construyó" es una canción infantil popular inglesa de origen folclórico. Se trata de una narración acumulativa, que va adicionando animales y personajes en cada estrofa al tiempo que repite los ya mencionados. Comienza con los siguientes versos: "Esta es la casa que Jack construyó / Esta es la cebada que había en la casa que Jack construyó // Esta es la rata que comió la cebada / que había en la casa que Jack construyó // Este es el gato que mató a la rata / que comió la cebada que había en la casa que Jack construyó // Este es el perro que perseguía al gato / que mató a la rata que comió la cebada / que había en la casa que Jack construyó // Esta es la vaca con el cuerno doblado / que pateó al perro que perseguía al gato / que mató a la rata que comió la cebada / que había en la casa que Jack construyó...". Lo que antecede es sólo un fragmento, la canción entera continúa agregando personajes hasta alcanzar un total de sesenta versos. Algunas versiones reemplazan la cebada que había en la casa de Jack por un queso ("cheese" en lugar de "malt"). Esta canción figura el *Roud Folk Song Index* bajo el número 20584. Es realmente notable que Borges se haya inspirado en una canción infantil inglesa para escribir un poema en castellano cuyo tema se remonta al pasado medieval anglosajón. Esto tiene, sin embargo, una explicación: Borges escuchó seguramente esta canción durante su más temprana infancia, de labios de su abuela inglesa, Frances Haslam, y como he señalado en *Siete guerreros nortumbrios*, los poemas de tema sajón de *El otro, el mismo* están relacionados con los comienzos y orígenes, tanto los de la literatura inglesa como los de la genealogía y la vida de su autor.

Beowulf". De manera que decidí hacer ese experimento, mi único intento de escribir un poema que fuera a la vez hermoso y sin sentido. Espero haberlo logrado.

LA LUNA[96]

A María Kodama

Hay tanta soledad en ese oro.
La luna de las noches no es la luna
que vio el primer Adán. Los largos siglos
de la vigilia humana la han colmado
de antiguo llanto. Mírala. Es tu espejo.

Acaso nos es dado hacernos algunas preguntas. Creo que la poesía, la memoria, el olvido, han enriquecido a la palabra "luna". Me pregunto si la palabra *moon*, esa morosa palabra inglesa, es exactamente la misma que la *luna* del castellano o el latín. Creo que debe haber una ligera diferencia, y esa ligera diferencia puede ser a la vez, y al fin de cuentas, crucial. Pero en este caso pensé en las generaciones de hombres que han contemplado largamente la luna, pensando en ella y plasmándola en distintos mitos, por ejemplo, en el mito de Endimión en Latmos. Y luego pensé para mis adentros: al mirar la luna no estoy mirando solamente a un objeto luminoso suspendido en el cielo. Estoy también mirando a la luna de Virgilio, de Shakespeare, de Verlaine, de Góngora. Y

---

[96] "La luna", publicado en *La moneda de hierro* (1976).

entonces escribí ese poema. Creo que hay que prestar especial atención a la primera línea —*Hay tanta soledad en ese oro*—, ya que sin ella el poema perdería la gracia; bueno, quizás, al fin de cuentas, ya la haya perdido. Porque después de todo, escribir poesía es algo muy misterioso. El poeta no debe influir en lo que escribe, no debe intervenir en sus escritos. Debe dejar que éstos se escriban solos, que el Espíritu Santo o la Musa o eso que ahora llaman, tristemente, el inconsciente, lo guíen, y de esta manera logrará, tal vez , escribir poesía. Quizá incluso yo haya logrado, de este modo, escribir un buen poema.

UNA ROSA AMARILLA[97]

Ni aquella tarde ni la otra murió el ilustre Giambattista Marino, que las bocas unánimes de la Fama (para usar una imagen que le fue cara) proclamaron el nuevo Homero y el nuevo Dante, pero el hecho inmóvil y silencioso que entonces ocurrió fue en verdad el último de su vida. Colmado de años y de gloria, el hombre se moría en un vasto lecho español de columnas labradas. Nada cuesta imaginar a unos pasos un sereno balcón que mira al poniente y, más abajo, mármoles y laureles y un jardín que duplica sus graderías en un agua rectangular. Una mujer ha puesto en una copa una rosa amarilla; el hombre murmura los versos inevitables que a él mismo, para hablar con sinceridad, ya lo hastían un poco:

---

[97] "Una rosa amarilla", publicado en *El hacedor* (1960).

Púrpura del jardín, pompo del prado,
gema de primavera, ojo de abril...

Entonces ocurrió la revelación. Marino *vio* la rosa, como Adán pudo verla en el Paraíso, y sintió que ella estaba en su eternidad y no en sus palabras y que podemos mencionar o aludir pero no expresar y que los altos y soberbios volúmenes que formaban un ángulo de la sala en la penumbra de oro no eran (como su vanidad soñó) un espejo del mundo, sino una cosa más agregada al mundo.

Esta iluminación alcanzó Marino en la víspera de su muerte, y Homero y Dante acaso la alcanzaron también.

EL OTRO TIGRE[98]

> *And the craft that createth a semblance...*
> Morris, *Sigurd the Volsung* (1876)

Pienso en un tigre. La penumbra exalta
La vasta Biblioteca laboriosa
Y parece alejar los anaqueles;
Fuerte, inocente, ensangrentado y nuevo,
Él irá por su selva y su mañana
Y marcará su rastro en la limosa
Margen de un río cuyo nombre ignora
(En su mundo no hay nombres ni pasado
Ni porvenir, sólo un instante cierto.)

---

[98] "El otro tigre", publicado en *El hacedor* (1960).

Y salvará las bárbaras distancias
Y husmeará en el trenzado laberinto
De los olores el olor del alba
Y el olor deleitable del venado;
Entre las rayas del bambú descifro
Sus rayas y presiento la osatura
Bajo la piel espléndida que vibra.
En vano se interponen los convexos
Mares y los desiertos del planeta;
Desde esta casa de un remoto puerto
De América del Sur, te sigo y sueño,
Oh tigre de las márgenes del Ganges.
Cunde la tarde en mi alma y reflexiono
Que el tigre vocativo de mi verso
Es un tigre de símbolos y sombras,
Una serie de tropos literarios
Y de memorias de la enciclopedia
Y no el tigre fatal, la aciaga joya
Que, bajo el sol o la diversa luna,
Va cumpliendo en Sumatra o en Bengala
Su rutina de amor, de ocio y de muerte.
Al tigre de los símbolos he opuesto
El verdadero, el de caliente sangre,
El que diezma la tribu de los búfalos
Y hoy, 3 de agosto del 59,
Alarga en la pradera una pausada
Sombra, pero ya el hecho de nombrarlo
Y de conjeturar su circunstancia
Lo hace ficción del arte y no criatura
Viviente de las andan por la tierra.

Un tercer tigre buscaremos. Éste
Será como los otros una forma
De mi sueño, un sistema de palabras
Humanas y no el tigre vertebrado
Que, más allá de las mitologías,
Posa la tierra. Bien lo sé, pero algo
Me impone esa aventura indefinida,
Insensata y antigua, y persevero
En buscar por el tiempo de la tarde
El otro tigre, el que no está en el verso.

Estos dos poemas, "La rosa amarilla" y "El otro tigre",
son, esencialmente, el mismo poema, pero escrito mediante diferentes símbolos. Escribí "La rosa amarilla",
y años más tarde pensé que ese poema no servía y lo
intenté una vez más, no con una rosa sino con un tigre.
De manera que en el segundo poema no debemos pensar,
obviamente, en una serie finita de tres tigres. Debemos
pensar en una incesante cadena de tigres, entrelazados
entre sí. Es decir, este poema tiene, lamento decirlo, una
moraleja. Este poema representa la certeza de que no
podemos llegar a las cosas a través del arte. Y al mismo
tiempo, aun cuando no podemos alcanzarlas, aun cuando
nunca encontraremos a la rosa amarilla o al otro tigre,
estamos construyendo estructuras de palabras, de símbolos, de metáforas, de adjetivos, de imágenes, y esas cosas
existen en un plano que no es el de la rosa y del tigre,
sino el plano del arte, que puede llegar a ser tanto o más
valioso que el del mundo real. Al fin de cuentas, estos
poemas que surgieron de una sensación de angustia, del
sentimiento de que el arte es inútil, bueno, estos poemas

son al mismo tiempo una esperanza y un símbolo de la felicidad, ya que aun cuando no podemos imitar a la naturaleza, sí podemos hacer arte. Y eso debería bastarnos, a nosotros o a cualquier persona, para toda una vida.

LAS CAUSAS[99]

Los ponientes y las generaciones.
Los días y ninguno fue el primero.
La frescura del agua en la garganta
de Adán. El ordenado Paraíso.
El ojo descifrando la tiniebla.
El amor de los lobos en el alba.
La palabra. El hexámetro. El espejo.
La Torre de Babel y la soberbia.
La luna que miraban los caldeos.
Las arenas innúmeras del Ganges.
Chuang-Tzu y la mariposa que lo sueña.
Las manzanas de oro de las islas.
Los pasos del errante laberinto.
El infinito lienzo de Penélope.
El tiempo circular de los estoicos.
La moneda en la boca del que ha muerto.
El peso de la espada en la balanza.
Cada gota de agua en la clepsidra.
Las águilas, los fastos, las legiones.
César en la mañana de Farsalia.
La sombra de las cruces en la tierra.

---

[99] "Las causas", publicado en *Historia de la noche* (1977).

El ajedrez y el álgebra del persa.
Los rastros de las largas migraciones.
La conquista de reinos por la espada.
La brújula incesante. El mar abierto.
El eco del reloj en la memoria.
El rey ajusticiado por el hacha.
El polvo incalculable que fue ejércitos.
La voz del ruiseñor en Dinamarca.
La escrupulosa línea del calígrafo.
El rostro del suicida en el espejo.
El naipe del tahúr. El oro ávido.
Las formas de la nube en el desierto.
Cada arabesco del caleidoscopio.
Cada remordimiento y cada lágrima.
Se precisaron todas esas cosas
para que nuestras manos se encontraran.

Nuestras manos se habían encontrado finalmente, y yo me di cuenta de que, para que ese acontecimiento feliz sucediera, había sido necesario todo el pasado. Cada cosa que sucede ha sido moldeada por el pasado más profundo e insondable, por una vasta cadena de causas y de efectos, para la que, por supuesto, no hay comienzo. No existe una primera causa. Cada causa es efecto de otra. Todo se bifurca hacia el infinito. Esta es quizá una idea abstracta, pero al mismo tiempo pienso que es verdadera. Y creo que este poema es un poema verdadero en el sentido que, si bien incluye varios hallazgos retóricos y unas cuantas metáforas, la fuerza del poema no reside en cada línea o cada metáfora o en los adjetivos o en sus recursos retóricos, sino en el hecho de que lo que el poema dice es estrictamente cierto: todo el pasado, todo el insondable pasado, fue necesario para que pudiéramos llegar al momento presente. El pasado queda así justificado. Si hay un momento de felicidad, de felicidad humana, ese momento es el resultado de muchas cosas terribles que debieron suceder antes, pero también de muchas otras cosas hermosas que han ocurrido. El pasado nos crea, está continuamente creándonos. Pienso en el pasado, no como en algo negativo sino, por el contrario, como una suerte de fuente, de manantial del que surgen todas las cosas. Esta fue la sensación que tuve, la percepción que tuve y que plasmé lo mejor que pude en este poema. Y hablando del pasado, al decir "el pasado" no me refiero solamente a los hechos históricos —ya que la historia es con frecuencia frívola e irrelevante— sino también a los mitos. Los mitos son mucho más importantes. Y es por eso que el poema comienza hablando de distintos mitos. Hablo allí de Hamlet, de la mitología griega, de las cosas que han ocurrido no solo en la historia sino también en los sueños de los hombres. Así que creo que este poema está, quizá, justificado.

POEMA CONJETURAL[100]

Zumban las balas en la tarde última.
Hay viento y hay cenizas en el viento,
se dispersan el día y la batalla
deforme, y la victoria es de los otros.

---

[100] "Poema conjetural", publicado en *El otro, el mismo* (1964).

Vencen los bárbaros, los gauchos vencen.
Yo, que estudié las leyes y los cánones,
yo Francisco Narciso de Laprida,
cuya voz declaró la independencia
de estas crueles provincias, derrotado,
de sangre y de sudor manchado el rostro,
sin esperanza ni temor, perdido
huyo hacia el sur por arrabales últimos.
Como aquel capitán de Purgatorio
que huyendo a pie y ensangrentando el llano,
fue cegado y tumbado por la muerte
donde un oscuro río pierde el nombre,
así habré de caer. Hoy es el término.
La noche lateral de los pantanos
me acecha y me demora. Oigo los cascos
de mi caliente muerte que me busca
con jinetes, con belfos y con lanzas.
Yo que anhelé ser otro, ser un hombre
de sentencias, de libros, de dictámenes,
a cielo abierto yaceré entre ciénagas;
pero me endiosa el pecho inexplicable
un júbilo secreto. Al fin me encuentro
con mi destino sudamericano.
A esta ruinosa tarde me llevaba
el laberinto múltiple de pasos
que mis días tejieron desde un día
de la niñez. Al fin he descubierto
la recóndita clave de mis años,
la suerte de Francisco de Laprida,
la letra que faltaba, la perfecta
forma que supo Dios desde el principio.

En el espejo de esta noche alcanzó
mi insospechado rostro eterno. El círculo
se va a cerrar. Yo aguardo que así sea.
Pisan mis pies la sombra de las lanzas
que me buscan. Las befas de mi muerte,
los jinetes, las crines, los caballos,
se ciernen sobre mí... Ya el primer golpe
ya el duro hierro que me raja el pecho,
el íntimo cuchillo en la garganta.

El argumento de este poema pertenece a Robert
Browning. Cuando leemos los monólogos románticos
de Browning, podemos seguir los sentimientos de un
hombre. Y entonces yo pensé: voy a intentar, siguiendo
un hábito que aprendí de Stevenson, voy a hacer como
un "sedulous ape"[101] e intentaré escribir un poema imi-
tando a Browning. Pero pensé que sería sorprendente
escribir lo que el héroe del poema está pensando hasta
alcanzar sus últimos momentos, y me acordé de Francisco Narciso de Laprida, el presidente del primer con-
greso revolucionario de 1816, un antepasado mío que
fue asesinado por los gauchos. Entonces me dije: voy
a intentar, no recuperar esas cosas, sino imaginar qué
puede haber pensado ese hombre al ser derrotado por
los bárbaros. Laprida quería que el nuestro fuera un
país civilizado. Pero fue derrotado, perseguido por bárbaros. Lo degollaron. Y entonces pensé en el *Purgatorio*
de Dante, y recordé el verso: *Fuggendo a piede e sangui-*

---

[101] "sedulous ape": en inglés, "un simio cuidadoso".

nando il piano.[102] Mi italiano es endeble pero creo que esa es la línea correcta. Así que incluí eso en mi poema: "huyendo a pie y ensangrentando el llano". Y luego lo publiqué, fue rechazado, lamento decir, por un diario cuyo nombre no tengo razón alguna para recordar aquí, pero fue luego publicado en la revista *Sur*.

Este no es meramente un poema histórico, sino que, cuando lo escribí, sentí que yo estaba expresando lo que todos sentíamos, porque en nuestro país había sobrevenido la dictadura, y nosotros todavía creíamos ser París o Madrid o Roma, pero la realidad es que éramos sudamericanos y en la Argentina había un dictador. Así que el poema dice: "Al fin me encuentro con mi destino sudamericano".

De manera que escribí este poema. Los versos describen la acción, los jinetes alcanzan al hombre al que perseguían, y el poema concluye con la muerte de éste. Tenemos un último verso, y ese último verso coincide con el último instante en la vida de ese hombre, cuando le cortan la garganta. Entonces, cuando escribí el verso "el íntimo cuchillo en la garganta" supe que había llegado al final, que ese era el último que debía escribir, ya que inmediatamente después, Laprida dejó de existir. Acaso encontró su camino hacia otro mundo —eso no podemos

---

[102] Esta cita pertenece al Purgatorio, Canto V de la *Divina Comedia*. Las estrofas relevantes son las siguientes: "Y le dije: '¿qué fuerza o qué aventura / de Campaldino te llevó tan lejos / que tu sepulcro nunca se ha encontrado?'. // ¡Ay! me respondió, al pie del Cosentino / pasa un arroyo de nombre Archiano, / que sobre el Eremo nace en el Apenino. // Allí donde éste su nombre pierde, / llegué yo con el cuello perforado / huyendo a pie y ensangrentando el llano".

saberlo—, pero el poema tiene, creo, una cierta fuerza
trágica, ya que termina cuando ese hombre muere. El
último verso del poema coincide con su último pensamiento en la tierra. Ambas cosas —el poema y la vida del
protagonista— concluyen al mismo tiempo.

UN LIBRO[103]

Apenas una cosa entre las cosas
pero también un arma, fue forjada
en Inglaterra, en 1604,
y la cargaron con un sueño. Encierra
sonido y furia y noche y escarlata.
Mi palma la sopesa. Quién diría
que contiene el infierno: las barbadas
brujas que son las parcas, los puñales
que ejecutan las leyes de la sombra.
el aire delicado del castillo
que te verá morir, la delicada
mano capaz de ensangrentar los mares,
la espada y el clamor de la batalla.
Ese tumulto silencioso duerme
en el ámbito de uno de los libros
del tranquilo anaquel. Duerme y espera.

Pensamos que todos los libros, no solo la Biblia sino
también todos los demás libros, son, en cierta forma, sagrados. Y esto es correcto, ya que nuestros instrumentos,

---

[103] "Un libro", publicado en *Historia de la noche* (1977).

los diversos instrumentos concebidos por el hombre, son meras extensiones de su mano, por ejemplo, una espada, o un arado. Y el telescopio o el microscopio son extensiones de su vista. Pero en el caso de los libros, bueno, un libro es mucho más que eso: es una extensión de la imaginación y de la memoria. Los libros son quizá la única forma que tenemos de acceder al pasado, y también de regresar a nuestro propio pasado personal. Y sin embargo, ¿qué es un libro? Un libro, mientras descansa en su anaquel... —creo que fue Emerson quien dijo esto, y a mí me alegra estar en deuda con él, ya que Emerson es uno de mis héroes—, un libro es una cosa entre las cosas. Nada hay que lo distinga de los demás objetos. Un libro es una cosa y nada más. No tiene vida propia: un libro no es nada en sí mismo hasta que lo abre un lector.

Y entonces pensé en escribir un poema sobre ese hecho tan simple: que un libro es, hasta la llegada del lector, un mero objeto físico en un mundo de objetos físicos. Y dado que tenía que elegir un libro específico, pensé en *Macbeth*. Si yo tuviera que elegir una única tragedia de Shakespeare, creo que elegiría *Macbeth*, esa parte tan tensa que comienza diciendo "When shall we three meet again / in thunder lightning or in rain?".[104] Y luego prosigue: "Life is a tale told by an idiot, full of sound and fury, signifying nothing".[105] Otro personaje habla "of this dead

---

[104] "¿Cuándo nos encontraremos los tres otra vez / Bajo el trueno, el relámpago o la lluvia?". *Macbeth*, Acto I, Escena I.
[105] "La vida es un cuento contado por un idiota, lleno de sonido y de furia, que no significa nada". *Macbeth*, Acto V, Escena V.

butcher and his fiendish queen".[106] Claro que Macbeth era mucho más que un "dead butcher".[107] Entonces pensé, bueno, está este volumen; dentro de este volumen se encuentra la tragedia de Macbeth, todo ese caos, ese alboroto, las tres brujas, las "weird sisters". Y *Weird* no es un adjetivo en este caso. *Weird* es un sustantivo que desciende de la palabra anglosajona *wyrd*, "destino". Las brujas son también el destino, las "weird sisters", las hermanas del destino.[108] Y ese libro está como muerto, este libro yace sin vida; está al acecho, esperándonos. Entonces escribí la última línea del poema: "Duerme y espera".

---

[106] "Of this dead butcher and his fiend-like queen", "De este carnicero muerto y su temible reina". *Macbeth*, Acto V, Escena VIII.

[107] "dead butcher": carnicero muerto.

[108] La palabra inglesa *weird* procede del inglés antiguo *wyrd* ("fatalidad" o "destino", literalmente: "devenir"), del protogermánico *wurþis*, y éste de una raíz indoeuropea *wert* "girar, voltear, rodar" (compárese con el alemán *werden*, el inglés antiguo *weorðan* "devenir, ocurrir, convertirse o transformarse en algo", cognadas de la palabra latina *versus*). Ya a partir del período del inglés medio, se utilizó esta palabra para referirse a las tres "hermanas del destino", las normas o parcas, a las que la imaginación popular retrató siempre con una apariencia a la vez extraña y terrible. Esto llevó a que en la expresión "weird sisters", el sustantivo "weird", que significaba "destino", fuera reinterpretado como un adjetivo que calificaba a esas parcas de aspecto extravagante, brindándole así su significado actual de "raro o extraño".

5

TODA MULTITUD ES UNA ILUSIÓN

Toda multitud es una ilusión [...] Estoy hablando con cada uno de ustedes personalmente.

Universidad de Columbia, marzo de 1980

WILLIS BARNSTONE: Borges, los escritores de todas las literaturas del mundo suelen citar antiguos mitos. Joyce, Milton, Virgilio, entre otros, solían hacerlo. Sus obras abundan en referencias mitológicas. ¿Podría hablarnos del uso del mito en su obra?

JORGE LUIS BORGES: Bueno, yo nunca he intentado escribir mitos. Los mitos me han sido dados, acaso en sueños, pero no es algo que yo haya pensado o intentado deliberadamente.

BARNSTONE: ¿Cómo fue que decidió escribir un poema sobre Endimión?

BORGES: Escribí un poema sobre Endimión para expresar que Endimión es un hecho y no un mito, ya que todo hombre que ha sido amado ha sido amado por una diosa. Yo he sido Endimión. Todos nosotros hemos sido Endimión, hemos sido amados por la luna y luego nos hemos sentido indignos de ello, y a la vez agradecidos. Ese es el significado del poema. No es que me haya puesto a jugar con mitos.

BARNSTONE: En su momento usted hizo muchas traducciones. Al traducir de otros idiomas, ¿siente usted que ha aprendido algo que le ha servido luego para escribir sus propios poemas?

BORGES: Sí, y no solo cuando traduzco sino también cuando leo. Yo aprendo constantemente. Soy un discípulo, no un maestro.

BARNSTONE: ¿Hasta qué punto considera usted que las traducciones han modificado al idioma castellano, o al idioma inglés? Es decir, por poner un ejemplo, ¿de qué manera afecta la existencia de una Biblia inglesa, la versión *King James*, al uso de la lengua inglesa?

BORGES: Creo que la versión *King James* de la Biblia es realmente *el* libro de Inglaterra. La considero un libro esencial, de la misma forma en que Wordsworth es esencial, o que Chaucer es esencial. No creo que Shakespeare sea esencial, lo considero ajeno a la tradición inglesa, ya que los ingleses prefieren el *understatement*, las expresiones moderadas, y Shakespeare tiende a la hipérbole en la metáfora. De manera que cuando pienso en un escritor inglés, pienso en Johnson, en Wordsworth, en Coleridge, por supuesto... ¿y por qué no en Robert Frost? Frost también era un escritor en lengua inglesa.

BARNSTONE: Quisiera preguntarle por el uso que usted hace en sus poemas del verso libre y también de las formas tradicionales como el soneto.

BORGES: Creo que el verso libre es la más difícil de todas las formas de versificación, ¡a menos, claro que uno tome la precaución de ser Walt Whitman! Creo que las formas clásicas son más fáciles porque brindan una suerte de estructura. Bueno, estoy repitiendo lo que decía Stevenson. Stevenson escribió que cuando uno tiene un verso, una unidad, entonces uno puede repetirla una y otra vez. Esa unidad puede estar dada por la aliteración (como en el caso de los poemas en inglés antiguo y en escandinavo antiguo), o por la rima, o por un cierto número de sílabas, o por acentos largos o cortos. Pero una vez que uno tiene esa unidad, basta con repetir esa estructura. En cambio, en el caso de la prosa, no; no basta con repetir un mismo patrón una y otra vez. La prosa nos obliga a variar continuamente esa estructura. Hay que cambiarla en cada oración de manera que resulte agradable para el lector, agradable a su oído. Y acaso esa sea la razón por la cual la poesía, en todas las literaturas, precede a la prosa. La poesía es más fácil, especialmente si hay estructuras preexistentes en las que uno pueda apoyarse al escribir.

Ahora bien, en el caso del verso libre, considero que éste es tan difícil como la prosa. Mucha gente cree que cuando hablamos, lo hacemos en prosa. Y eso es un error; yo creo que el lenguaje oral es ajeno a la literatura, creo que la prosa es algo extremadamente difícil de lograr. La prosa siempre surge después de las formas clásicas de versificación. Claro que al comenzar a escribir yo cometí el mismo error que cometen todos los poetas jóvenes, y pensé que el verso libre me resultaría más fácil. Así que mi primer libro fue un fracaso en más de un sentido: no solo no vendió una sola copia (aun cuando esa nunca había sido mi meta), sino que además los versos eran muy torpes. De manera que yo aconsejaría a los jóvenes poetas que comiencen por las formas y los esquemas clásicos.

Una de las formas poéticas más hermosas es, creo yo, el soneto. ¡Qué extraño resulta que una forma que parece tan arbitraria como el soneto —cuatro estrofas (dos cuartetos y dos tercetos), o bien tres estrofas seguidas de dos versos pareados[109]— pueda ser utilizada para fines tan variados! Si yo pienso en un soneto de Shakespeare, o de Milton, o un soneto de Rosetti, un soneto de Swinburne, o de William Butler Yeats, estoy pensando en poemas muy diferentes entre sí. Y sin embargo tienen la misma estructura, y esa estructura permite que la voz de cada poeta encuentre su propia entonación, de tal forma que los sonetos de todo el mundo tienen la misma estructura a la vez que son completamente diferentes. Cada poeta le imprime a la misma forma algo distinto. De manera que yo aconsejaría a los jóvenes que comiencen respetando esas formas.

BARNSTONE: ¿Podría usted comparar los diversos sonetos que han sido escritos en inglés con el uso de los sonetos en castellano, y con sus propios sonetos?

BORGES: Mis sonetos deben ser olvidados. ¡Estamos hablando de literatura!

BARNSTONE: Sin embargo, sus sonetos guardan cierta relación con la lengua inglesa.

BORGES: Bueno, eso espero. Claro que los sonetos en castellano pueden llegar a ser muy diferentes entre sí. Si leemos un soneto de Góngora, un soneto de Garcilaso, un soneto de Quevedo, de Lugones, de Enrique Banchs, son bastante diferentes. Y sin embargo la forma es la misma. Pero la voz, la entonación detrás de cada soneto, es completamente distinta.

BARNSTONE: Borges, si pudiera volver a otro tipo de

---

[109] Borges se refiere aquí primero a la estructura del soneto tradicional y luego a la forma del soneto inglés o isabelino.

pregunta, a una pregunta personal, y preguntarle por sus emociones: ¿En qué ocasiones se ha sentido usted en paz? ¿Se ha sentido así alguna vez?

BORGES: Sí, pero quizá no en este momento. Sí, he tenido algunos momentos de paz. Me fueron dados, tal vez, en algunas ocasiones, por la mera soledad. Otras veces por los libros, y otras por la memoria. Y también cuando me despierto y me doy cuenta de que estoy, curiosamente, en Japón o en Nueva York. Esos son, sin duda, dones muy placenteros, y momentos de paz también.

BARNSTONE: ¿En qué ocasiones ha sentido usted temor?

BORGES: ¡En este preciso instante! Creo que tengo pánico escénico.

BARNSTONE: ¿Y en algún otro momento?

BORGES: Bueno, he sentido también el temor de la belleza. A veces mientras leía a Swinburne, o a Rosetti, o a Yeats, o a Wordsworth, he llegado a pensar, bueno, esto es demasiado hermoso, yo soy indigno de estos versos que estoy leyendo. Y he sentido también temor... Y también antes de comenzar a escribir. Siempre pienso: ¿Quién soy yo para intentar escribir? ¿Qué puedo saber yo acerca de todo esto? Y luego, por supuesto, escribo a pesar de mis dudas, de mis vacilaciones, y termino, acaso, haciendo el ridículo, pero ya lo he hecho tantas veces que una más ya no hace ninguna diferencia. Y a veces siento también ese temor frente a la página en blanco. Pero entonces me pregunto: ¿Qué diferencia puede hacer un libro más? Ya he escrito demasiados libros. ¿Qué otra cosa puedo hacer excepto seguir escribiendo?, ya que la literatura parece ser, no diré mi destino, pero sí mi tarea, y me siento agradecido por ello. Este es, para mí, el único destino imaginable.

BARNSTONE: Hace poco usted contó que vivió dos experiencias que podríamos llamar atemporales, místicas. ¿Le gustaría hablar más sobre lo inefable?

BORGES: Sí. Me fueron dados dos momentos atemporales. Uno ocurrió de manera bastante común. Repentinamente sentí que de algún modo estaba fuera del tiempo. Y el otro sucedió cuando una mujer me dijo que no me quería y me sentí muy desdichado. Di una larga caminata. Fui a una estación de trenes al sur de Buenos Aires. Y entonces, de repente, tuve esa sensación de atemporalidad, de eternidad. No sé cuánto duró, ya que fue atemporal. Pero me sentí muy agradecido por ello. Y luego escribí un poema en la pared de la estación de tren (¡no debería haber hecho eso!). El poema sigue allí. De manera que solo he tenido este tipo de experiencias dos veces en mi vida. Pero al mismo tiempo, sé de mucha gente que no ha tenido jamás este tipo de experiencia, y también sé de gente que las tiene todo el tiempo. Por ejemplo, un amigo mío, que es un místico, abunda en esta clase de éxtasis.[110] Yo no. Yo sólo he experimentado ese tiempo atemporal dos veces en ochenta años.

---

[110] Se refiere probablemente a su amigo Xul Solar (1887-1963). Borges describió a Xul Solar con las siguientes palabras: "Hombre versado en todas las disciplinas, curioso de todos los arcanos, padre de escrituras, de lenguajes, de utopías, de mitologías, huésped de infiernos y de cielos, autor panajedrecista y astrólogo perfecto en la indulgente ironía y en la generosa amistad, Xul Solar es uno de los acontecimientos más singulares de nuestra época... Sus pinturas son documentos del mundo ultraterreno, del mundo metafísico en que los dioses toman las formas de la imaginación que los sueña. Xul Solar renueva, a su modo

BARNSTONE: Cuando usted está dentro del tiempo...

BORGES: ¡Estoy dentro del tiempo todo el tiempo!

BARNSTONE: Los restantes noventa y ocho momentos de su vida, está el tiempo de su mente, de sus sueños, y luego está el tiempo externo, el tiempo cronológico, el tiempo que miden las horas. Usted habla y escribe mucho sobre el tiempo.

BORGES: El tiempo es el misterio esencial.

BARNSTONE: ¿Qué podría decirnos acerca del tiempo en los sueños?

BORGES: Si usted dice la palabra *sueño*, pienso en ella en términos de aquel tigre de los sueños, la pesadilla. Tengo pesadillas noche de por medio. El argumento es siempre el mismo. Me encuentro siempre, digamos, en una esquina de Buenos Aires, en una habitación, una habitación común, y luego intento otra esquina y otra habitación y éstas terminan siendo iguales. Y esto sigue y sigue. Y entonces me digo, bueno, esta es la pesadilla del laberinto. Lo único que tengo que hacer es esperar, y al rato me despierto. Pero a veces solo sueño que despierto y me encuentro nuevamente en la misma esquina, la misma habitación o el mismo pantano, rodeado por la misma niebla o mirando el mismo espejo, y entonces sé que no estoy en realidad despierto. Y sigo durmiendo hasta despertar, pero entonces la sensación de la pesadilla per-

---

ambicioso que quiere ser modesto, la mística pintura de los que no ven con los ojos físicos en el ámbito sagrado de Blake, de Swedenborg, de yoguis y de bardos". (Texto escrito por Borges para la exposición de Xul Solar en la Galería Samos, Buenos Aires, 1949).

siste por un par de minutos, quizá, hasta que siento que estoy perdiendo la cordura.[111] Y luego, de repente, todo eso desaparece. Y entonces puedo volverme a dormir. Ese es uno de mis malos hábitos, la pesadilla, diría yo.

BARNSTONE: Otro de sus antiguos hábitos es la amistad.

BORGES: ¡Todos mis hábitos son antiguos!

BARNSTONE: ¿Qué ha ocurrido con sus amistades durante los últimos sesenta años?

BORGES: Cuando pienso en mis amigos, pienso, lamentablemente, en hombres o mujeres que ya han muerto. Pero todavía me quedan algunos amigos vivos. Claro que a mi edad uno ya casi no tiene amigos contemporáneos. Pero bueno ¿a quién podemos culpar por esto? A nadie, realmente. Yo mismo debería haber muerto hace largo tiempo. Y sin embargo, la vida ha sido generosa conmigo, ya que estoy aquí, con ustedes, en los Estados Unidos.

BARNSTONE: Usted siente desdén por la fama y también por sus propias obras.

BORGES: Claro.

BARNSTONE: Y sin embargo, hoy estamos aquí hablando ante este grupo tan amable. Por favor, cuénteme como se siente al estar aquí hablándoles a todos y compartiendo sus conocimientos con ellos.

BORGES: No estoy hablándoles a todos. Estoy hablándole individualmente a cada uno de ustedes. Al fin de cuentas, toda multitud es una ilusión. No existe tal cosa. Estoy hablando con cada uno de ustedes per-

---

[111] Véase la nota 44 acerca de las alucinaciones hipnopómpicas.

sonalmente. Walt Whitman lo dijo: *"Is it night, are we here together alone?"*, "¿Es de noche? ¿Estamos solos los dos?". Bueno, estamos solos, usted y yo, y en esa frase, "usted" se refiere a un individuo, no a la multitud, que es algo, sobra decirlo, inexistente. Acaso yo también lo sea.

MIEMBRO DE LA AUDIENCIA: Dicen que a usted le gusta mucho Nueva York.

BORGES: Sí, claro. ¡No estoy loco!

AUDIENCIA: ¿Por qué piensa que Nueva York es un lugar tan especial?

BORGES: Le diré lo que me dijo una vez Adolfo Bioy Casares. Dijo: "Me encanta Buenos Aires. Me encanta Londres. Me encanta Roma. Me encanta París, pero cuando llego a Nueva York, siento que he pasado toda mi vida en las provincias. Esta es la verdadera capital". Se sentía muy feliz en Nueva York, y yo también. Aquí estamos en la ciudad capital.

AUDIENCIA: Estamos en una biblioteca. ¿Qué hay de su relato "La biblioteca de Babel"?

BORGES: Sí, escribí esa historia cuando intentaba imitar a Kafka. La escribí hace cuarenta años y la verdad es que no la recuerdo.

AUDIENCIA: Usted dijo una vez que un escritor comienza describiendo un reino de castillos y caballos, pero termina siguiendo las líneas de su propio rostro.

BORGES: ¿Yo dije eso? Bueno, me encantaría haberlo dicho. Ah, pero claro. Recuerdo esa página. Es acerca de un hombre que tiene un lienzo infinito ante él, y comienza a dibujar barcos, anclas, torres, caballos, pájaros, y así siguiendo. Y al final descubre que lo que ha dibujado es una imagen de su propia cara.[112] Esa es, claro, una metáfora de lo que hace un escritor: porque lo que un escritor deja tras de sí no es solamente lo que ha escrito, sino también su imagen, que se suma a su palabra escrita. Es el caso de muchos escritores: cada una de sus páginas es acaso pobre, pero la suma total es la imagen que el escritor deja de sí mismo. La imagen, por ejemplo, de Edgar Allan Poe es muy superior, diría yo, a cualquiera de las páginas que Poe escribió (incluyendo esas maravillosas *Aventuras de Arthur Gordon Pym*, su mejor obra). Así que ese es, quizá, el destino del escritor.

AUDIENCIA: ¿Podría hablarnos de su interés por el judaísmo?

BORGES: Creo que las razones de ese interés son varias. En primer lugar, mi abuela era inglesa, de un linaje de predicadores. De manera que me crie, digamos, oyendo la Biblia inglesa una y otra vez. Y luego, he hecho mis mejores esfuerzos por ser judío. Quizá he fracasado. Y hay varios apellidos en mi familia que son judíos: Acevedo y Pinedo. Y lo que es más importante, si pertenecemos a la civilización occidental, entonces todos nosotros, a pesar de las muchas vicisitudes de nuestra sangre, todos somos griegos y judíos. Y si somos cristianos, entonces nos de-

---

[112] En el epílogo a *El hacedor* (1960), Borges escribe: "Un hombre se propone la tarea de dibujar el mundo. A lo largo de los años puebla un espacio con imágenes de provincias, de reinos, de montañas, de bahías, de naves, de islas, de peces, de habitaciones, de instrumentos, de astros, de caballos y de personas. Poco antes de morir, descubre que ese paciente laberinto de líneas traza la imagen de su cara". Esta idea reaparece en el poema titulado "La suma" de *Los conjurados* (1985).

bemos también, por supuesto, a la Biblia y a los judíos. Yo les debo a los judíos tantas cosas... Yo me enseñé a mí mismo el alemán en 1917, y descubrí el mejor método de hacerlo: conseguí un ejemplar de los poemas de Heinrich Heine y un diccionario alemán-inglés. Para la gente que está aprendiendo inglés, siempre le recomiendo comenzar leyendo a Oscar Wilde, aun cuando Oscar Wilde fue un poeta menor, y Heine, claro, fue, como todos sabemos, un hombre de genio. También me he adentrado un poco en la cábala, escribí un poema sobre el Golem y he escrito varios poemas sobre Israel. Pero me pregunto si estas razones bastan. Supongo que sí. Yo muchas veces me he sentido judío, pero me pregunto si tengo derecho a sentir eso. Quizá no sea más que una expresión de deseo.

AUDIENCIA: ¿Tiene algún plan de escribir la tercera parte de *Don Quijote*?

BORGES: No. No hay nada que esperar o temer de mí.

AUDIENCIA: Su obra trata con frecuencia lo *uncanny*, lo siniestro, lo sobrenatural, lo fantástico. ¿Por qué es esto?

BORGES: Bueno, es como preguntarse por qué a uno le interesan el amor o la luna. Creo que eso no tiene nada de particular. Claro que la palabra *uncanny* existe solamente en las lenguas germánicas.[113] En las lenguas

---

[113] La palabra *uncanny* está formada por el prefijo negativo *un-* y por el adjetivo *canny*, un término de origen escocés y norbritánico procedente de una antigua raíz protogermánica *kunnan*, "saber, ser mentalmente capaz, haber aprendido". *Canny* comparte así su origen con el verbo inglés *know*, "saber" y el auxiliar *can*, "poder" y con una palabra escandinava que resultará familiar a los lectores de Borges: *kenning*. En su acepción actual, el término *Canny* significa "prudente,

romance nadie ha sentido la necesidad de esa palabra. Pero yo sí, quizá debido a mi sangre inglesa. Yo creo que tengo sensibilidad para lo fantástico. Muchas personas no la tienen, dado que esa palabra no existe en castellano. Hay una palabra escocesa que me gusta mucho, *eerie*,[114] que también significa algo que no han sentido los pueblos latinos.

AUDIENCIA: ¿Cuál es la diferencia entre el impulso que siente por escribir poesía y escribir prosa?

BORGES: La poesía y la prosa son, esencialmente, la misma cosa. Existe sólo una diferencia formal entre ambas. Pero existe también, claro, una diferencia para el lector. Por ejemplo, si uno ve una página en prosa, entonces espera o teme encontrarse allí con información, con consejos o acaso con argumentaciones, mientras que si uno se encuentra con una página de versos, entonces siente que lo que recibirá son emociones, pasión, tristeza, felicidad, etcétera. Pero esencialmente, creo que son la misma cosa.

AUDIENCIA: En "Pierre Menard",[115] usted analiza la

---

conocido, estable, usual, capaz". Su antónimo, *uncanny*, remite a algo sobrenatural y acaso siniestro, que está fuera del conocimiento, comprensión o entendimiento humano.

[114] *Eerie*, palabra inglesa de difícil traducción que alude a algo misterioso, extraño, inesperado, sobrenatural o ultraterreno, siniestro o que causa escalofríos. Se trata de otro término de origen escocés o norbritánico, en este caso una adaptación dialectal procedente del inglés antiguo *earg* "cobarde, temeroso", y éste del protogermánico **argaz* (que en alemán dio *arg*, "cruel, malvado").

[115] "Pierre Menard", publicado en *Ficciones* (1944).

técnica literaria del anacronismo creativo. ¿Qué anacronismos creativos observa usted hoy en día?

BORGES: Me pregunto si son factibles los anacronismos. Ya que todos estamos en el mismo siglo, escribiendo el mismo libro y diciendo las mismas cosas. Por ejemplo, Flaubert decidió escribir una novela sobre Cartago, pero si tuviera que nombrar una típica novela francesa del siglo XIX, yo elegiría *Salammbô*.[116] No podría ser de otra manera. Y hasta una obra tan buena como *César y Cleopatra* de George Bernard Shaw, bueno, uno se da cuenta de que no ha sido escrita en Roma o Israel; resulta obvio que ha sido escrita en el siglo XX por un irlandés. Esas cosas, indefectiblemente, se notan. Nos guste o no, estamos indisolublemente unidos a cierta época, a ciertos hábitos. Nuestro idioma es, fatalmente, inevitablemente, contemporáneo.

AUDIENCIA: Cuéntenos, por favor, sobre el personaje de "Funes el memorioso".

BORGES: Yo escribí ese cuento como una suerte de metáfora, o de alegoría, del insomnio. No había logrado dormir por varias noches, y entonces pensé que un hombre cuya memoria llegara a ser casi infinita terminaría, muy probablemente, volviéndose loco. Yo sufría de insomnio en aquel entonces, y curiosamente, una vez que escribí ese cuento empecé a dormir muy bien otra vez. Espero que el cuento no los haya hecho dormir a ustedes.

---

[116] *Salammbô*, novela histórica de Gustave Flaubert, ambientada en el siglo III a.C. en la ciudad fenicia de Cartago y publicada en París en el año 1862.

BARNSTONE: ¿De todos los personajes que usted ha creado —si es que ha creado alguno—...

BORGES: No, no he creado ningún personaje. Es siempre el mismo, viejo Borges, levemente disfrazado.

BARNSTONE: ... cuál es el que siente usted más cercano?

BORGES: Me pregunto si he creado algún personaje. No lo creo. Siempre estoy escribiendo sobre mí mismo, usando diferentes mitos.

BARNSTONE: ¿Funes tiene alguna prioridad entre esos personajes que usted no ha creado?

BORGES: Sí. Creo que ese cuento es bastante bueno, a pesar de que sea yo quien lo haya escrito.

AUDIENCIA: ¿Por qué en muchos de sus cuentos hay personajes que parecen ser intelectualmente pretensiosos?

BORGES: Debe ser porque *yo* soy pretensioso. Soy un tanto presumido.

BARNSTONE: Quisiéramos que nos diga algo acerca de "La muerte y la brújula".

BORGES: Casi no recuerdo ese cuento. Fue pensado y escrito como un cuento de detectives. Ganó un segundo premio en la revista *Ellery Queen*, estoy muy orgulloso de él.

AUDIENCIA: ¿Alguna vez ha sufrido de "writer's block"?[117]

BORGES: ¿Qué es eso?

AUDIENCIA: Cuando uno no puede escribir porque su mente se ha quedado sin ideas.

---

[117] "Writer's block", "Bloqueo de escritor". Expresión inglesa que denota la sensación de un escritor cuando no logra hallar inspiración.

Borges: Mi mente está siempre vacía de ideas, pero yo simulo que no es así.

Audiencia: ¿Qué opina de Julio Cortázar?

Borges: Recuerdo a Cortázar. Hace unos treinta años yo era el editor de una revista pequeña y casi secreta de Buenos Aires, y Cortázar se acercó con un cuento y solicitó mi opinión. Le dije: "Vuelva en diez días". Volvió antes de que terminara la semana. Y le dije que tenía dos buenas noticias para él: una, que el cuento había sido ya enviado a la imprenta; otra, que lo ilustraría mi hermana Norah. Era un cuento muy bueno realmente, y es además el único que he leído de él. Se titula "Casa tomada". A Cortázar nunca volví a verlo. Nos cruzamos años más tarde, una vez, en París y él me recordó este episodio, y eso es todo. Como ven, yo soy viejo, ciego, y no leo a mis contemporáneos. Pero recuerdo ese muy buen cuento y las ilustraciones que hizo mi hermana. Y esa fue la primera vez que Cortázar publicó algo en Buenos Aires. Fui su primer editor.

Audiencia: ¿Qué recuerdos tiene de Macedonio Fernández?

Borges: Yo siempre estoy recordando a Macedonio. Macedonio Fernández fue un hombre de genio, no siempre en sus escritos, pero sí en su conversación casi silenciosa. Uno no podía hablar con Macedonio sin ser inteligente. Recuerdo que estábamos con un primo mío, que ha muerto ahora.[118] Macedonio le preguntó si había asistido

---

[118] El nombre de este primo del escritor era Guillermo Juan Borges. Véase *Borges el memorioso*, p. 179.

mucha gente a un concierto, y mi primo le contestó que había tan poca gente que no cabía nadie más. A Macedonio le gustó esta broma y mi primo se la dio. Entonces le pregunté por qué le había regalado esa broma a Macedonio. Y él me dijo que se la había dado porque, de no ser por Macedonio, a él nunca se le hubiera ocurrido esa broma. Macedonio nos obligaba a todos nosotros, incluso a mí, a ser inteligentes, y eso a través de su silencio. Hablaba en voz muy baja, pero estaba continuamente pensando. Nunca pensaba en publicar. Publicamos sus obras a pesar suyo. Él consideraba que la escritura era solo un medio para seguir pensando. He conocido muchas personas notables en mi vida, pero ninguna me ha impresionado tanto como Macedonio Fernández.

AUDIENCIA: Alguien afirmó una vez que nuestra época se caracteriza por el grado en que ha disminuido la importancia del humanismo, tanto en nuestras artes como en nuestra cultura. ¿Se considera a usted mismo un humanista, y podría, en todo caso, comentar esta hipótesis?

BORGES: Creo que debemos hacer todo lo posible para salvar al humanismo. Es lo único que tenemos. Yo hago lo que puedo. Me considero un humanista, por supuesto. No tengo ningún interés en, digamos, la política, en ganar dinero, en la fama. Pero tengo, en cambio, el culto de Virgilio y el culto de todas las literaturas. Y también el culto del pasado, ya que necesitamos del pasado para crear el futuro. Y sí, pienso en términos de la caída de Occidente, como decía Spengler, pero acaso la salvación llegue de Asia, de Japón, por ejemplo. Aunque en realidad deberíamos tratar de salvarnos a nosotros mismos. Eso sería lo mejor.

AUDIENCIA: ¿Qué piensa del futuro de la literatura?

BORGES: Creo que el futuro de la literatura está asegurado. La literatura es una necesidad de la mente humana.

6

PERO YO PREFIERO SOÑAR

Creo que las imágenes me interesan más que las ideas.
Yo soy incapaz de pensamiento abstracto. Tanto del de los
griegos como del de los hebreos. Tiendo a pensar, no a través
de la razón, sino por medio de fábulas. Esa es mi divisa.
Es cierto que me veo obligado a razonar de vez en cuando,
y entonces lo hago muy torpemente. Pero yo prefiero soñar.

Massachusetts Institute of Technology (M.I.T.),
abril de 1980

JAIME ALAZRAKI: ¿Podría usted aclararnos en qué consiste su deuda con el idioma inglés?

JORGE LUIS BORGES: Creo que el hecho capital de mi vida ha sido la biblioteca de mi padre. Allí fue donde hice la mayoría de mis lecturas. Era una biblioteca de libros ingleses. Mi padre se sabía de memoria tantas estrofas de Keats, de Shelley, de Swinburne... Se sabía de memoria el *Rubaiyat* de Fitzgerald, y también recuerdo a mi padre recitando versos de Poe. Y muchos de esos versos me han acompañado desde entonces. La poesía me llegó a través del idioma inglés. Luego me llegó también a través del castellano, especialmente a través de aquellos versos que no entendía; después de todo, lo importante de la poesía no es entenderla, sino sentirla. Y yo sentí

la poesía sin entenderla cuando era chico, y todo eso me
llegó a través de mi padre. Y mi madre, que falleció hace
cinco años, solía decir que cuando recito versos ingleses,
especialmente cuando recito versos de Swinburne, o de
Keats, lo hago con la voz de mi padre, que ha muerto.

BARNSTONE: Al comienzo de la *Vita Nuova*, Dante cuenta cómo describe un dictado que le fue dado por su memoria. Escribe: "En aquella parte del libro de mi memoria, antes de la cual poco podría leerse, hay una rúbrica
que dice: INCIPIT VITA NUOVA. Bajo esta rúbrica encuentro
escritas las palabras que es mi intención transcribir en
este librito; y si no todas, al menos su sentido". ¿Podría
explicarnos qué cosas ha recibido usted del libro de su
memoria, o del ámbito, cualquiera sea éste, en el que
usted escucha esa voz?

BORGES: Yo pienso en el acto de escribir como en un
dictado. De pronto sé que algo va a ocurrir. Entonces
intento ponerme, digamos, en una actitud lo más pasiva
posible, para no intervenir. Y entonces vislumbro algo.
Siempre hay una inspiración inicial, parcial. A veces me
es dada una línea, a veces me es dado un argumento, o en
un sueño me son dadas una palabra, o varias palabras.
Por ejemplo, durante un viaje anterior a los Estados Unidos, en East Lansing, hace ya unos cuantos años, tuve un
sueño que, al despertar, ya había olvidado por completo,
pero pude retener una frase: "Te vendo la memoria de
Shakespeare". Y luego desperté. Se la dije a María Kodama, y ella me dijo: "Ahí puede haber un cuento". Y lo dejé
decantar. Yo intento no intervenir en lo que el Espíritu
Santo, o la inspiración, o la musa, o, como dicen hoy, el
inconsciente me brindan. Entonces escribí ese cuento. Lo

van a publicar ahora en Buenos Aires. Se llama "La memoria de Shakespeare".[119] Pero en mi cuento la memoria personal de Shakespeare no se vende. Sólo se regala. Al comienzo parece un don. Pero al final resulta intolerable para quien la recibe, y el protagonista del cuento termina agobiado por los recuerdos personales de Shakespeare.

KENNETH BRECHER: Los físicos hacemos un esfuerzo constante por reducir a un mundo observable conformado por fenómenos complejos a una serie de principios básicos, a unos pocos principios elementales. Pero en todos sus escritos usted parece estar intentando demostrar que la complejidad del universo es tan inmensa, que por más que uno intente abarcarla, resultará imposible de descifrar. Me da la sensación de que usted siente que el universo es esencialmente complejo e irreductible, y que todos los intentos del ser humano por comprender al universo están destinados, a la larga, al fracaso. ¿Es acaso esta idea que acabo de esbozar, una descripción correcta de su visión del mundo? ¿Cuál es su cosmovisión personal?

BORGES: Bueno, suponiendo que tenga alguna, claro. Yo creo que el universo es un enigma. Y lo que tiene de maravilloso es, precisamente, que ese enigma no puede ser resuelto. Pero, claro, lo que sucede es que yo considero que el universo necesita ese misterio. Yo vivo en un perpetuo estado de asombro. Por ejemplo, yo nací en Buenos Aires en 1899, y hoy estoy aquí, en los Estados Unidos, rodeado de amigos. Todo esto tiene algo de in-

---

[119] Publicado en el volumen homónimo en el año 1983.

creíble, y es, sin embargo, cierto. O por lo menos, a mí me parece cierto. Tal vez no esté realmente aquí, al fin de cuentas.

ALAZRAKI: Usted dictó varias conferencias en la Argentina sobre el tema de...

BORGES: Sí, demasiadas.

ALAZRAKI: Bueno, no es así... sobre un tema en particular que sé que interesa, el tema de la Cábala. Ya en 1926 publicó un ensayo sobre este tema, "Historia de los ángeles", en *El tamaño de mi esperanza*. Ahora bien, su ficción...

BORGES: Yo me siento profundamente avergonzado de ese libro, pero sí, continúe. He tratado de olvidarlo. Es un libro muy malo.

ALAZRAKI: Sé que no le gusta.

BORGES: No. Mejor evitar estos temas desagradables.

ALAZRAKI: Sé que incluso llegó al extremo de ir librería por librería, buscando ejemplares de ese libro...

BORGES: Sí... Para quemarlos. Fue un acto de justicia.

ALAZRAKI: Sin embargo, hay varios ensayos en ese libro que estoy seguro que usted considera redimibles.

BORGES: Nunca he releído ese libro. No he releído *ninguno* de *mis* libros, en realidad.

ALAZRAKI: Pero lo que ese libro demuestra, al menos, es que usted sentía ya interés por la cábala, siendo aún una persona muy joven.

BORGES: Supongo que la cábala significa mucho para mí porque tengo antepasados judíos. El apellido de mi madre era Acevedo, otro apellido de su familia era Pinedo. Son apellidos sefardíes. Pero además encuentro una idea muy interesante en la cábala, una idea que tuvieron también Carlyle y León Bloy: es la idea de que el universo es un sistema de símbolos, y que el universo entero, incluyendo a las estrellas, es una especie de escritura secreta de Dios. Y yo creo que esa idea es lo que más me atrae de la cábala. He leído muchos libros sobre el tema. Yo les aconsejaría que lean —aunque, quién soy yo para aconsejar a nadie— *Major Trends in Jewish Mysticism*,[120] de Gershom Scholem. Es realmente la mejor introducción al tema. Conocí a Scholem en Jerusalem. Luego me envió otro libro sobre el Golem. El primer libro que leí en alemán fue *Der Golem*, de Meyrink. Lo leí entero y ahí encontré esa idea que siempre me interesó, la idea del doble, o, como dicen en Escocia, del *fetch*, ya que el *fetch* es la imagen de uno mismo que viene a buscarlo a uno y llevarlo hacia la muerte. Mientras que en alemán se utiliza la palabra *Doppelgänger*, que se refiere a un hombre, a un hombre invisible, que camina al lado de uno y tiene nuestra misma apariencia.[121] La idea, claro, de Jekyll y Hyde, y de *El retrato de Dorian Gray*, el alter ego, y todo eso. Me pregunto si tengo derecho a estudiar cábala. Y sin embargo, sigo estudiándola, por puro placer. He pronunciado la palabra placer, y esa es una palabra importante: la felicidad no es algo para tomar a la ligera.

---

[120] *Major Trends in Jewish Mysticism* (*Grandes tendencias de la mística judía*, 1941).

[121] *Doppelgänger*: en alemán "doble caminante". Se trata de un ser imaginario y paranormal de rasgos idénticos a los de la persona ante la cual se manifiesta. Su aparición es usualmente interpretada como un presagio de muerte o de desgracia.

BARNSTONE: Borges, quería hacerle una pregunta similar sobre los gnósticos y su propia noción de *otherness*, "otredad".

BORGES: *Otherness* es una buena palabra. Usted, claro, acaba de inventarla.

BARNSTONE: En los textos gnósticos hay ciertas nociones que usted tal vez quiera comentar.

BORGES: Bueno, "altruismo" es la misma palabra que *otherness*.

BARNSTONE: Específicamente, el autor Marcion habla del dios ajeno, desconocido, el Padre sin nombre. Esta vida ajena o distinta es la vida verdadera, ya que el Dios ajeno es el Dios verdadero. Y el objetivo de los gnósticos es liberar al yo interior de cada persona de sus ataduras a este mundo, del error de este mundo, para que pueda regresar a la vida verdadera.

BORGES: Para encontrar el pléroma. Creo que esa es la palabra.

BARNSTONE: Sí, correcto, el pléroma, el ámbito divino con sus treinta entidades divinas. ¿Podría comentar estas ideas gnósticas de la otredad, de mundos erróneos, y de la salvación alcanzada a través de la huida de este mundo hacia la luz, hacia el otro mundo?

BORGES: Yo creo que la vida, yo creo que el mundo, es una pesadilla, pero no podemos escapar de él y seguiremos soñándolo. Y tampoco nos es dado alcanzar la salvación; la salvación está más allá de nosotros. Y sin embargo yo hago lo mejor que puedo e intento encontrar mi salvación en el acto de escribir, en seguir escribiendo, aun sin demasiada esperanza. ¿Qué otra cosa puedo hacer? Tengo más de ochenta años, soy ciego, paso la mayor parte del tiempo solo. ¿Qué otra cosa puedo hacer, excepto seguir soñando, y luego seguir escribiendo, y luego, desoyendo el consejo de mi padre, apurarme a publicar mis borradores? Ese es mi destino. Mi destino es pensar que todas las cosas, todas las experiencias, me han sido dadas para crear belleza. Sé que he fracasado, que seguiré fracasando, pero esa sigue siendo la única justificación de mi vida: seguir viviendo, seguir estando feliz, triste, perplejo, asombrado —yo vivo en un estado continuo de asombro— y luego intentar transformar esas experiencias en poesía. Y de todas esas experiencias, la más grata es la lectura… Aunque hay algo mucho mejor que leer, y es releer, adentrarse aún más en el libro, enriqueciéndolo, porque uno ya lo ha leído. Yo aconsejaría a la gente que lea poco, pero que relea mucho.

BARNSTONE: ¿Diría usted que en sus cuentos filosóficos y en sus ensayos, usted está creando imágenes, o describiendo ideas metafísicas en sí mismas? ¿Cuál es la característica más distintiva de sus textos, el lenguaje o las nociones filosóficas?

BORGES: Creo que las imágenes me interesan más que las ideas. Yo soy incapaz de pensamiento abstracto. Tanto del de los griegos como del de los hebreos. Tiendo a pensar, no a través de la razón, sino por medio de fábulas. Esa es mi divisa. Es cierto que me veo obligado a razonar de vez en cuando, y entonces lo hago muy torpemente. Pero yo prefiero soñar. Prefiero las imágenes. Kipling dijo que a un escritor le es dado escribir una fábula, pero no conocer la moraleja que se desprende de ella, ya que los lectores pueden llegar a interpretarla de un modo acaso muy diferente de la intención que el autor tuvo al escribirla. De manera que yo intento seguir leyendo, e intento seguir pensando en metáforas o en fábulas más que en argumentos. Yo siempre prefiero que mi interlocutor tenga razón.

MIEMBRO DE LA AUDIENCIA: Tanto el poema épico *Beowulf* como muchas de las sagas islandesas nos hablan de héroes que representan conductas sociales idealizadas, al tiempo que señalan las contradicciones inherentes a esos sistemas sociales: por ejemplo, la inevitabilidad de las riñas entre clanes, la manera en que los héroes valoraban la temeridad y el coraje por encima de toda consideración práctica, etcétera. ¿Cree usted que la literatura moderna puede lograr este mismo efecto?

BORGES: Debería responder que me consta que esto es así, ya que el sentido épico está presente en obras tales como *César y Cleopatra* de Bernard Shaw, o *Los siete pilares de la sabiduría* de Lawrence. Allí encontramos a la épica. Yo siempre he sentido más la poesía épica que la lírica. Creo que podemos aspirar a la épica hoy en día. ¿Por qué pensar que esa forma tan elevada del arte nos está vedada? Pero es cierto que quizá debamos buscarla de un modo diferente. Acaso la épica no pueda ser forjada hoy en día en verso, pero podemos sin duda forjarla en prosa. Acabo de dar unos pocos ejemplos pero sin duda hay muchos más. Por ejemplo, Whitman pensaba que *Hojas de hierba* era una obra épica, no una serie de poemas breves. Y tenía razón, ya que logró crear esa figura mitológica llamada Walt Whitman. De manera que no creo que la épica nos esté vedada. Nada nos está vedado. Está en nosotros buscarla, o, al menos, intentarlo.

ALAZRAKI: Ya que hemos tocado el tema de la poesía, quisiera enfocarme ahora en sus poemas. Durante los últimos once años usted ha publicado cinco de sus libros de poesía más importantes: *Elogio de la sombra* (1969), *El oro de los tigres* (1972), *La rosa profunda* (1975), *La moneda de hierro* (1976) e *Historia de la noche* (1977).

BORGES: *Historia de la noche*. Es el que prefiero. El mejor de la lista.

ALAZRAKI: En menos de diez años usted ha más que triplicado su producción poética.

BORGES: Eso parece. Siento que debería disculparme ante todos ustedes por haber hecho eso.

ALAZRAKI: Algunos lectores y críticos consideran que estos libros contienen algunos de los poemas más logrados y más intensos que usted haya escrito jamás.

BORGES: Está siendo usted muy generoso. Continúe.

ALAZRAKI: Pero ¿siente usted acaso que en estos últimos años ha encontrado en la poesía un medio más apropiado y efectivo para expresarse? ¿Por qué es que usted se ha volcado tan vívida e intensamente hacia la poesía al tiempo que gradualmente ha casi abandonado la prosa?

BORGES: No creo haber abandonado la prosa. He escrito *El informe de Brodie* y *El libro de arena*. Mis mejores cuentos están en esos libros. Pero también hay algo de cierto en lo que dice mi amigo Alazraki. El hecho es que, dado que estoy ciego, dado que paso gran parte del día solo, bueno, es más fácil redactar el borrador de una poesía que el de un texto en prosa. Es decir, estoy solo y me es dada una línea, y luego otra. Entonces continúo puliéndolas en mi mente, y puedo retenerlas mejor gracias a la rima. De manera que me resulta más fácil la poesía. Claro que si yo tuviera una secretaria, las cosas serían distintas. Podría dictarle muchas cosas. Pero no tengo. Y por supuesto, la gran ventaja de la poesía es que cuando uno escribe prosa, uno tiende a ver sólo una parte de lo que está escribiendo, pero si uno escribe un poema, entonces puede percibir el todo. Por ejemplo, un poeta puede abarcar el soneto que está escribiendo ya que consiste en catorce versos y esos versos uno puede captarlos con una sola mirada, en cambio un cuento puede ser mucho más largo, puede tener, digamos, siete páginas. De manera que me resulta más fácil crear poemas que prosa. Este es, al menos, mi caso personal. Está también el hecho de ser ciego, de verme obligado a ir revisando y limando borradores mentales, borradores que no son páginas escritas. Así que en ese caso yo diría que la razón de crear poesía en lugar de prosa sería física: el hecho de estar ciego y de pasar, bueno, mucho rato solo. Pero tengo pensados muchos cuentos que voy a escribir. Conozco ya la trama de varios. Me falta fijar aún los detalles, pero espero escribir al menos un libro más de relatos. Y quizá siga escribiendo poemas, y cuando haya escrito unos treinta o cuarenta poemas más, los recopilaré en un nuevo volumen, como ha ocurrido con los anteriores.

BARNSTONE: ¿Hay alguna razón en particular por la cual usted opta por el verso libre o una de las formas tradicionales al escribir un nuevo poema?

BORGES: Supongo que la clave está en la primera línea que me es dada. Si me es dada una línea de once sílabas, entonces eso presagia un soneto. Si me es dada una línea de verso libre, entonces debo elegir el verso libre.

BRECHER: En "El jardín de senderos que se bifurcan" el constructor de laberintos Ts'ui Pen escribe lo siguiente:

A diferencia de Newton y de Schopenhauer, su antepasado no creía en un tiempo uniforme, absoluto. Creía en infinitas series de tiempos, en una red creciente y vertiginosa de tiempos divergentes, convergentes y paralelos. Esa trama de tiempos que se aproximan, se bifurcan, se cortan o que secularmente se ignoran, abarca todas las posibilidades.

BORGES: Sí, creo que eso lo tomé de *Apariencia y realidad* de Bradley. Lo he tomado prestado de Bradley. Y acaso sea cierto, al fin de cuentas. El mundo es tan misterioso y tan diverso... Y hay otro libro que podría citar, *An Experiment with Time*,[122] de Dunne. Y en Schopenhauer hay un comentario sobre tiempos múltiples, que no son necesariamente el presente, el pasado o el porvenir, sino algo completamente diferente.

BRECHER: Siguiendo esta idea, en *El libro de arena* hay un cuento que tiene lugar aquí, en Cambridge, durante su última visita. Comienza diciendo: "Yo estaba recostado en un banco, en Cambridge, frente al río Charles".[123]

BORGES: Ah, sí, lo recuerdo, sí.

BRECHER: ¿Ese cuento es suyo, verdad?

BORGES: Sí, es un cuento que se llama "El otro", creo.

---

[122] Véase la nota 49.

[123] "El otro", publicado en *El libro de arena* (1975).

¿Recuerda la palabra otherness, "otredad", que Barnstone mencionó hace un rato?

BRECHER: ¿Alguna vez habló usted con un Borges futuro en lugar de hablar con un Borges más joven? Si es así, ¿qué fue lo que éste le dijo?

BORGES: No, eso aún no ha ocurrido. Todavía no he podido concretarlo. Pero lo he pensado. Algún día escribiré ese cuento.

BRECHER: ¿Puede contarnos el argumento?

BORGES: Aún no ha sido escrito. Lo intenté y fracasé. Voy a tener que intentar otra vez.

BARNSTONE: Usted habla con frecuencia sobre la muerte con cierta esperanza, con cierta expectativa. ¿No siente temor o enojo ante la muerte? ¿Podría decirnos algo acerca del tiempo, o ausencia de tiempo, en la muerte?

BORGES: Cuando me siento desdichado —y me permito sentirme desdichado de vez en cuando— pienso en la muerte como la gran salvación. Después de todo, si voy a morir, ¿qué puede importarme lo que le ocurre a Jorge Luis Borges? No lo veré más. Pienso en la muerte como una gran esperanza, la esperanza de ser totalmente borrado, anulado. Cuento con ello, y sé que no habrá vida más allá, ni tampoco causa alguna para el temor ni la esperanza. Simplemente desapareceremos, y así es como debe ser. Pienso en la inmortalidad como una amenaza, pero una amenaza que nunca se cumplirá. Yo estoy seguro de no ser personalmente inmortal. Y siento que la muerte será una suerte de felicidad, ya que ¿qué mejor destino puede haber que la indiferencia y el olvido? Eso es lo que siento acerca de la muerte.

AUDIENCIA: Teniendo en cuenta que usted es un hombre tan pacífico, ¿por qué hay tanta violencia en sus cuentos?

BORGES: Quizá porque desciendo de militares. Quizá porque yo hubiera querido ser una persona diferente a la que soy. Pero realmente, ahora, no creo en eso. No creo en la violencia. No creo en las guerras. Creo que todo eso es un error. Los países son una equivocación, una superstición. Creo que el mundo debería ser uno solo, como lo pensaron los estoicos. Debemos ser cosmopolitas, ciudadanos del mundo. Yo considero mías a tantas ciudades: por ejemplo, Buenos Aires; por ejemplo, Austin, Texas; por ejemplo, Montevideo y, bueno, esta noche, también a Cambridge, ¿por qué no? Y también a Ginebra y a Edimburgo, a las que considero propias. Y eso es mucho mejor que tener una sola ciudad o una sola patria.

AUDIENCIA: Usted no ha mencionado a William Butler Yeats entre los poetas que le gustan.

BORGES: Bueno, claro, debería hacerlo. Lo lamento y me disculpo ante ustedes por esa omisión. Yeats es un gran poeta, pero no sé si la poesía que escribió será recordada, ya que lo que uno encuentra con más frecuencia en Yeats es la sorpresa. Y la sorpresa es algo que se pierde con el tiempo. Creo que se recordará más Frost que a Yeats. Claro que también me gusta mucho leer a Yeats. Podría recitar tantos versos suyos... En este momento me viene uno a la memoria: "That dolphin-torn, that gong-tormented sea".[124] Un maravilloso verso barroco.

---

[124] "That dolphin-torn, that gong-tormented sea", "Ese mar desgarrado por delfines y atormentado por gongs". Último verso de "Byzantium: a poem", de William Butler Yeats.

Aunque a mí no me gustan mucho los versos barrocos, y Frost ha escrito versos mucho más profundos.

AUDIENCIA: El cuento "Funes el memorioso" ¿es autobiográfico?

BORGES: Sí, lo es. Fue concebido como una metáfora del insomnio. Recuerdo que yo había pasado varias noches sin poder dormir, y entonces hice lo posible por olvidarme de mí mismo, por olvidar de la habitación en la que estaba, por olvidar del jardín que estaba afuera, por olvidar los muebles, por olvidar los muchos defectos de mi propio cuerpo y no pude conseguirlo. Entonces pensé en un hombre que termina agobiado porque su memoria es perfecta, y escribí esa pesadilla que ha agradado a tanta gente y que se titula "Funes el memorioso". *Memorious* en inglés es una palabra rebuscada mientras que en castellano memorioso suena como una palabra común. Así que el título en este caso quedaría mejor traducido al inglés. En castellano, memorioso suena casi como algo que diría un gaucho. Pero bueno, el cuento en sí es, a pesar de que sea yo quien lo haya escrito, un buen cuento.

AUDIENCIA: Alguna gente se pregunta cuál es el motivo de que usted jamás haya escrito una novela. ¿Cree usted que las formas narrativas que usted usa son en cierto modo mejores que la novela? En tal caso, ¿por qué?

BORGES: Yo diría que por razones meramente personales. La razón es que yo no soy capaz de escribir una novela, pero sí de escribir cuentos. Y eso es todo.

AUDIENCIA: Alguna gente se pregunta acerca de las traducciones de su obra. ¿Es lícito traducir obras suyas que ya han sido traducidas?

BORGES: Norman Thomas di Giovanni me dijo que sus traducciones son mucho mejores que mis textos. Supongo que tiene razón. Yo creo que mis traductores siempre mejoran y reinventan lo que escribo. Entre ellos, claro, están Willis Barnstone y Alistair Reid. Ellos siempre mejoran mis escritos. Yo siempre les digo que deben ser lo menos fieles posibles al original. Y lo son, por supuesto.

MARGERY RESNICK: ¿Alguien tiene alguna pregunta más?

BORGES: La vida es breve. Tengo ochenta y un años. Les sugiero que se apuren, puedo morirme en cualquier momento. Por favor, procedan.

AUDIENCIA: ¿Conoce usted a Diderot?

BORGES: Sí, por supuesto.

AUDIENCIA: ¿Podría comentar su concepto del "seguro azar" y cómo se relaciona ese concepto con en el fatalismo según la perspectiva de Diderot[125]?

BORGES: Me pregunto si puedo responder a una pregunta tan compleja. Personalmente, creo que el libre albedrío es una ilusión, pero una ilusión necesaria. Por ejemplo, si me dijeran que mi pasado ha sido fijado, lo aceptaría. Pero si me dijeran que no soy libre de elegir en este momento, me rehusaría a creerlo. De manera que el libre albedrío es una ilusión necesaria. Claro que Spinoza ya sabía todo esto cuando dijo que una piedra al

---

[125] El concepto del "seguro azar" no pertenece a Borges, sino a Pedro Salinas (1891-1951), poeta español de la generación del 27. *Seguro azar*, su segundo libro de poemas, se publicó en 1929. El anónimo miembro de la audiencia que formula esta pregunta parece estar confundiendo a Borges con Salinas.

caer podría pensar "yo deseo caer". Creo que si yo deseo seguir escribiendo, es porque hay algo que me ha llevado a eso, y ese algo no es un dios, sino esa infinita cadena de causas y efectos que se bifurca hasta el infinito.

AUDIENCIA: ¿Podría explicar su concepto de la inspiración poética?

BORGES: Yo sé que la inspiración existe y eso es todo lo que puedo decir sobre ella. Sé que me han sido dados ciertos dones y que yo los utilizo, acaso indebidamente. Pero sé que la inspiración existe. De dónde viene, eso no lo sé. Acaso se origine en la memoria, o en algún otro agente desconocido. Pero me consta que la inspiración existe y eso es algo que saben todos los poetas. Así como sé que existe la experiencia del color amarillo, o la experiencia del amor, sé que existe la experiencia de la inspiración. Eso es todo lo que sé al respecto. Y la verdad es que no necesitamos saber más.

AUDIENCIA: ¿Podría hablarnos de la recitación? Nos preguntamos qué piensa usted acerca de la literatura oral en un momento en que el vínculo entre lo oral y la literatura se ve amenazado por la palabra escrita.

BORGES: Cuando un poema es verdadero, el lector debe leerlo en voz alta. Esa es la forma más acertada de evaluar un poema. Si leemos un poema, o llegado el caso, una novela o un cuento, y el texto mismo no nos lleva a querer leerlo en voz alta, entonces ese texto ha fracasado. He señalado muchas veces que si bien la literatura puede ser vertida a escritura, ésta es, originariamente, esencialmente, un fenómeno oral. Y dado que comenzó siendo oral, continúa siéndolo hoy día.

AUDIENCIA: ¿Cuál es el rol del artista en una sociedad

tan amenazada como la nuestra? ¿Puede la belleza sobrevivir en este ámbito en que nos encontramos?

BORGES: Creo que la poesía y la belleza prevalecerán. Yo no tengo interés en la política; no pienso en términos políticos. Pienso en términos estéticos, quizá en términos filosóficos. No pertenezco a ningún partido. Descreo, de hecho, de la política y también de los países. Descreo también de la riqueza o la pobreza; todas esas cosas son para mí ilusorias. Creo únicamente en mi propio destino, en mi destino de ser un buen, mal u olvidable escritor.

7

EL ESCRITOR AGUARDA
A SU PROPIA OBRA

Si se me permite ser paradójico —y por qué no serlo, ya que estamos entre amigos— diré que el escritor aguarda a su propia obra. Creo que todo escritor está siendo continuamente modificado por lo que escribe. De manera que quizá al principio lo que escribe le resulte acaso irrelevante. Pero si continúa haciéndolo, descubrirá que todo lo que escribe resuena íntimamente con él.

Universidad de Indiana, marzo de 1976

WILLIS BARNSTONE: Durante la Primera Guerra Mundial, mientras estaba en Ginebra, estudiando francés y latín, mientras en su casa se hablaba en inglés y en castellano, usted se encontró con otro poeta norteamericano cuyas primeras líneas leyó en alemán: "Als ich in Alabama meinen Morgengang machte".[126]

---

[126] La cita pertenece a *Hojas de hierba*, 10. "Comenzando en Paumanok", poema n.º 11. El verso original en inglés es el siguiente: "As I have walk'd in Alabama my morning walk".

JORGE LUIS BORGES: Walt Whitman.[127]

BARNSTONE: ¿Qué efecto tuvo el descubrimiento de ese otro poeta norteamericano, Whitman, sobre la posibilidad de crear un nuevo lenguaje para sus propios poemas?

BORGES: Cuando leí a Whitman, yo no me consideraba aún un poeta. Me acerqué a él como un simple lector, y quedé deslumbrado. Pensé que Whitman era acaso el único poeta, que todos los demás poetas desde Homero en adelante habían sido meros predecesores de Whitman. Eso fue lo que sentí. Lo mismo que sentí más adelante al descubrir a Hugo, a John Donne, o —¿por qué no?— a Séneca —que también fue poeta—, a Shakespeare o a Quevedo.

Supongo que cada vez que una persona joven descubre a un poeta no solo lo concibe como autor, sino que siente que ese nuevo poeta representa directamente a la poesía en sí, como si la poesía fuera un arte olvidado y luego redescubierto tras siglos de búsquedas a tientas. Esa fue la impresión que me causó Whitman. Me dije: ¡Pero qué torpes han sido todos los demás poetas hasta hoy! Ahora me doy cuenta, por supuesto, de lo errado que estaba, porque cada poeta es bueno a su manera, y no creo que tenga sentido pensar que existe un único poeta notable. Yo no creo, de hecho, que la poesía sea un don infrecuen-

---

[127] En su *Autobiografía*, Borges escribe: "Fue también en Ginebra donde descubrí a Walt Whitman, a través de una traducción alemana de Johannes Schlaf ('Als ich in Alabama meinen Morgengang machte' – 'As I have walk'd in Alabama my morning walk). Me di cuenta, por supuesto, de lo absurdo que resultaba leer a un poeta estadounidense en alemán, de modo que encargué a Londres un ejemplar de *Leaves of Grass*".

te. Creo que hasta los peores poetas —por ejemplo, yo mismo— son capaces de escribir buenos versos de vez en cuando. Hasta en las obras de poetas argentinos de tercera categoría, uno puede llegar a encontrar buenos versos. Y podemos pensar que quizá Dios, si existe —aunque está claro que no tiene por qué existir— considera que cada instante posee, de hecho, su propia belleza. De lo contrario, no me queda claro qué sentido puede tener toda esta cuestión de seguir escribiendo poesía.

SCOTT SANDERS: Usted suele afirmar que es simplemente un hombre de letras: ni un pensador ni un filósofo. Y sin embargo quienes lo leemos —y sus lectores somos ya varios millones— disfrutamos intensamente de la calidad intelectual y conceptual de sus escritos. ¿Estamos acaso malinterpretándolo?

BORGES: No, creo que lo que ocurre es que los lectores siempre enriquecen lo que escribo. Porque al fin de cuentas toda lectura es una colaboración, de la misma forma en que toda experiencia humana es una colaboración. Cada vez que leo algo, estoy modificándolo, ese texto está siendo modificado por cada lector. Cada lectura mejora al libro. Uno puede ver —estoy pensando en la Biblia— cómo cada generación va enriqueciendo al texto. Creo que Coleridge mejoró tanto a *Hamlet* que éste es ahora mucho más rico que en la época en que fue creado por Shakespeare. En cuanto a mí, sé que no soy un pensador, excepto en el sentido de estar siempre perplejo ante las cosas.[128] Con-

---

[128] En el prólogo al libro de Ronald Christ, Borges escribió: "No soy un pensador ni un moralista, sino simplemente un hombre de letras

tinuamente intento buscar explicaciones y en general las encuentro dejando que otro autor piense por mí. Supongo que mi pensamiento me lo han dado Hume y Berkeley y Schopenhauer y Bradley y William James, y los griegos también. He usado las ideas de los filósofos para mis propios fines literarios. Pero no creo que yo sea un pensador; yo creo que soy, ante todo, un hombre de letras. He logrado adquirir, al cabo de muchos años, cierta destreza en el manejo del castellano, no demasiada, pero soy más o menos capaz de expresar lo que siento, de una forma más o menos armoniosa. Y luego la gente lee mis cuentos y encuentra en ellos cosas que yo jamás había pensado, y eso confirma que soy, después de todo, un escritor... Porque yo creo que si lo único que tiene para brindar una obra es aquello que su autor quiso expresar con ella, entonces estamos ante un autor muy pobre. El escritor debe ejercer su arte con cierta inocencia. No debe intervenir demasiado en lo que escribe. Porque si lo hace, el resultado no se parecerá a su poesía.[129]

ROBERT DUNN: ¿Cree usted que existe una relación apropiada entre la personalidad del escritor y su producción? Es decir, ¿cuál sería la distancia óptima entre un autor y su obra?

---

que plasma sus propias perplejidades y ese venerable sistema de perplejidades que llamamos filosofía en las formas de literatura".

[129] "Todo lo que uno escribe tiene que ir más allá de la intención. Por eso, la literatura es un arte muy misterioso. [...] Porque el autor no sabe lo que escribe. Si lo guía el Espíritu Santo, es un amanuense. Aquello que se lee en el Evangelio según San Juan: 'El Espíritu sopla donde quiere'". *Borges el memorioso*, p. 91.

BORGES: Si se me permite ser paradójico —y por qué no serlo, ya que estamos entre amigos— diré que el escritor aguarda a su propia obra. Creo que todo escritor está siendo continuamente modificado por lo que escribe. De manera que quizá al principio lo que escribe le resulte acaso irrelevante. Pero si continúa haciéndolo, descubrirá que todo lo que ha escrito resuena íntimamente con él.[130]

Yo lamento decir que he publicado quince o dieciséis libros, y sin embargo encuentro que todos esos libros estaban ya en el primer libro que publiqué, ese oscuro libro que publiqué hace tanto tiempo, en 1923, llamado *Fervor de Buenos Aires*. Ese libro era un libro de poemas, y sin embargo siento que la mayoría de mis cuentos ya estaban también presentes en esas páginas, pero escondidos, de un modo secreto que sólo yo soy capaz de descifrar.[131] De manera que continúo releyendo ese libro y reescribiendo lo que ya he escrito en ese libro. Es todo lo que puedo hacer ahora. Hay un personaje en un western que dice: "You are mute and dim". Pero yo continúo regresando una y otra vez a ese volumen y me encuentro en esas páginas conmigo mismo y también con mis libros futuros.[132]

---

[130] Véase la nota 112.

[131] En el prólogo a la edición de 1969, Borges escribe: "Para mí, *Fervor de Buenos Aires* prefigura todo lo que haría después. Por lo que dejaba entrever, por lo que prometía de algún modo".

[132] En una entrevista de 1976 de la TVE con Joaquín Soler Serrano, Borges afirmó: "Esencialmente yo soy el que era cuando publiqué mi primer libro, *Fervor de Buenos Aires*, en 1923. Yo creo que en ese primer libro está todo lo que yo haría después, salvo que está entre

BARNSTONE: En varias conversaciones y también en sus escritos usted menciona con frecuencia a Milton. Lo menciona, de hecho, mucho más que a Dante. Y sin embargo yo tengo la sensación de que usted aprecia más a Dante que a Milton. ¿Podría decirnos por qué le gusta Dante, y qué encuentra usted en Dante?

BORGES: Si tuviera que elegir una única obra que representara la cima de toda la literatura, creo que elegiría a la *Divina Comedia*. Y eso que no soy católico. No creo en la teología. No creo en la idea de castigos y premios divinos. Nunca he podido entender esas cosas. Pero el poema en sí es perfecto. No la última parte, ya que ningún hombre puede imaginar que ha muerto porque esté continuamente en el infierno. Ahora, en el caso de Dante, uno oye que cada línea es perfecta. Mientras que Milton es realmente sublime pero al mismo tiempo, bastante monótono. Y además, me cuesta sentir afecto personal por Milton. En el caso de Dante, bueno, no sé si siento afecto por él, pero sí pienso en él como una persona real. Y me cuesta pensar a Milton de ese modo. Por ejemplo, me queda claro que cuando Dante soñó con el infierno y soñó con el purgatorio, estaba realmente imaginándolos, mientras que Milton es-

---

líneas, es solo para mí. Es como una escritura secreta, que está entre las líneas de la escritura pública. Pero ahí está todo, yo creo, salvo que nadie puede verlo sino yo. Así que lo que yo he hecho después ha sido reescribir ese libro, que no tiene mayor valor, pero que luego ha ido dilatándose, ha ido ramificándose, enriqueciéndose y yo creo que ahora puedo, en fin, puedo jactarme de haber escrito algunas páginas válidas, alguno que otro poema. ¿Y qué más puede querer un escritor? Porque esperar un libro ya es demasiado".

taba trabajando únicamente con palabras, no con imágenes. Ahora bien, uno podría decir que para un poeta esa es una forma lícita de crear; y sin duda lo es, pero el resultado no llega a conmoverme de la manera en que Dante me conmueve. Milton logra impresionarme, pero nada más que eso. En cambio, Dante hace que cada palabra brille, uno siente que cada imagen está conformada exactamente como debería estarlo. Los versos de Dante no necesitan justificación alguna: no hace falta pensar en términos medievales para poder apreciarlo. Cada palabra es perfecta, cada palabra está donde debería estar. En tanto que yo, al menos, considero que hay muchas líneas de Milton que son bastante poco felices. Y si queremos admirar a Milton —y no hay razón para no admirarlo— yo pensaría en su *Samson Agonistes* y en sus sonetos más que en *Paradise Lost* o *Paradise Regained*. *Paradise Regained* es bastante malo. E incluso en *Paradise Lost*, no puedo aceptar la teología. No puedo creer toda esa historia de Dios que crea primero al hombre y luego a Cristo, por ejemplo. Todo eso me excede, realmente. Es cierto sin embargo que Milton escribió algunos sonetos muy vigorosos. Pero creo que, excepto por el hecho de que los dos escribieron acerca de Dios, del infierno y del cielo, no existe vínculo alguno entre Milton y Dante. Realmente no se parecen, y me pregunto por qué los mencionamos juntos. Lo que estoy diciendo es algo muy obvio, y las cosas obvias son siempre muy triviales.

Roger Cunningham: En su cuento "La secta del Fénix", apenas comienza el relato, usted hace que un personaje recite la doctrina de alguna oscura secta gnóstica (siempre viene bien tener alguna oscura secta gnóstica a mano).

BORGES: Ah, sí, por supuesto. Es algo muy práctico, ¿no? Uno puede recurrir a ellas en cualquier momento.

CUNNINGHAM: Ese personaje afirma en su cuento que "los espejos y la cópula son abominables, porque multiplican el número de los hombres".

BORGES: ¡Ese oscuro gnóstico soy yo!

CUNNINGHAM: Para hacer una pregunta fáctica y más bien aburrida, ¿qué textos gnósticos ha leído usted, de primera mano? Por ejemplo el *Poimandres*[133] o alguno de esos textos tan interesantes.

BORGES: He leído un libro de un hombre llamado Hans Leisegang,[134] titulado *Die Gnosis*. Luego un libro de un inglés llamado Mead, que leí en versión alemana: *Fragmente eines verschollenen Glaubens*.[135] Luego leí algunas traduciones del *Pistis Sophia*.[136] De manera que puedo

---

[133] *Poimandres*: el primero de los tratados del *Corpus Hermeticum*.

[134] Hans Leisegang (1890-1951), escritor, científico y filósofo alemán. La obra que Borges recuerda, *Die Gnosis*, fue publicada en Leipzig por A. Kröner en 1924.

[135] Se refiere a George Robert Stow Mead (1863-1933), escritor especializado en temas religiosos, que escribió gran cantidad de obras sobre textos y temas gnósticos. Su libro *Fragments of a Forgotten Faith* (*Fragmentos de una fe olvidada*) fue publicado por la Sociedad Teosófica en Londres en el año 1900. El título que Borges cita aquí (*Fragmente eines verschollenen Glaubens*) corresponde a la edición alemana de esa obra. Véase asimismo la enumeración de fuentes gnósticas que nuestro escritor hace en "Una vindicación del falso Basílides", publicado en *Discusión* (1932).

[136] *Pistis Sophia*: textos gnósticos redactados entre los años 150 y 300 antes de Cristo, que contienen enseñanzas que Cristo supuestamente brindó tras su resurrección. Algunos autores traducen el título de

citarles a Leisegang, a Mead, y también la *Geschichte der Philosophie* de Deussen.[137] Y luego otro libro escrito por un teólogo alemán, que leí en 1918 pero que luego extravié y no volví a ver. Eso es todo lo que sé. Y eso ha bastado para mis propósitos literarios sudamericanos.

AUDIENCIA: ¿Querría decirnos algo sobre el uso de la violencia en sus cuentos?

BORGES: Creo que el uso de la violencia puede ser atribuido al hecho de que mi abuelo murió en combate, y mi bisabuelo ganó una batalla con la carga de los Húsares, durante la batalla de Junín, en Perú, en 1856. Toda esa gente sintió siempre un anhelo por lo que hoy llamaríamos una historia épica. Claro que a mí todo eso me ha sido sabiamente negado, ya que yo jamás habría podido ser un buen soldado, y menos aún con las dificultades de mi vista. Pero he heredado la tendencia de pensar de ese modo. Y luego, he tenido algunos amigos compadritos que peleaban a cuchillo. Y luego están también los gauchos, y todas esas cosas han perdurado en mí, aun cuando yo no he estado jamás en combate. Pero no creo que nada de todo esto sea demasiado importante; todo escritor es, al fin y al cabo, libre de elegir sus propios símbolos. Si yo he elegido, digamos, espejos, laberintos y cuchillos, bueno, ¿por qué no usarlos? ¿Por qué no debería permitírseme que los use?

Pistis Sophia como "Fe y sabiduría", mientras que otros optan por interpretarlo como "Fe en la sabiduría" o "Sabiduría en la Fe".

[137] *Allgemeine Geschichte der Philosophie* (*Historia general de la filosofía*), del orientalista alemán Paul Jakob Deussen (1845-1919).

AUDIENCIA: ¿Podría comentar su cuento "El sur", cómo fue que se le ocurrió escribirlo, cómo surgió?

BORGES: Había estado leyendo a Henry James. Me había impresionado mucho, como seguramente a todos ustedes, ese libro *The Turn of the Screw*,[138] que admite múltiples y diversas interpretaciones. Uno puede pensar que los espectros son en realidad los amigos que se hacen pasar por fantasmas y uno puede pensar que esos chicos son, o bien unos tontos, o bien víctimas, o acaso cómplices. Sea como sea, Henry James logró escribir de ese modo varios cuentos en un solo relato. Entonces pensé que yo también podría tratar de hacer algo así y pensé en intentar ese mismo truco de escribir tres cuentos en uno. Entonces escribí "El sur".

En "El sur" encontrarán tres cuentos. El primero es una suerte de parábola: un hombre que muere asesinado por aquello que ama. Esto es el caso inverso de eso que dijo Oscar Wilde: "Porque cada hombre mata a aquello que ama".[139] De modo que esa sería una primera versión. La segunda estaría dada por una lectura lineal. Y finalmente tendríamos la interpretación más interesante de todas, que no excluye a las anteriores: uno puede pensar que la segunda mitad del cuento es en realidad lo que ese hombre sueña al morir bajo el bisturí del cirujano el hospital. Porque en realidad ese hombre anhelaba una

---

[138] *The Turn of the Screw* (*Otra vuelta de tuerca*), novela fantástica de Henry James publicada en 1898.
[139] "Yet each man kills the thing he loves", *Balada de la cárcel de Reading* de Oscar Wilde (I, 38).

muerte épica. Deseaba morir entre el filo de las hojas con un cuchillo en su mano. En realidad estaba muriendo bajo el cuchillo del cirujano, y él soñó todo eso. Y yo realmente creo que este es, al menos desde el punto de vista técnico, un buen cuento, porque narra tres relatos al mismo tiempo, de una sola vez. Y no interfieren entre sí. Eso es lo que vuelve interesante a este cuento. Uno puede leerlo al comienzo como una parábola: un hombre siente el anhelo del sur, y cuando regresa al sur, el sur termina matándolo. Esa es la parábola. Luego, uno puede leerlo como un cuento realista, la historia de un hombre que va al sur y se ve obligado a pelear con un borracho asesino. Y luego el tercero, que es, creo, el mejor: que todo eso ha sido en realidad un sueño. De manera que el cuento no sería la verdadera muerte de un hombre, sino aquella que soñó mientras moría.

AUDIENCIA: ¿Es la poesía "una dulce venganza contra la vida"[140]?

BORGES: No lo creo. Para mí la poesía es una parte esencial de la vida. ¿Qué sentido tendría oponerlas? La poesía es quizá *la* parte esencial de la vida. Yo no pienso en la vida, o en la realidad, como algo que esté más allá o fuera de mí. Yo *soy* vida, yo estoy *dentro* de la vida. Y uno de los muchos hechos de la vida es el lenguaje, es decir las palabras y la poesía. ¿Por qué deberíamos enfrentar a unas con otras?

AUDIENCIA: Pero la *palabra* vida no es vida.

BORGES: Pero la vida es, supongo, la suma total, si es

---

[140] En el original: "a sweet vengeance against life".

que tal suma es posible, de *todas* las cosas, y entonces, ¿por qué no también del lenguaje? No puedo pensar en la vida como algo que está fuera de mí, o como algo ajeno. Dado que estoy vivo, ¿qué otra cosa puedo hacer? Pero también estoy vivo cuando sueño, cuando duermo, cuando escribo, cuando leo. Uno está *siempre* viviendo. Y si pienso en mis experiencias pasadas, creo que Swinburne[141] es una parte tan real de mi experiencia como la vida que llevé en Ginebra en 1917. No tengo necesidad alguna de clasificar mis experiencias, ni de pensar en la vida como algo separado de mi persona. En el caso de Alonso Quijano, supongo que el hecho capital de su vida fue la lectura de *Amadís de Gaula*,[142] y eso lo llevó a convertirse en un Don Quijote muy real. No creo que la vida esté enfrentada con la literatura. Creo que el arte es parte de la vida, está incluido en la vida.

AUDIENCIA: ¿Qué autores contemporáneos le interesan?

---

[141] Algernon Charles Swinburne (1837-1909). Poeta, dramaturgo, ensayista y novelista inglés.

[142] *Amadís de Gaula*: novela de caballería que relata las aventuras del héroe epónimo. Fue compuesto en España o Portugal, probablemente sobre la base de fuentes francesas. Es probable que haya existido una versión primitiva de esta obra ya en el siglo XIV. Se conservan breves fragmentos de una edición en tres volúmenes fechada hacia 1420, pero la primera versión completa que ha llegado hasta nosotros es la del Regidor de Medina del Campo, Garci Rodríguez de Montalvo (c. 1450-1504). Éste la escribió sobre la base de versiones anteriores y la publicó en Zaragoza en el año 1508. Pese a haberse establecido más allá de toda duda que la obra original es de autor anónimo, el hábito sigue atribuyendo a Rodríguez de Montalvo la autoría.

BORGES: Los autores contemporáneos que me interesan son fundamentalmente autores muertos. Soy un hombre viejo. Quizá yo también haya muerto ya, al fin de cuentas, sólo que aún no me he dado cuenta.

AUDIENCIA: Quisiera reformular una pregunta que le hicieron antes acerca de la relación entre la personalidad de un autor y su obra. Encontré un comentario de Flaubert: "El hombre no es nada, la obra es todo". Pienso en el cuento "Tres versiones de Judas"[143] y la posibilidad de que al emprender cualquier tipo de obra significativa, la obra puede resultar opuesta al hombre que la concibe.

BORGES: Me veo impedido de responder por el hecho de que no recuerdo ese cuento. Lo escribí y luego lo he olvidado por completo. Pero si escribí tres versiones eso acaso sugiere que di tres ejemplos distintos de un mismo tema. La verdad es que no lo recuerdo. Pero supongo que *tiene* que haber un vínculo entre el escritor y su obra. De lo contrario la obra sería una mera combinación de palabras, un mero entretenimiento.

AUDIENCIA: ¿Podría usted comparar el Buenos Aires de hoy con el pasado?

BORGES: Hoy en día Buenos Aires, lamento decirles, casi no existe. Mi país se está desintegrando. Estas cosas me entristecen mucho. Cuando pienso en mi infancia mis recuerdos son muy felices. Pienso que la gente era más feliz entonces que ahora. Hoy en día no sé nada sobre Buenos Aires. No lo entiendo; solo puedo sentirme desconcertado y entristecido por todo lo que sucede en mi país. Aunque

---

[143] "Tres versiones de Judas", publicado en *Ficciones* (1944).

lo ame, ya que, después de todo, como decía Kipling "My country, right or wrong".[144] Sé que siento nostalgia de ese desorden, ya que ese desorden está tan ligado a mi propia vida. Y además pienso en mi país, no en términos políticos o económicos, sino en términos de unas pocas y buenas amistades, de unos pocos y buenos hábitos. El hábito de la amistad es sumamente importante para mí.

MIGUEL ENGUÍDANOS: Borges, como recordará, hace algunos años tuvimos una conversación en la que usted me dijo algo muy desconcertante. Me dijo "Voy a abandonar la literatura".

BORGES: ¿Yo dije eso?

ENGUÍDANOS: Sí, eso fue lo que me dijo.

BORGES: Bueno, eso me desconcierta *a mí*.

ENGUÍDANOS: Permítame recordarle las circunstancias. Estábamos en Oklahoma. Al parecer usted había decidido que iba a dedicarse a buscar petróleo o algo así.

BORGES: Ah, sí, claro. Ese es, sin duda, uno de mis hábitos. Es algo que hago continuamente.

ENGUÍDANOS: Y luego usted me dijo que iba a dedicar el resto de su vida al estudio de Spinoza y de las sagas escandinavas. Lo cierto es que desde entonces, además de estar tan productivo como siempre, ha escrito también algunos de sus poemas y cuentos más admirables. Ahora bien, la pregunta principal es esta: ¿Sería tan amable de contarnos qué es lo que Borges está haciendo ahora?

---

[144] "My country, right or wrong", "Mi país, tenga éste razón o no". Expresión patriótica cuyo sentido implícito es una reafirmación de lealtad hacia el propio país, más allá de sus aciertos o equivocaciones.

BORGES: Lamento informarles que sigo escribiendo cuentos y poemas. Y también pienso escribir un libro sobre Swedenborg, no sobre Spinoza. Aunque ambos nombres empiezan con "S"...

ENGUÍDANOS: Sí, pero ¿podría explicarme qué significa su nostalgia por esa llave, por esa puerta en Buenos Aires?

BORGES: Significa que soy, después de todo, argentino, un mero argentino, así que extraño a mi país, aunque me siento también muy feliz aquí en los Estados Unidos.

ENGUÍDANOS: No, no, discúlpeme, usted está evadiendo la pregunta. No hay segunda intención en lo que digo. ¿Tiene usted alguna declaración que hacer acerca de su estética actual, o su poética actual?

BORGES: No, lamento decir que no sigo ninguna estética. Solo puedo *escribir* cuentos y poemas. No tengo ninguna teoría. No creo que las teorías sirvan para nada, francamente.[145]

BARNSTONE: ¡Podría devastar media universidad con ese último comentario!

AUDIENCIA: ¿Cómo afecta su creatividad el hecho de tener que dictar sus poemas y cuentos?

---

[145] "La dicha de escribir no se mide por las virtudes o flaquezas de la escritura. Toda obra humana es deleznable, afirma Carlyle, pero su ejecución no lo es. No profeso ninguna estética. Cada obra confía a su escritor la forma que busca: el verso, la prosa, el estilo barroco o el llano. Las teorías pueden ser admirables estímulos (recordemos a Whitman) pero asimismo pueden engendrar monstruos o meras piezas de museo. Recordemos el monólogo interior de James Joyce o el sumamente incómodo Polifemo". Del prólogo a *Los conjurados* (1985).

BORGES: Creo que es una gran ventaja. Así no tengo que andar leyendo y revisando mis escritos. Ahora dicto y ya. Y no hace falta que me apresure. Es cierto que dictar versos es acaso más difícil que escribirlos. Pero ahora ya me he acostumbrado y me siento cómodo haciéndolo. Además tengo amigos que son muy amables y muy pacientes. Vienen a visitarme y puedo trabajar cuando quiera. De manera que no pienso que ser ciego o tener que dictar sea algo necesariamente malo.

BARNSTONE: ¿Podría decirnos algo acerca de la amistad? Usted habla con frecuencia acerca de ella.

BORGES: Creo que la amistad es, quizá, el hecho capital de la vida. La amistad, como me dijo una vez Adolfo Bioy Casares, tiene una ventaja sobre el amor: puede prescindir de demostraciones continuas. En cambio, en el amor, uno está siempre pendiente de ser querido o no, uno vive en un estado perpetuo de ansiedad, de zozobra, mientras que en la amistad uno puede pasar un año o más sin ver a un amigo y eso no importa. Un amigo puede ofenderlo a uno, puede haberlo evitado a uno. Pero si esa persona es un amigo, y uno lo considera amigo, no hay motivo alguno para preocuparse. La amistad, una vez que se establece, continúa funcionando sola.[146] En ese sentido, la amistad tiene algo de mágico, es como una suerte de encantamiento. Y creo que quizá la única virtud que está

---

[146] "Creo que lo mejor de la Argentina es nuestra capacidad de amistad, la amistad yo creo que es una de las pasiones argentinas, es esencial. Somos capaces de amistad, y eso es mucho". En: *Enrique Pezzoni, lector de Borges*, p. 196.

permitida a un país tan desdichado como el mío es la virtud de la amistad. Y creo que Barnstone seguramente sabe algo de eso, sabe que en la Argentina la amistad es algo muy importante para nosotros. De hecho, cuando el poeta Eduardo Mallea escribió un libro titulado *Historia de una pasión argentina*,[147] yo me dije: esa pasión debe ser la amistad, ya que es la única pasión que realmente tenemos. Y entonces cuando lo leí y me di cuenta de que era una mera historia de amor, me sentí muy defraudado.

AUDIENCIA: Señor Borges, ¿cree usted que la poesía existe únicamente en los libros?

BORGES: No. Pienso que la poesía, como dije, ocurre todo el tiempo, pero nosotros no siempre la percibimos. La poesía crece, por supuesto, en la memoria. Mi memoria está poblada de versos. Pero hay también situaciones que son de por sí poéticas. ¿Por qué deberíamos hallar la poesía sólo en los libros? Después de todo, los libros no existen sino mientras están siendo leídos o recordados. ¿No es acaso un libro una cosa entre las cosas? ¿Por qué deberíamos tomarlo en serio? ¿Por qué deberíamos maravillarnos ante un texto encuadernado? No hay ninguna razón para ello. Creo que la poesía existe más allá de las palabras, ya que las palabras son meros símbolos arbitrarios. La poesía existe en la música de las palabras.

AUDIENCIA: Usted mencionó al pasar a *Don Quijote* y yo quisiera pedirle su opinión acerca de ese libro.

BORGES: *Don Quijote* es acaso uno de los mejores libros

---

[147] *Historia de una pasión argentina*, ensayo de Eduardo Mallea publicado en 1937.

jamás escritos. No por el argumento —el argumento en
sí es endeble, los capítulos no van a ninguna parte—
sino por el protagonista: Alonso Quijano, quien soñó ser
Don Quijote, es quizá uno de nuestros mejores amigos.
Al menos lo es para mí. Haber creado un amigo para las
numerosas generaciones futuras es una hazaña difícil de
igualar. Y eso es lo que logró Cervantes.

8

EL TIEMPO ES EL MISTERIO ESENCIAL

Creo que el tiempo es el misterio esencial. Otras cosas son quizá misteriosas, pero no el espacio; el espacio no tiene importancia. Uno puede imaginar un universo sin espacio, por ejemplo, un universo hecho de música [...] El problema del tiempo está relacionado con el problema del yo, ya que al fin de cuentas, ¿qué es el yo? El yo es el pasado, el presente, y también la expectativa del futuro, del tiempo por venir.

Universidad de Chicago, marzo de 1980

WILLIS BARNSTONE: Borges, aun estando ciego, usted siempre nota las características de las habitaciones y edificios en los que se encuentra. ¿Cómo hace para ver pese a las limitaciones de su vista, y cómo se siente hoy en este auditorio?

JORGE LUIS BORGES: Percibo la amistad. Percibo una sensación muy real de bienvenida. Me siento querido por la gente, siento todo eso. No percibo las circunstancias sino lo esencial, profundamente. No sé cómo es que lo hago, pero sé que mi percepción es correcta.

BARNSTONE: Usted siempre compara a la amistad con el amor. ¿Podría hacer una comparación entre la amistad y el amor?

BORGES: El amor es una cosa muy rara, llena de temores, llena de esperanza, y esas cosas llevan acaso a la felicidad. Pero en la amistad no hay temor ni esperanza, la amistad continúa de por sí. No exige además la frecuentación, no exige demostraciones de ninguna índole. Pero sabemos que si somos amigos de alguien, y ese alguien es nuestro amigo, quizá a largo plazo la amistad sea más importante que el amor. O quizá la verdadera función, el deber del amor, es convertirse en amistad. De lo contrario, nos quedamos a medio camino. Pero ambas cosas, el amor y la amistad, son muy gratas.

BARNSTONE: ¿Podría hablar de la relación entre la experiencia y la poesía?

BORGES: Creo que a un poeta (y a veces pienso que acaso yo lo sea) todas las cosas le son dadas para que las transforme en poesía. De manera que la desdicha no es realmente un castigo. La desdicha es un instrumento que nos es dado, de la misma forma en que un cuchillo es un instrumento. Todas nuestras experiencias son pasibles de ser convertidas en poesía,[148] y si fuéramos verdaderos poetas —y yo no lo soy, solamente simulo serlo—, pero si fuera realmente un poeta, pensaría que cada momento de la vida es hermoso, aun cuando en el momento no lo parezca. Pero a la larga, la memoria transforma todas las cosas en belleza. Nuestro deber, nuestra tarea, es convertir a nuestras emociones, recuerdos, incluso nuestros recuerdos más desdichados, en poesía. Esa es nuestra tarea. Y la gran ventaja de ese deber es que jamás lograremos cumplirlo. Estaremos

---

[148] Véase el poema "Mateo XXV, 30", en *El otro, el mismo* (1964).

siempre al borde de alcanzarlo pero jamás lo lograremos del todo.

BARNSTONE: En su "Parábola del Palacio", en *El hacedor*...

BORGES: Ojalá pudiera recordarla.

BARNSTONE: La memoria ha sido hecha para el olvido.

BORGES: He olvidado ese texto por completo.

BARNSTONE: La parábola termina con los descendientes del poeta que continúan buscando a esa única palabra que contiene al universo entero. ¿Busca usted una única palabra, un estado mental, un sentimiento, una comprensión última? ¿Qué es lo que desea encontrar —si es que desea encontrar algo— antes de morir?

BORGES: Creo que la única manera de encontrar las palabras correctas es dejar de buscarlas. Yo creo que debemos vivir en el presente y luego, quizá esas palabras nos sean dadas, o quizá no. Debemos avanzar mediante el ensayo y el error. Debemos cometer nuestros propios errores, y luego, acaso, corregirlos. Y esa tarea puede llevarnos, bueno, toda la vida.

BARNSTONE: Usted no cree en un dios personal, pero a falta de otros símbolos o analogías usted utiliza con frecuencia la palabra "Dios" en sus poemas. ¿Cree usted en algo o busca usted algo que esté más allá de la causalidad, en algo trascendente?

BORGES: Sí, por supuesto. Creo en el misterio del mundo. Cuando la gente utiliza la palabra "Dios", pienso en lo que decía George Bernard Shaw. Dijo, si recuerdo bien, "God is in the making", "Dios está haciéndose". Y está haciéndose porque nosotros somos los hacedores. Estamos engendrando a Dios. Estamos creándolo cada

vez que alcanzamos la belleza. Con respecto a premios
y castigos divinos, esas son meras amenazas y sobornos,
cosas que no he comprendido jamás. Yo no creo en un
dios personal. Pero, ¿por qué un dios personal debería
ser más importante que un dios que es —y me parece
que hoy estoy de un ánimo un tanto panteísta— todos
nosotros? Todos somos, en cierto sentido, Dios. Creo ser
también un hombre ético, o al menos he hecho lo mejor
que pude para ser un hombre ético. Creo haber obrado
correctamente y creo que eso debería bastar. Pero no he
llegado a creer en un dios personal. He intentado creer
en un dios personal, pero no lo he logrado. Y sin embargo mis antepasados eran predicadores metodistas. Mi
abuela se sabía la Biblia de memoria; cada capítulo y
cada versículo. Pero también sabía las obras de Dickens
de memoria, lo cual es igual de bueno.

BARNSTONE: Ha adivinado mi próxima pregunta. ¿Qué
quisiera decirnos acerca de Dickens?

BORGES: Cuando uno piensa en Dickens, uno piensa en
realidad en una multitud. Digo "Dickens" pero en realidad pienso en Mr. Pickwick, en Jack Dawkins, en Nicholas Nickleby, en Martin Chuzzlewit, y el asesino en *Martin Chuzzlewit*. Pienso en Dickens y estoy pensando en
una multitud de personas. En lo que respecta a Dickens,
creo que él mismo no llega a ser tan interesante como sus
sueños. Y esto es, claro está, un elogio hacia Dickens. De
igual forma, al decir "Shakespeare", no estoy pensando
en el hombre William Shakespeare. Estoy pensando en
las *weird sisters*, en Hamlet y en el misterioso autor de
los sonetos. De manera que en el caso de Dickens pienso
en muchas personas. Y esas muchas personas, que eran

meros sueños de Dickens, me han dado mucha felicidad. Continúo leyéndolas y releyéndolas.

BARNSTONE: Regresando a la pregunta acerca de un Dios personal, ¿es usted un gnóstico?

BORGES: Soy agnóstico.

BARNSTONE: No, pregunté si usted es "gnóstico", no "agnóstico".

BORGES: Ah, sí, tal vez lo sea. ¿Por qué no ser gnósticos hoy y agnósticos mañana? En realidad, es todo lo mismo.

BARNSTONE: ¿Y los fundamentos de su ética?

BORGES: Creo que en cada momento de nuestras vidas estamos eligiendo. Debemos obrar de un modo o de otro. Como decía el Dr. Johnson, somos continuamente moralistas, no astrónomos o botanistas.[149]

BARNSTONE: ¿Cómo fue que, entre todas las personas del mundo, usted terminó siendo Borges? ¿No le causa a usted asombro que esta existencia lo haya elegido? ¿Cómo explica usted la existencia de una conciencia individual?

BORGES: Me siento sorprendido y avergonzado de ser Borges. He tratado de ser otra persona pero hasta ahora

---

[149] "La ética es algo que sentimos cada vez que obramos. Y al cabo del día, sin duda habremos tomado muchas decisiones éticas; y habremos tenido que elegir —simplificando el tema— entre el bien y el mal. Y cuando hemos elegido el bien, sabemos que hemos elegido el bien; cuando elegimos el mal, lo sabemos también. Lo importante es juzgar cada acto en sí mismo, no por sus consecuencias, ya que las consecuencias de todo acto son infinitas, se ramifican en el porvenir, y a la larga, se equivalen o complementan". Borges, *En diálogo*, Vol. 1, p. 230.

no lo he logrado. No me agrada en absoluto ser Borges. Quisiera ser cualquiera de ustedes.

BARNSTONE: Acerca de sus escritos, quería preguntarle si el hecho de dictar sus poemas, en lugar de escribirlos, los ha modificado de alguna manera.

BORGES: Creo que la necesidad de dictarlos los ha mejorado, porque ahora son poemas más breves.

BARNSTONE: Y la gente a quienes les ha dictado estos poemas: su madre, su amiga Anneliese von der Lippen, María Kodama, que está hoy aquí...

BORGES: ¿Si han puesto reparos? Sí, muchas veces. Pero yo soy muy obstinado. No hago caso.

BARNSTONE: Y esas objeciones y reparos, ¿han afectado de alguna forma la redacción de los poemas?

BORGES: Sí. Se trata de una colaboración continua. Recuerdo que escribí un cuento llamado "La intrusa". Dos malevos, dos hermanos, matan a una mujer porque se celaban entre sí. La única manera que tenían de librarse de ella era acuchillándola. Llegué a la última oración. Mi madre estaba siguiendo el dictado, con evidente fastidio, porque estaba harta de mis cuentos de malevos y cuchillos. Y entonces llegué al momento en que el hermano mayor le dice al menor que ha acuchillado a la mujer. O la había estrangulado, ya no recuerdo, pero da igual, podemos dejar de lado esos detalles escabrosos. El hermano mayor la había matado y tenía que decir algo y yo necesitaba encontrar las palabras exactas. Le dije a mi madre: "¿Qué es lo que va a decir ahora?". Mi madre me dijo: "Dejame pensar". Esto fue de mañana. Y luego, con una voz del todo distinta, agregó: "Ya sé lo que le dijo". "Bueno, escribilo entonces", le dije yo. Lo escribió y le

pedí que me lo leyera. Lo hizo y las palabras eran: "A
trabajar, hermano, esta mañana la maté". Ella me dio
esas palabras. Y el cuento termina ahí, escribí solamente
una o dos frases más. Y después mi madre dijo: "Espero
que este sea el último cuento de guarangos que escribís".
Porque ella estaba harta de esos cuentos míos, no le gustaban. Pero me dio esas palabras, y por un instante ella
se convirtió, de algún modo, en uno de los personajes del
cuento, y creyó en el cuento, porque dijo "Ya sé lo que
dijo", como si el hecho hubiera realmente ocurrido. Me
dio la clave para ese cuento llamado "La intrusa", quizá
el mejor cuento —acaso el único— que yo he escrito.

BARNSTONE: Cuando usted era joven, pasó un tiempo
al norte de su país, entre gauchos. ¿Podría describir sus
experiencias, y contarnos qué efecto tuvieron en usted y
en sus obras?

BORGES: En 1934 viajé a la frontera entre Brasil y
Uruguay. Y allí me encontré con el pasado de la Argentina. Me encontré con la llanura, con los gauchos, esas
cosas que ya no se ven en mi país. Esas cosas estaban
ahí aguardándome, o —al menos— acaso esperándome.
Pasé unos diez días allí. Me aburrí bastante, pero vi cómo
mataban a un hombre. Nunca había presenciado algo así.
Era un viejo arriero uruguayo. Lo mató un negro, con un
revólver. Le disparó dos tiros, y lo mató. Y yo pensé, "pobre hombre". Y después lo olvidé. Pero luego, durante los
muchos años transcurridos desde esa visita de diez días
a Santa Anna do Livramento, en el límite entre Brasil
y Uruguay, ese pueblo regresó a mí, y me parece estar
siempre recordándolo. Es algo realmente curioso... Yo he
viajado por casi todo el mundo. He visto grandes ciuda-

des. He visitado la que es, quizá, la capital del mundo, Nueva York, y he estado también en Londres y en Roma y París. Y sin embargo, no sé por qué, mi memoria continúa regresando una y otra vez a ese pequeño pueblo pobre y desvencijado de la frontera entre Uruguay y Brasil, y cuando escribo, ese recuerdo me sirve, al parecer, de inspiración. Pero en el momento en que ocurrió, nada de eso me pareció especialmente interesante. Todo ocurrió luego en la memoria.

BARNSTONE: Cuando usted leía libros durante su infancia, o durante su juventud...

BORGES: Yo siempre he leído.

BARNSTONE: ¿Cuáles fueron los primeros libros que leyó?

BORGES: Creo que el primer libro que leí fueron los *Cuentos de Hadas* de los Hermanos Grimm. El mejor libro que ha producido Alemania, como decía Chesterton. Y luego leí *Alicia en el País de las Maravillas* y *A través del espejo*. He seguido leyendo esos libros desde 1906 o 1905. Leí quizá la mejor ciencia ficción del mundo, esas espléndidas pesadillas que urdió H.G. Wells. Leí *La máquina del tiempo*, *El primer hombre en la luna*, *La isla del Dr. Moreau*, *El alimento de los dioses*, *La guerra de los mundos*. Y luego descubrí también ese libro infinito, infinito en muchos sentidos porque es un libro que tiene que ser necesariamente largo, tiene que estar a la altura de su título. Leí por primera vez *Las mil y una noches* en una versión inglesa de la traducción francesa de Galland. Luego conseguí la traducción de Edward William Lane y la del Capitán Burton y la de Littman en alemán. Y hace dos años leí una excelente traducción publicada en México por Aguilar, del escritor judeo-andaluz Rafael Cansinos Assens; una excelente traducción, quizá la mejor de todas.

Encontré luego una novela, y al principio me costaba seguirla porque el lenguaje era muy diferente. Pero había algo que me atraía y seguí leyendo. Ese libro es por supuesto el *Quijote* de Cervantes. Lo leí esa primera vez y desde entonces he seguido leyéndolo. También he seguido leyendo a Wells. Y esos dos libros de Lewis Carroll. Esas fueron mis primeras lecturas. Y luego logré adentrarme en dos libros a los que casi no he regresado porque sigo leyendo otros del mismo autor. Me refiero a *Just so stories* y los dos "libros de la selva" de Rudyard Kipling. Me gusta mucho Kipling. Otro libro que leí en ese momento es un libro que es, creo, más o menos desconocido, y que debería ser más conocido. Y ese libro es en realidad dos libros, *Roughing It* y *The First Days in California*, de Mark Twain. Y luego continué con *Huckleberry Finn*. Y luego los cuentos de Poe, y al mismo tiempo, Julio Verne.

BARNSTONE: En sus textos usted afirma que no es valiente como sus ancestros, que usted es físicamente cobarde.

BORGES: Es que lo soy. ¡Mi dentista puede atestiguarlo!

BARNSTONE: ¿Y su oculista?

BORGES: Mi oculista y mi cirujano también. Lo sabe todo el mundo. No es ningún secreto.

BARNSTONE: Y, sin embargo, en su vida pública usted se expresa siempre contra la corriente.

BORGES: ¡Por supuesto!

BARNSTONE: Y jamás ha emitido una opinión buscando un beneficio propio. Todo lo contrario. Usted me contó que una vez lo asaltaron en la calle, y cuando el ladrón le dijo "¡La bolsa o la vida!", usted respondió: "¡La vida!", y el ladrón se asustó tanto que se fue corriendo.

BORGES: Yo quería que me matara, pero él no quiso.

BARNSTONE: Pero Borges, entonces, ¿usted es un hombre cobarde o valiente?

BORGES: Creo que soy físicamente cobarde, pero no intelectualmente. Yo no me he sometido jamás al poder ni a las masas. Creo que soy un hombre valiente en el sentido más profundo de la palabra, es decir, no en un sentido marcial, aun cuando mis antepasados hayan sido todos militares. Yo solo puedo pensarme a mí mismo como un hombre de letras, no como un soldado o un marinero o un hombre de negocios, o —¡aun peor!— un político.[150]

BARNSTONE: En su viaje a Japón usted quedó muy impresionado por esos monjes tan civilizados que practicaban la meditación de manera formal.

BORGES: Durante la meditación, una de las consignas era la siguiente: cada monje debe pensar que él es el Buda. Y acaso esto sea así... O bien, se le dice que debe pensar en la nada, y eso también ayuda. Todo esto me lo

---

[150] En su cuento "Utopía de un hombre que está cansado", Borges imagina el futuro remoto de la humanidad. En diálogo con un habitante de ese porvenir, Borges pregunta: "¿Qué sucedió con los gobiernos?". Su interlocutor responde: "[...] Fueron cayendo gradualmente en desuso. Llamaban a elecciones, declaraban guerras, imponían tarifas, confiscaban fortunas, ordenaban arrestos y pretendían imponer la censura y nadie en el planeta los acataba. La prensa dejó de publicar sus colaboraciones y sus efigies. Los políticos tuvieron que buscar oficios honestos; algunos fueron buenos cómicos o buenos curanderos".

explicaron en un monasterio budista. Durante ese viaje a Japón yo me sentía inmerso en una sensación constante de asombro. Cada día representaba para mí un nuevo don. Acaso la salvación quizá nos llegue, al fin y al cabo, de Oriente, especialmente de Japón, ya que Japón tiene dos culturas —nuestra cultura occidental y su propia cultura—, y allí está también la sombra tutelar, luminosa, de la cultura china. Es una nación sumamente querible. No pasé más de treinta días allí, pero sé que mis recuerdos de esos días me acompañarán siempre.

BARNSTONE: ¿Cómo se sentía estando en un país en el que cada día era importante para usted?

BORGES: Me sentí muy, muy, muy agradecido. Y así es también como me siento de visita aquí en Norteamérica. La gente es muy amable y muy indulgente conmigo. Ustedes, aquí, hoy mismo, me están tomando en serio. Y dado que yo nunca me tomo en serio, les estoy sumamente agradecido, aunque creo que se equivocan.

BARNSTONE: ¿Qué ve cuando mira dentro suyo?

BORGES: Trato de no hacerlo. O, como dijo un taxista de Chicago hace diez minutos, detesto la memoria. El taxista, que fue también un soldado, dijo esas palabras que podrían ser de Séneca.

BARNSTONE: ¿Qué siente hoy, Borges, cuando han pasado ya sesenta años, por esos amigos de su juventud en Ginebra, Simón Jichlinski y Maurice Abramowicz? ¿Ha seguido en contacto con ellos?

BORGES: Sí. Nos reencontramos hace unos años, y había transcurrido medio siglo, pero eso no tuvo la menor importancia. Nos encontramos, hablamos y seguimos hablando —sin detenernos en el hecho de que había pasado medio siglo— de las mismas cosas, los simbolistas franceses. Fue una muy linda experiencia. Nadie dijo una sola palabra sobre el tiempo que había transcurrido. Seguimos hablando de literatura, del latín, del idioma alemán, del idish.

BARNSTONE: ¿Qué libros quiere escribir ahora, Borges?

BORGES: Quiero escribir un cuento llamado "El premio". Me fue dado por un sueño hace unos diez días. Sigo dándole vueltas en mi mente. Sé que voy a escribirlo. Quiero escribir también un libro sobre Swedenborg, y quizá algunos cuentos, y una cantidad considerable de poemas. Estoy pensándolos. Además estamos traduciendo a Angelus Silesius con María Kodama. Estamos terminando el primer borrador. Y luego pasaremos a mejores cosas.

BARNSTONE: ¿Qué opina usted sobre el cuerpo humano, que lo hace dormir, que lo despierta, que le permite respirar, morir, y en el que su mente está siempre hospedada?

BORGES: Pienso que es una máquina muy torpe. Milton se maravilló ya ante el hecho de que la vista resida en los que él llamaba esos dos tiernos orbes, los ojos.[151] ¿Por qué no ver con todo el cuerpo? Entonces ya seríamos

---

[151] *Samson Agonistes*, versos 90-94: "Since light so necessary is to life / And almost life itself, if it be true / That light is in the soul, / She all in every part, why was the sight / To such a tender ball as the eye confined". El escrito recuerda estos versos en el poema "Alguien soñará" de *Los conjurados*: "Soñará que veremos con todo el cuerpo, como quería Milton, desde la sombra de esos tiernos orbes, los ojos. Soñará un mundo sin la máquina y sin esa doliente máquina, el cuerpo".

ciegos. El cuerpo es algo muy torpe, pero nos da también placeres y a veces, lamento decirlo, nos da el infierno, nos da dolor. El dolor físico puede llegar a ser realmente intolerable. Creo que la mejor solución es la que nos ofrecen los gnósticos: la idea de un dios bastante torpe, de un dios que no hace demasiado bien las cosas. Es la misma idea que aparece en un cuento de Wells que se llama "The Undying Fire", la idea de un dios que hace lo mejor que puede con un material tosco y un tanto rebelde. Y, para regresar a Bernard Shaw, Dios está haciéndose, y nosotros somos parte de esa creación. Todos debemos ser parte de Dios.

BARNSTONE: ¿Qué podría decirnos acerca de los poemas de Emily Dickinson? ¿Qué piensa de Emily Dickinson en comparación a otros poetas norteamericanos?

BORGES: Emily Dickinson es la escritora más apasionada que ha existido. En este momento solo recuerdo estas líneas un tanto trilladas, aunque, claro, no se trata de líneas trilladas, sino eternas: "Parting is all we know of Heaven / and all we need of Hell". El segundo verso es perfecto. La palabra "need" es la palabra perfecta para ese contexto.[152] Emily Dickinson pasó su vida escribien-

---

[152] Dijo una vez Borges: "Los [versos] que yo recuerdo de [Emily Dickinson] son versos lindísimos. *Parting is all we know of Heaven, and all we need of Hell*: La despedida es todo lo que sabemos del Cielo, y todo lo que precisamos del Infierno. ¡Lindísimo! Además, una despedida es las dos cosas. Quizás, el momento de la despedida es el momento más intenso en la relación entre dos personas. Cuando uno se despide de alguien, uno está más con esa persona que si uno la ve regularmente. Al mismo tiempo, uno sabe que ésa es la última

do, luego, olvidando lo que había escrito, dejando borradores, y ahora es famosa, aunque esto último, claro, no es lo importante. Pienso en ella como si la hubiera conocido personalmente. Siento un respeto personal, un afecto personal por Emily Dickinson.

BARNSTONE: ¿Y cuál piensa usted que es su posición entre los demás poetas norteamericanos?

BORGES: Creo que no hay que usar palabras como "la mejor" o "la primera", ya que esas palabras no generan la menor convicción y solo sirven para propiciar discusiones. La belleza no es algo infrecuente. Estamos continuamente sintiéndola. Por ejemplo, yo no sé nada acerca de la poesía húngara, pero estoy seguro de que en la poesía húngara encontraré sin duda un Shakespeare, un Dante, un Fray Luis de León, porque la belleza es algo frecuente. Toda la gente está creando belleza continuamente. Una vez escribí un poema sobre la biblioteca de Alejandría,[153] y lo dediqué a Omar, quien ordenó incendiarla. E hice que Omar pensara lo siguiente: "He aquí la memoria del mundo. Aquí están todos los poemas, todos los sueños, todas las ficciones de la humanidad. Bueno, voy a quemar esta biblioteca, los libros quedarán reducidos a ceniza, porque sé que a su debido tiempo otros hombres reescribirán los mismos libros y nada se habrá perdido".

---

vez. Quiero decir que en la despedida se dan a la vez (supongo que es eso lo que ella quiso decir), se dan a la vez la máxima presencia y la máxima ausencia, ¿no? *Parting is all we know of Heaven, and all we need of Hell.* Qué lindo pensar que uno precisa del infierno, qué idea rara, ¿no?". Entrevista con Liliana Heker (1980).

[153] "Alejandría, 641 A.D.", publicado en *Historia de la noche* (1977).

BARNSTONE: Háblenos por favor acerca del tiempo.

BORGES: Creo que el tiempo es el misterio esencial. Otras cosas son quizá misteriosas, pero no el espacio; el espacio no tiene importancia. Uno puede imaginar un universo sin espacio, por ejemplo, un universo hecho de música, ya que tenemos la capacidad de oír. Pero en lo que respecta al tiempo, bueno, el tiempo es algo que resulta, incluso, difícil de definir. Recuerdo lo que dijo San Agustín: "¿Qué es el tiempo? Si nadie me lo pregunta, sé lo que es. Si me preguntan, soy ignorante, no puedo decirlo".[154] Pienso que el problema del tiempo es *el* problema. El problema del tiempo está relacionado con el problema del yo, ya que al fin de cuentas, ¿qué es el yo? El yo es el pasado, el presente, y también la expectativa del futuro, del tiempo por venir. De manera que esos dos enigmas, esos dos misterios —la identidad y el tiempo—, representan la preocupación esencial de la filosofía, y afortunadamente para nosotros, jamás serán resueltos, de manera que podremos seguir contemplando eternamente estas cuestiones. Podremos seguir formulando conjeturas, y darles a esas conjeturas el nombre de "filosofía", que en realidad no es otra cosa que una serie de conjeturas. Seguiremos elaborando teorías, que nos divertirán mucho, para luego deshacerlas y crear otras nuevas.

BARNSTONE: Usted tiene realmente una memoria muy particular.

BORGES: Sí, mi memoria es, al fin de cuentas, una memoria bastante peculiar, ya que suelo olvidar mi pasado

---

[154] San Agustín, *Confesiones*, Libro XI, capítulo 14.

personal. Tiendo a olvidar las circunstancias y abundo luego —mis amigos saben esto demasiado bien— en citas. Pero mi mente se enriquece de este modo. Puedo recitar de memoria tantos versos en castellano, en inglés, en inglés antiguo, en latín, en francés, en alemán, algunas líneas en escandinavo antiguo, también, en italiano, por supuesto, ya que he leído y releído la *Divina Comedia* media docena de veces. Mi memoria está llena de versos, pero no llena de fechas o nombres de lugares, ya que tiendo a olvidar esos detalles. Yo enseguida olvido el orden cronológico en que me ocurren las cosas. Pero por alguna razón las palabras se aferran a mí, o yo me aferro a ellas.

AUDIENCIA: Hay un libro que usted publicó en 1925, *Inquisiciones...* leí que usted intentó comprar todas las copias y quemarlas. ¿Podría explicar eso?

BORGES: Lamento decir que es cierto. Es que era un libro bastante malo. En ese libro intenté ser a la vez Leopoldo Lugones, Don Francisco de Quevedo, y Sir Thomas Browne, y por supuesto, fracasé. Ese libro, espero, será olvidado.[155]

BARNSTONE: ¿Y qué hay de su primer libro de poemas?

BORGES: Mi primer libro de poemas, *Fervor de Buenos Aires*, se publicó en 1923. En realidad era mi cuarto libro: destruí tres libros antes de ese. Entonces le pedí a mi padre, que era un hombre muy culto, que me lo corrigiera, y él me dijo que no, que yo debía cometer y enmendar mis propios errores. Y cuando mi padre murió encontré

---

[155] A partir de 2010, este libro, *Inquisiciones*, figura en la edición de las *Obras completas*.

un ejemplar del libro. Estaba lleno de correcciones y enmiendas, había poemas enteros tachados, y luego usé esa edición corregida por mi padre para eso que llaman mis "obras completas", las *Obras completas* de Borges. Le debo eso a mi padre. Nunca me mostró ese ejemplar, nunca dijo una palabra sobre sus correcciones, pero sé cómo debió sentirse ya que encontré ese ejemplar, ese ejemplar corregido, y mejorado, por mi padre.

BARNSTONE: ¿Es cierto que puso ejemplares de ese libro en los bolsillos de los sobretodos de los críticos en lugares públicos y que luego, al cambiar de opinión, intentó que las librerías se los devolvieran?

BORGES: Sí, esa historia es verdadera. Es tan absurda que es cierta. Realmente ocurrió.

AUDIENCIA: Usted afirma que la literatura lo ha inspirado al escribir su propia literatura...

BORGES: Mi propia literatura, no; lo correcto es afirmar que ha inspirado a la literatura de otros. Pero creo que leer libros siempre sirve de inspiración. La lectura de un libro es una experiencia, como la experiencia, digamos, de mirar una mujer, enamorarse o caminar por la calle. La lectura es una experiencia real, una experiencia muy vívida.

AUDIENCIA: Mi pregunta es si hay otras artes que lo inspiren, porque siento curiosidad por conocer el origen de *Para las seis cuerdas*.[156]

---

[156] *Para las seis cuerdas*, libro con letras de milongas. La primera edición, ilustrada por Héctor Basaldúa, fue publicada en Buenos Aires por Emecé Editores en 1965.

BORGES: Bueno, a mí me desagrada el tango y me gustan las milongas, de manera que escribí letras de milongas, y he intentado evitar el color local ya que el color local es siempre falso, y he intentado evitar también el lunfardo ya que éste es cambiante, varía con el tiempo. Me he ceñido a las palabras elementales del castellano. Creo que *Para las seis cuerdas* es un libro bastante bueno. Ahora bien, en lo que respecta a la música, puedo contarles la siguiente anécdota: mientras trabajábamos con Adolfo Bioy Casares, la mujer de Bioy, Silvina Ocampo, ponía discos en el fonógrafo. Al cabo de un tiempo nos dimos cuenta de que había algunos discos que nos perjudicaban. Y en cambio había otros que nos ayudaban a trabajar. Y fuimos averiguando que los discos que nos molestaban eran de Debussy o de Wagner, y los que favorecían nuestro trabajo eran discos de Brahms. De manera que nos quedamos con Brahms.

AUDIENCIA: ¿Qué piensa usted de la Argentina y del pueblo argentino? ¿Siente usted que entiende por qué la Argentina es hoy como es?

BORGES: Creo que la República Argentina es tan misteriosa como el universo. No logro comprenderla.

9

SIEMPRE IMAGINÉ AL PARAÍSO BAJO LA FORMA DE UNA BIBLIOTECA

Siempre supe que mi destino sería leer, soñar... bueno, quizá también escribir, aunque esto último no es lo esencial. Y siempre imaginé al paraíso bajo la forma de una biblioteca, no de un jardín [...] Nosotros mismos somos creaciones de Edgar Allan Poe, ese espléndido soñador, ese triste y trágico soñador.

PEN Club de Nueva York, marzo de 1980

ALASTAIR REID: Usted dijo una vez en Londres —yo estaba sentado al lado suyo en esa ocasión, en 1970— que todas las grandes literaturas se convierten, eventualmente, en literatura infantil, y que usted esperaba que en el largo plazo su obra termine siendo leída por chicos. ¿Quisiera usted ampliar esa idea?

JORGE LUIS BORGES: Sí, creo que esa afirmación es correcta, aunque sea yo quien la haya dicho. Por ejemplo, las obras de Edgar Allan Poe son ahora leídas por chicos. Yo mismo las leí cuando era chico. *Las mil y una noches* también son leídas por chicos. Pero quizá todo esto es para mejor, ya que, después de todo, los chicos leen de la forma en que todos deberíamos leer: simplemente disfrutan lo que leen. Y esa es la única clase de lectura que yo concibo. Debemos pensar en la lectura como una forma de la felicidad, como una forma de alegría, y creo que la lectura obligatoria es un error. Lo mismo daría hablar de amor obligatorio o felicidad obligatoria. Uno debe leer por el placer del libro. Yo fui profesor de literatura inglesa durante unos veinte años y siempre les dije a mis alumnos: si un libro les aburre, déjenlo. Ese libro no ha sido escrito para ustedes. Pero si lo leen y el libro les apasiona, entonces sigan leyendo. La lectura obligatoria es una superstición.

JOHN COLEMAN: Borges, siempre he tenido la impresión de que usted está de acuerdo con la descripción que Henry James hizo de la novela rusa. La llamó "un monstruo flojo y desgarbado". Me pregunto si usted está de acuerdo con esas descripciones genéricas, *grosso modo*, acerca de la novela rusa, y de la novela en general como género.

BORGES: He leído muy pocas novelas en mi vida, pero no me gusta decir nada en contra de la novela como género porque de lo contrario estaría pecando contra Conrad y Stevenson, por supuesto, y Dostoievski, y contra la segunda parte del *Quijote*. De manera que quizá fue un error de mi parte decir todas esas cosas contra la novela.

COLEMAN: Me han dicho que cuando uno de sus primeros libros, *Ficciones*, llegó aquí a Nueva York, fue rechazado por los editores porque el lector al que encargaron que lo evaluara dijo "Estos cuentos de Borges están muy bien, pero ¿por qué mejor no esperamos a que escriba una gran novela?".

BORGES: No soy un lector de novelas de modo que difícilmente podría escribir una, ya que todas las novelas, hasta las mejores, incluyen siempre ripios, mientras que un cuento puede ser siempre esencial. Por ejemplo, los últimos cuentos que escribió Rudyard Kipling o los últimos cuentos de Henry James o de Conrad son esenciales. ¿Y por qué no los cuentos de *Las mil y una noches*? Esos cuentos no tienen ripios. En tanto que las novelas me parecen, para un escritor al menos, una forma del cansancio.

COLEMAN: Pensamos en preguntarle, Borges, sobre varias cosas que no entendemos en sus obras.

BORGES: Me pregunto si yo las entiendo. Apostaría a que no.

REID: John y yo decidimos que le vamos a preguntar sobre dos o tres palabras que vibran en su obra, y la palabra...

BORGES: Sí, ya sé, la palabra *laberinto*, gracias.

REID: No, no, no.

BORGES: Gracias, me gusta esa palabra.

REID: Es algo un poco más misterioso que el laberinto. Es la palabra *asombro* que usted usa, y la expresión *horror sagrado*. Son palabras que me parecen absolutamente fundamentales en su obra. ¿Podría decirnos qué quiere decir usted con la palabra *asombro*?

BORGES: Por *asombro* supongo que quiero decir lo que yo estoy sintiendo todo el tiempo. Me siento continuamente atónito ante las cosas, desconcertado. Eso es lo que quiero decir. En cuanto a la otra expresión, *horror sagrado*, bueno, pueden encontrarla en uno de los mejores poemas en lengua inglesa:

Weave a circle around him thrice
And close your eyes with holy dread,

For he on honey-dew hath fed
And drunk the milk of Paradise.[157]

Qué buen verso es ese último: "And drunk the milk of Paradise". Uno lee eso y piensa en la leche como algo terrible, algo atroz, algo siniestro. "Weave a circle around him thrice / And close your eyes with holy dread". Eso sería el horror sagrado.

COLEMAN: En otras palabras, ¿es *horror sagrado* una traducción directa del "holy dread" de Coleridge?

BORGES: Yo creo que "holy dread" es probablemente una traducción de algo latino, de algo que sintieron los romanos. Recuerdo haber leído en algún lado, creo que en *Mario el epicúreo*,[158] que había ciertos lugares que los romanos consideraban sagrados, y acerca de esos lugares los romanos decían *numen inest*, "hay un dios aquí",[159]

---

[157] "Tejed un círculo alrededor de él tres veces, / y cerrad los ojos con horror sagrado, / porque él se ha alimentado de ambrosía, / y bebido la leche del Paraíso". Samuel Taylor Coleridge, "Kubla Khan", líneas 51-54.

[158] *Mario el epicúreo* (*Marius the Epicurean*, 1885). Novela filosófica de Walter Horatius Pater (1839-1894) escritor e historiador del arte inglés.

[159] El recuerdo de Borges es exacto. En el primer capítulo de *Mario el epicúreo*, Pater escribe: "Una religión de costumbres y sentimientos más que de hechos y creencias, y apegada a cosas y lugares bien concretos —el roble de edad inmemorial, la roca ubicada en un páramo, tallada por los elementos como por un oscuro y arcaico arte humano, la umbrosa arboleda de acebos en la que, al adentrarse, uno exclamaba involuntariamente, utilizando una frase consagrada, '¡hay aquí una deidad!', ¡*Numen inest*!— estaba en armonía con el temperamento de

"hay aquí algo divino". De manera que ese debía ser un *horror sagrado*. U *horror divino,* que es la misma cosa, y es algo que también escribió Góngora.

REID: Pero *asombro* es un sentimiento que usted con frecuencia atribuye a objetos inocuos y hogareños.

BORGES: Quizá la virtud de esa palabra reside en el hecho de que al decir *asombro* eso lo lleva a uno a pensar en la palabra *"sombra"* de la misma forma en que en inglés, al decir *amazement* uno piensa en la palabra *maze*.[160]

COLEMAN: Borges, quisiera preguntarle por una palabra que figura en uno de sus cuentos autobiográficos, "El sur". Cuando usted habla de la discordia entre las ramas maternas y paternas de su genealogía, entre el militar valiente y el hombre de letras, de Juan Dahlmann, que puede —o no— ser usted, y usted habla de...

BORGES: Bueno, creo que sí, ¿eh? ¡Soy yo! Pero es estrictamente confidencial. Soy yo. ¡Pero no se lo digan a nadie, eh!

COLEMAN: ¿Podría entonces hablarnos de esa discordia y esa curiosa sensación que usted tiene de ser un hombre fragmentado por sus dos linajes?

---

un pueblo que contemplaba callado el espectáculo de la vida rural, como esa fe simple entre hombre y hombre, que Tibulio conecta expresamente con aquel período en que, con tosca adoración, los antiguos dioses de madera se encontraban aun apretujados en sus pequeños altares hogareños".

[160] *Amazement* en inglés significa "sorpresa, asombro" pero tiene además la misma raíz que la palabra "maze", que significa "laberinto". Proviene del inglés antiguo *amasian*, de *a-* (prefijo perfectivo) y *masian*, "sorprender, confundir".

BORGES: Esa es quizá la forma en que yo pensaba antes. Ahora ya no lo siento como una discordia. Son como vetas. Pienso en mis antepasados ingleses, en mis antepasados portugueses, en mis antepasados españoles, en mis antepasados judíos y creo que se llevan bien, están en buenos términos. Aunque, por supuesto, representan para mí cosas muy diferentes. Ya que cuando pienso en mi linaje argentino y uruguayo, pienso en una profusión de militares, y luego cuando pienso en mi linaje inglés pienso en pastores metodistas, en doctores en filosofía, y pienso fundamentalmente en libros. Pero en el caso de mi rama materna, pienso en espadas, en batallas, no en libros. Pero luego de vivir ochenta años, esta discordia se ha suavizado. Ya no pienso en ella como una discordia, sino como una forma de diversidad. Es muy probable que yo me haya enriquecido con estas vetas tan distintas.

COLEMAN: De manera que finalmente usted no siente una discordia.

BORGES: No, me siento agradecido.

COLEMAN: Me pregunto si puedo importunarlo una vez más. En la palabra *sueño,* que es una palabra imposible de traducir al inglés, ya que en inglés significa tanto *sleep*, "dormir", como *a dream*, "un sueño"...

BORGES: No, en inglés no. Usted quiere decir que la palabra "sueño" significa esas dos cosas en castellano.

COLEMAN: Sí, perdón, gracias.

BORGES: En inglés tenemos esas dos palabras, *dream* y *sleep*. En castellano tenemos solamente *sueño*. Tenemos que contentarnos con eso.

COLEMAN: ¿Podría decirnos qué significa la palabra *sueño* en su obra?

BORGES: Supongo que depende del contexto. Puede referirse a *un sueño* o bien al *sueño*, el estado de uno al dormir. No lo sé, es una cuestión gramatical.

REID: ¿Está usted siempre seguro de cuál de los dos significados quiere transmitir cuando usa la palabra *sueño*?

BORGES: Bueno, supongo que prefiero la ambigüedad, como todos los poetas. En este caso, esta carencia particular del castellano resulta beneficiosa.

REID: Tengo una pregunta que es fundamental para...

BORGES: ¿Una sola?

REID: Bueno, por ahora. Una por vez.

BORGES: Sí, una por vez. ¡La noche es joven!

REID: Y comienza por...

BORGES: ¡La noche es siempre joven!

REID: Una vez más, comienza con una frase que usted dijo, realmente crucial: "No escribo ficciones. Invento hechos".

BORGES: Creo que esa frase es un invento suyo que usted me está obsequiando, y se lo agradezco.

REID: ¿Podemos suponer por un momento que usted realmente la dijo?

BORGES: Sería bueno haberla dicho.

REID: Sí, creo que es muy probable que usted la haya dicho.

BORGES: ¿Quién sabe? Quizá sea culpable de esa frase.

REID: ¿Culpable?

BORGES: Bueno, no culpable, pero me pregunto si puedo estar a la altura de esa frase.

REID: ¿Cuál sería la diferencia? "No escribo ficciones. Invento hechos".

BORGES: Creo que no hay diferencia entre hechos y ficciones.

REID: Bueno, ese es un punto de vista bastante extremo para expresar aquí esta noche

BORGES: Bueno, el solipsismo, o el pasado... ¿Qué es el pasado, si no mera memoria? ¿Qué es el pasado, si no recuerdos que se han convertido en mitos?

REID: Pero al mismo tiempo usted ha desdibujado sus ficciones simulando que éstas son, en realidad, hechos. Aquellas personas que intentan rastrear las referencias de sus cuentos saben esto demasiado bien: dos afirmaciones suyas resultan verdaderas mientras que la tercera resulta ser una referencia inhallable. ¿Usted hace esto deliberadamente? Usted está jugando...

BORGES: Sí, hacía eso deliberadamente cuando era joven. Pero ahora ya soy demasiado viejo para seguir jugando esos juegos. Ahora prefiero contar historias simples y directas. Ya no me atraen los trucos literarios. Todo eso le ocurrió hace mucho tiempo, a otra persona, a aquella otra persona que escribió "Pierre Menard" y lo llamó *Don Quijote*.

REID: Me parece que dejar ese hábito le ha resultado más difícil de lo que usted afirma. Creo que usted continúa jugando deliberadamente con ambigüedades entre la realidad y la ficción. Quiero decir, ¿podemos acaso decir con seguridad en qué consiste la diferencia entre ambas?

BORGES: No podemos afirmar nada con seguridad. ¿Por qué deberíamos estar seguros sobre estas cuestiones en particular? Vivimos en un universo tan misterioso. Todo es un enigma.

REID: Tal vez ya es suficientemente misterioso como para que encima haya gente que intente deliberadamente hacerlo más misterioso de lo que ya es.

BORGES: Claro que no creo en el libre albedrío. Debo jugar ese juego. Jugar a ese juego, y a otros es mi destino. Pienso en mi destino como un destino literario. Desde chico supe que ese sería mi destino. Cuando leía biografías de Coleridge y de Quincey, y de Milton también, todos ellos sabían que su destino sería literario. Y yo lo supe también desde el principio. Siempre supe que mi destino sería leer, soñar... bueno, quizá también escribir, aunque esto último no es lo esencial. Y siempre imaginé al paraíso bajo la forma de una biblioteca, no de un jardín (esa línea está en uno de mis poemas[161]). Eso significa que he pasado mi vida soñando.

REID: Se refiere a ese verso del "Poema de los dones".

BORGES: Sí, ese mismo.

REID: ¿Usted se imagina al paraíso como una biblioteca?

BORGES: Sí, pero cuando llegué a la biblioteca ya estaba ciego.

REID: Esa es la ironía del poema.

BORGES: No es la ironía del poema; es la ironía de Dios.

COLEMAN: ¿Podría preguntarle por los géneros litera-

---

[161] "Poema de los dones", líneas 21-24: "Lento en mi sombra, la penumbra hueca / exploro con el báculo indeciso, / yo, que me figuraba el Paraíso / bajo la especie de una biblioteca", en *El hacedor* (1960).

rios? Usted ha escrito en muchos géneros. Usted es un "all-round literary man", un hombre literario completo.

BORGES: "All-round literary man", eso es de Stevenson.[162]

COLEMAN: Y yo me preguntaba...

BORGES: Me encanta Stevenson. Continúe.

COLEMAN: ¿Podría decirnos por qué le gusta tanto la obra de Robert Louis Stevenson?

BORGES: No pienso que Stevenson deba ser explicado. Si uno no siente a Stevenson, no hay mucho que pueda hacerse. Recuerdo un verso de Angelus Silesius. Estamos traduciendo su obra con María Kodama. Angelus Silesius, el místico alemán del siglo XVII, escribió: "Die Rose ist ohne warum: sie blühet, weil sie blühet", "La rosa es sin por qué, florece porque florece". Creo que el caso de Stevenson es análogo, ¿qué necesidad hay de explicar a Stevenson? Me basta recordar algunos versos suyos:

> *Under the wide and starry sky*
> *Dig the grave and let me lie.*
> *Glad did I live and gladly die.*
> *And I laid me down with a will.*[163]

---

[162] "I do not set up to be a poet. Only an all-round literary man: a man who talks, not one who sings". "Yo no me declaro poeta. Soy sólo un literato: un hombre que habla, no que canta". Fragmento de una carta que Stevenson envió a J.A. Symonds el 21 de noviembre de 1887. Compilada en numerosos volúmenes, entre ellos *The Letters of Robert Louis Stevenson*, p. 235.

[163] "Bajo el inmenso y estrellado cielo, / cavad mi fosa y dejadme yacer. / Alegre he vivido y alegre muero. Pero al caer quiero haceros un ruego". Robert Louis Stevenson, "Requiem", versos 1-4.

Bueno, eso debería bastar. Si eso no resulta suficiente para entender a Stevenson, entonces nada bastará. Uno de sus mejores libros es más o menos desconocido porque lo escribió en colaboración con su hijastro: la novela *The Wrecker*. Y otra obra suya que me gusta mucho es *The Ebb-Tide*. Esa también la escribió en colaboración con Lloyd Osbourne.[164]

COLEMAN: Se me acaba de ocurrir que muchos de los amigos que están hoy presentes aquí no estén, acaso, al tanto de la intensa admiración que usted siente por Mark Twain.

BORGES: La explicación es muy sencilla. He leído *Huckleberry Finn*. Y eso debería ser suficiente, más que suficiente.

COLEMAN: ¿Podría contarnos de qué manera la literatura norteamericana ha influido en su vida de escritor?

BORGES: Creo que la literatura norteamericana ha influido en todo el mundo, ha influido sobre todas las literaturas. La literatura no sería lo que es hoy si no fuera por esos dos hombres, Edgar Allan Poe y Walt Whitman. Y podemos agregar a esa lista a Mark Twain, Emerson, Thoreau, Melville, Emily Dickinson, Hawthorne, y podríamos seguir y seguir... y no debemos olvidarnos de Robert Frost. La literatura norteamericana ha influido sobre todo el mundo, al menos sobre todo el mundo lite-

---

[164] Samuel Lloyd Osbourne (1868-1947). Escritor norteamericano, hijastro de Robert Louis Stevenson. Escribió en colaboración con este último *The Wrong Box* ("La caja equivocada", 1889), *The Wrecker* ("La resaca", 1892) y *The Ebb-Tide* ("La isla de la aventura", 1894).

rario. Son escritores de los que no podemos prescindir, y que siguen siendo importantes hoy en día.

COLEMAN: Pero lo que usted afirma es manifiestamente falso en lo que respecta a la literatura española e hispanoamericana. La literatura norteamericana no ha tenido tanta influencia sobre...

BORGES: Claro que ha tenido influencia. Me permito disentir con usted. Uno no puede pensar el modernismo sin Hugo, Verlaine y también Edgar Allan Poe. Y Edgar Allan Poe nos llegó a través de Francia, aun cuando nosotros pertenecemos al mismo continente americano. Yo creo que uno no puede ignorar o descartar a Edgar Allan Poe. A uno pueden gustarle o no sus obras, pero la influencia de Poe es innegable. Influyó en Baudelaire, que influyó en Mallarmé, y así siguiendo...

COLEMAN: Todos sabemos que a usted le encantan los cuentos policiales...

BORGES: Bueno, ese género fue un invento de Poe. Fue él quien lo creó. Creó, de hecho, un personaje muy extraño: el lector de cuentos policiales. Nosotros mismos somos creaciones de Edgar Allan Poe, ese espléndido soñador, ese triste y trágico soñador.

COLEMAN: Yo había comenzado a formular otra pregunta y luego perdí felizmente el hilo pero ahora quisiera regresar...

BORGES: Yo vivo perdiendo el hilo. ¡Para eso estamos aquí!

COLEMAN: Mucha gente suele afirmar que no existe una gran diferencia cuando usted escribe poemas, ensayos o cuentos, siempre es una única literatura de Borges. Mi pregunta es cómo es que un mismo impulso termina llevándolo a usted a escribir un poema, o un ensayo o un cuento, o quizá las tres cosas.

BORGES: Percibo una trama. Me son dados el comienzo y el final. Esa trama puede ser el argumento de un cuento o de un soneto. Creo que no hay una diferencia esencial entre la poesía y la prosa. En todo caso, esa diferencia se da en el lector, no en el escritor. Quiero decir que si nos encontramos ante una página impresa en prosa, entonces esperamos (o acaso tememos) hallar allí información o acaso argumentos. Pero si nos encontramos ante una página impresa en verso, entonces esperamos, y quizás obtendremos, emociones, pasiones y todo eso. Pero supongo que ambas son esencialmente la misma cosa. Aunque Stevenson pensaba que la diferencia residía en la dificultad. Hay muchas literaturas que nunca llegaron a la prosa. Por ejemplo, la literatura anglosajona; no creo que los anglosajones hayan alcanzado la prosa, aun cuando su poesía era realmente admirable. La poesía siempre aparece —al menos hasta allí llegan mis conocimientos históricos— antes que la prosa. Ahora, según Stevenson, la razón de esto es que una vez que uno ha logrado formular una unidad métrica, digamos, un verso, entonces lo único que hay que hacer es repetir esa unidad y así uno logra ya un poema. Esa unidad puede ser un verso aliterado como en el caso de los nórdicos o los sajones, o puede ser un verso rimado, o puede consistir en versos de sílabas largas y breves: el hexámetro de los griegos y los romanos… Basta con repetir esa unidad y uno ya tiene un poema. Pero en el caso de la prosa, no, uno no puede repetir una unidad, debe inventar nuevas frases, nuevas variaciones continuamente, y esas variaciones deben ser gratas e inesperadas a la vez. Y eso es mucho más difícil de lograr.

REID: Si se me permite, quisiera agregar que he notado en numerosas conversaciones con usted a lo largo de los años que usted siente infinitamente más respeto por la poesía que por la prosa. Tiene una suerte de respeto inherente por la poesía, como si ésta fuera algo vastamente superior a la prosa.

BORGES: Sí, creo que tiene razón.

REID: Y sin embargo, al escribir me parece que usted no hace demasiada diferencia en lo que logra con la prosa y la poesía.

BORGES: Yo personalmente creo que mi poesía es mejor que mi prosa. Pero mis amigos me dicen que estoy equivocado. Si son poetas dicen que soy un intruso en el ámbito de la poesía. Y si escriben relatos en prosa dicen que soy un intruso en el ámbito de la prosa.[165] La verdad, yo no sé. Quizá...

REID: Creo que usted no presta atención alguna a la diferencia entre prosa y poesía.

BORGES: Así es. Creo que no existe una diferencia esencial.

---

[165] "Mis cuentos son objetos que yo fabrico y que están un poco lejos de mí; en cambio en mis poemas estoy yo con mis hábitos, mis manías, mis preocupaciones. Quienes lean mis poemas en el futuro encontrarán a un hombre que vivió en Buenos Aires en el siglo XX; quienes lean mis cuentos hallarán artificios que corren el albur de no ser otra cosa que ingeniosos". En: Nogueira Dobarro, Ángel. *Jorge Luis Borges: la biblioteca, símbolo y figura del universo*, p. 136.

REID: Estoy de acuerdo.

BORGES: Entonces ambos tenemos razón. Podemos estar felices los dos.

REID: Usted siempre cita a Stevenson, a Chesterton y a Kipling, con concesiones ocasionales a De Quincey y Sir Thomas Browne.

BORGES: No, no. No son ocasionales.

REID: Okey, okey…

BORGES: Y cito también al Dr. Johnson, gracias.

REID: Pero, desde mi punto de vista, el escritor que yo siento más próximo a usted es Coleridge.

BORGES: Coleridge, sí.

REID: Aunque usted no escribe o habla demasiado sobre Coleridge, usted es, me parece a mí, una suerte de reencarnación de Coleridge. ¿Siente usted lo mismo?

BORGES: Bueno, le agradezco mucho esa afirmación. A mí sin duda me habría gustado ser Coleridge. Y sin embargo, Coleridge en realidad escribió sólo tres poemas. Escribió el "Kubla Khan". Escribió "Cristabel" y "The Ancient Mariner". Ah, y también "Ode to dejection". Y eso es todo. Todo el resto lo podemos ignorar tranquilamente.

REID: Pero la prosa de Coleridge tuvo seguramente una gran influencia sobre usted.

BORGES: Sí, es cierto. Pero me pregunto si la prosa de Coleridge influyó directamente sobre mí o si, por el contrario, esa influencia me llegó a través de De Quincey, que tiene una música bastante parecida. Creo que cuando admiro y disfruto de leer a De Quincey, en realidad estoy admirando a Coleridge.

REID: En traducción.

BORGES: Sí, traducido a unas pesadillas espléndidas.

COLEMAN: En la mesa estábamos hablando sobre la carta del Dr. Johnson a MacPherson, también llamado Ossian. Y usted afirmaba que el romanticismo europeo tuvo origen en este poeta escocés que era además un impostor.

BORGES: No creo que MacPherson fuera realmente un impostor. Creo que era un gran poeta, pero quería, además, que su obra le perteneciera a todo su país, no sólo a él. De manera que fue realmente un gran poeta y un poeta muy importante. Y creo que todo el movimiento romántico, todo eso empezó, me alegra decirlo, en Escocia, en el siglo XVIII.

REID: Yo quisiera estar de acuerdo con usted.

BORGES: No está demasiado seguro de estarlo.

REID: No, no estoy demasiado seguro.

COLEMAN: ¿Por qué cree que Johnson fulminó a MacPherson en el grado en que lo hizo en esa carta?

BORGES: Me atrevo a pensar que la verdadera razón fue que Johnson sintió que todo su estilo, su visión entera de la poesía, se veía amenazada por algo nuevo. Debe haber sentido la mera presencia de Ossian como una amenaza, de la misma forma en que Tennyson consideró a Walt Whitman una amenaza, algo totalmente nuevo, algo totalmente diferente, algo no del todo comprensible había ocurrido, y ambos se sintieron amenazados. Recuerdo que alguien le preguntó a Tennyson: "¿Qué piensa usted de Walt Whitman?", y Tennyson respondió: "He oído hablar de él. Pero lo considero una ola en el océano. De manera que no, señor, yo no pienso en Walt Whitman". Porque sabía que no podía darse el lujo de hacerlo. Era demasiado peligroso. Creo que el comentario de Johnson se originó en el temor, y también esa afirmación de Tennyson. Sabía que algo estaba ocurriendo y que toda la estructura que él conocía terminaría viniéndose abajo.

COLEMAN: Tengo la sensación de que usted no le teme a ningún autor.

BORGES: No, trato de pensar en todos los autores como amigos.

COLEMAN: En 1924-1925 usted publicó un libro de ensayos titulado *Inquisiciones*.

BORGES: Ah sí, un libro horrible.

REID: Ah, pero espere un minuto.

BORGES: ¿Para qué recordarlo?

REID: Pero ahora debo continuar por un momento. Permítame unos segundos.

BORGES: Lo único que recuerdo es que era un libro bastante malo y la encuadernación era de color verde.

REID: Pero en ese libro había unos ensayos sobre Quevedo y Unamuno y Sir Thomas Browne. Y es un libro que usted prohibió expresamente que se reeditara.

BORGES: Algunas de las ideas son buenas, pero el libro está mal escrito. No digo ni una sola palabra contra Unamuno o contra Hugo o Sir Thomas Browne. Pero lo que escribí ahí sobre ellos son tonterías, puras tonterías.

COLEMAN: ¿De manera que a usted le parece apropiado enterrar aquellos libros que usted quisiera olvidar? ¿Y evitar que se reediten bajo cualquier circunstancia?

BORGES: La verdadera razón por la que acepté publicar mis *Obras completas* fue para dejar afuera esos dos libros. *Inquisiciones* y otro de cuyo nombre no quiero acordarme.[166] Esa fue la verdadera razón, omitir esos dos libros.

COLEMAN: Esa era la pregunta. Estaba tratando de obtener de usted algunos ditirambos contra esos libros para averiguar por qué no estaban incluidos en sus *Obras completas*.

BORGES: Bueno, fueron escritos en un estilo absurdo, en un estilo barroco. Yo era barroco cuando era joven. Quise ser Sir Thomas Browne, Lugones, Quevedo. Quise ser otra persona. Pero ahora me conformo con ser, humildemente, yo mismo, si es que mi yo privado existe, si es que ese yo personal está en algún lado.

COLEMAN: Si usted comenzó siendo un escritor barroco, ¿cómo fue que pasó a ser clásico?

BORGES: Comencé siendo un escritor barroco, como todos los jóvenes, por timidez. Los jóvenes piensan: escribiré tal y tal cosa. Pero luego sienten: bueno, esto es trivial, tengo que disfrazarlo. Y lo disfrazan siendo barrocos. Ese estilo barroco es en realidad una de las formas de la timidez. Una timidez agresiva, quizá.

COLEMAN: De manera que usted ganó en valentía y llegó así a un estilo más sencillo.

BORGES: Sí, ahora soy valiente y escribo de manera sencilla, y no uso palabras que obliguen al lector a recurrir al diccionario, y evito las metáforas violentas.

REID: Hemos decidido hacerle una pregunta práctica.

---

[166] *El tamaño de mi esperanza*, libro de ensayos publicado en 1926 que Borges luego proscribió.

BORGES: Me pregunto si seré capaz de responder ese tipo de preguntas. No soy un hombre práctico.

REID: Me resulta muy curioso que —por ejemplo, en esta fase más reciente y actual de su vida— usted ha comenzado a viajar cada vez más y más y más y más, aun cuando la mayoría de la gente considera que esa etapa de la vida es un momento en el que preferiría quedarse en su casa.

BORGES: Si me quedo en casa estoy repitiendo el mismo día una y otra vez. Cuando viajo cada día es diferente. Cada día trae un nuevo don. De manera que me gusta viajar. Pero si me quedo en casa me aburro bastante. Cada día termina convirtiéndose en un espejo del día anterior.

REID: Recuerdo que una vez me dijo en Buenos Aires que los periódicos han sido pensados para el olvido. Y que por eso se publica uno nuevo cada día.

BORGES: Sí, están destinados al olvido, mientras que los libros...

REID: Claro, los libros apuntan más alto.

BORGES: Los libros aspiran a ser eternos. Aunque también es cierto que algunos de los que terminan perdurando no lo son.

REID: Todos los escritores que ha mencionado hasta ahora son exclusivamente ingleses o norteamericanos. ¿Se debe esto a que nuestra audiencia de hoy, aquí, es angloparlante? ¿O se considera usted un escritor "inglés"? ¿O acaso el tema de la nacionalidad no tiene lugar alguno en sus obras? ¿Qué puede decirnos acerca del lugar de la nacionalidad en la literatura, o en sus propios escritos?

BORGES: No creo en el concepto de nacionalidad. Pienso que es una superstición.

REID: ¿Una superstición?

BORGES: En cuanto a la literatura inglesa, pienso que es *la* literatura. Pero no estoy diciendo esto en contra de otras literaturas, ya que al mismo tiempo amo al idioma alemán y a la literatura alemana, y también a la literatura francesa, aun cuando no me gusta el francés como idioma. Y además debo hacer esto extensivo a *toda* la literatura inglesa. Si pienso en la Biblia, pienso en la *King James Bible*. Cuando pienso en *Las mil y una noches*, pienso en las versiones de Lane y de Burton.

COLEMAN: ¿Y es cierto que usted leyó el *Quijote* en inglés antes de leerlo en castellano?

BORGES: No. Pero puede afirmar que lo dije, ¿por qué no?

COLEMAN: Es una metáfora muy apropiada. Usted siempre me ha hablado de esa edición, de la traducción al inglés que usted tiene y ha leído.

BORGES: No, creo que me refería a la *Divina Comedia* de Dante, traducida al inglés por Longfellow.[167] Mi primera lectura de la *Divina Comedia* fue en inglés.

COLEMAN: Borges, usted nos ha hablado de los hombres de letras que admira, pero ¿qué hay de las mujeres de letras? ¿Podría enumerar a las mujeres de letras cuyas obras usted considera más significativas?

---

[167] Henry Wadsworth Longfellow (1807-1882). Poeta norteamericano, autor de *The Song of Hiawatha*, *Paul Revere's Ride* y *Évangéline*. Su traducción de la *Divina Comedia* se publicó en tres volúmenes entre 1865 y 1867.

BORGES: Creo que me limitaría a una sola, a Emily Dickinson.

COLEMAN: ¿Eso es todo?

BORGES: Eso es todo. Breve y al punto.

REID: Cabe señalar, sin embargo, que hay muchas otras.

BORGES: ¡Claro! Está Silvina Ocampo, por ejemplo, que está traduciendo a Emily Dickinson al castellano en este preciso instante en Buenos Aires.

REID: Cambiando de tema, tengo una pregunta un tanto brusca, y no veo razón para no hacerla de manera también brusca. Háblenos de la muerte. Usted dice que no se siente amenazado por ningún otro escritor. ¿Se siente amenazado por la muerte?

BORGES: Para mí la muerte es una gran esperanza. La esperanza de la aniquilación, de ser olvidado. A veces me siento desdichado. No puedo evitarlo. Y entonces me digo: ¿Pero qué motivos tengo para sentirme desdichado, si la muerte puede llegar en cualquier momento? Y eso es para mí un consuelo, porque pienso en la muerte como una extinción total, completa. Yo no quisiera seguir siendo Borges. Ya he vivido demasiado. ¿Para qué seguir más allá? Sería una exageración. Yo siento la esperanza de la muerte, no el temor.

COLEMAN: ¿En qué habría diferido su obra si la hubiera escrito en inglés?

BORGES: Respeto demasiado al idioma inglés. He hecho la mayoría de mis lecturas en inglés. Me pregunto si hubiera hecho demasiada diferencia.

COLEMAN: Usted dijo una vez —lamento repetir una frase que usted acaso preferiría que nadie repita—, pero usted dijo: "Me hubiera gustado nacer inglés". Recuerdo que usted dijo eso una vez.

BORGES: Pero en cierto sentido yo he nacido en un ambiente inglés, ya que en casa hablábamos indistintamente inglés y castellano. De manera que nací en un ambiente inglés. Aun cuando mi inglés hablado no es, quizá, demasiado eficaz, mi inglés de lector es bastante bueno.

COLEMAN: Tal vez esta pregunta es demasiado brusca, pero pensé que podría preguntarle. ¿Piensa usted que el estilo de su prosa, que es realmente único en castellano...?

BORGES: ¿Único? ¿Lo dice en serio?

COLEMAN: Sí.

BORGES: Es algo que me he preguntado a veces.

COLEMAN: Algunos escritores bilingües dicen "a veces pienso en un idioma y luego escribo en otro".

BORGES: Yo hago eso todo el tiempo con el latín. Muchas personas han intentado escribir latín en distintos idiomas. Por ejemplo, Sir Thomas Browne; por ejemplo, Quevedo, intentaban escribir en latín en inglés o en español.

REID: Yo quisiera hacer aquí una breve pausa y pedirle que nos cuente esa anécdota del taxista en Chicago y qué fue lo que éste le dijo el otro día.

BORGES: ¿El taxista?

REID: Sí, el taxista.

BORGES: Eso fue ayer o anteayer. No estoy seguro. Mis fechas son muy vagas. Era un taxista que había sido un soldado. Había conocido la amargura. Había conocido la tristeza. Y repentinamente dijo —sin reparar en la fuerza de sus propias palabras—, dijo: "Odio la memoria". Pensé que era muy linda frase. Creo que voy a tomarla prestada y darle algún uso. Voy a apropiármela, "Odio la memoria". Es una frase hermosa. ¡Huyamos y dejemos atrás al mundo!

COLEMAN: Usted dijo una vez que le gustaría descubrir que es judío. ¿Por qué?

BORGES: Yo creo que soy en parte judío. No por el hecho de que mis antepasados se llamen Acevedo o Pinedo, sino meramente por el hecho de que uno de los libros fundamentales, o esenciales, es la Biblia, y yo me he criado en un ambiente bíblico. Yo diría que todos nosotros —y esto va más allá de los azares de la genealogía o de la sangre—, todos, en Occidente somos griegos y judíos. Esas son las dos naciones esenciales: Grecia e Israel. Roma es, al fin y al cabo, una extensión de Grecia.

COLEMAN: Borges, usted "lee" ahora a través de otros, de otras personas que le leen en voz alta. Cuando lee un libro usted está en realidad escuchándolo. La mayoría de los libros que usted nombra son libros que usted leyó durante su infancia, en ese paraíso que representaba la biblioteca de su padre.

BORGES: Yo siempre prefiero releer a leer.

COLEMAN: ¿Relee usted en su memoria, o en lo que otros le leen?

BORGES: Ambas cosas, creo yo. Mi memoria está llena de citas, como ustedes saben ya demasiado bien. Pero además, siempre vienen amigos a casa que son muy amables, tomamos un libro cualquiera de la biblioteca, por lo general de Conrad, de Stevenson, o de Kipling, y seguimos leyendo.

COLEMAN: Como ejemplo de esto, me han dicho que Graham Greene fue a verlo en Buenos Aires. Y Graham Greene le dijo, bueno, acerca de la poesía de Stevenson...

BORGES: ¿Graham Greene? No creo que haya venido a verme. Es una persona demasiado importante para hacer algo así. Creo fui yo el que fue a verlo a él.

COLEMAN: Bueno, está bien. Supongamos, para el caso, que usted fue el agresor. En todo caso, Greene cuenta que usted y él estaban hablando de Stevenson, y él le dijo que Stevenson había escrito un gran poema, y antes de que Greene hubiera siquiera mencionado el título del poema que él tenía en mente, usted comenzó inmediatamente a recitarlo.

BORGES: Debe haber sido "Requiem". No estoy seguro. Tal vez fue "Ticonderoga". Stevenson escribió tantos poemas buenos, y cada uno de ellos es el mejor. Stevenson, realmente, llegó a alcanzar la perfección.[168]

---

[168] "Quisiera recordar la ocasión en que conocí a Borges. Me había invitado a un almuerzo con él mi amiga Victoria Ocampo, y fui enviado a la Biblioteca Nacional para llevarlo a su departamento a causa de su ceguera. Tan pronto como la puerta de la biblioteca se cerró tras nosotros, comenzamos a hablar de literatura. Borges habló de la influencia que G. K. Chesterton había ejercido sobre él y la manera en que Robert Louis Stevenson había influido sobre sus cuentos más recientes. Dijo que Stevenson había sido una gran influencia. Interpuse entonces un comentario. Dije que Stevenson había escrito al menos un buen poema. Un poema sobre sus antepasados. Sus antepasados habían construido los grandes faros de la costa de Escocia, y yo sabía que el tema de los antepasados interesaba mucho a Borges. El poema dice: "Say not of me that weakly I declined / The labors of my sires, and fled the sea, / The towers we founded and the lamps we lit, / To play at home with paper like a child". Estábamos en una de esas calles ruidosas y llena de gente de Buenos Aires. Borges se detuvo al borde del pavimento y me recitó el poema entero, con total precisión. Tras un agradable

REID: ¿Considera usted que existe la posibilidad de que existan en el futuro mezclas de idiomas, por ejemplo, un idioma anglo-español?

BORGES: No, esperemos que no. Espero que ambos perduren manteniendo su respectiva integridad. Pero la verdad es que no pienso demasiado en eso.

REID: Acabo de regresar, ayer, de Puerto Rico y puedo dar fe de que allí esa mezcla ya está ocurriendo. Esto no significa, sin embargo, que los dos idiomas se hayan enriquecido mutuamente. Más bien diría que se aplastan entre sí. Pero cuando usted habla, Borges, ¿se da usted cuenta cuando pasa de un idioma a otro? Por ejemplo, esta misma noche, durante la cena, pasó varias veces de uno a otro, sin —me parece— darse cuenta.

BORGES: No lo había notado. ¿Yo pasaba de un idioma a otro?

REID: Continuamente.

BORGES: Puede ser. Me siento igualmente en casa en cualquiera de los dos idiomas.

REID: Lo que me fascinó de *Borges: una biografía lite-*

---

almuerzo, se sentó en el sofá y me recitó largos fragmentos en anglosajón. Me temo que no fui capaz de seguirlo. Pero miré sus ojos mientras recitaba y me asombró la expresión de esos ojos ciegos. No parecían ciegos en absoluto; parecía que en cierta forma peculiar, miraban hacia dentro de sí mismos, e irradiaban una gran nobleza". Fragmento de una conferencia dictada por Graham Greene en la Anglo-Argentine Society, Londres, 1984. Publicada en *In Memory of Borges*, editado por Norman Thomas di Giovanni. El poema en cuestión es el que lleva el número XXXVIII en el libro de Stevenson titulado *Underwoods*.

raria de Emir Rodríguez Monegal,[169] que usted, sin duda, no ha leído...

BORGES: No, no la he leído. El tema no me interesa.

REID: ... es que el idioma inglés está, para usted, asociado con su padre, y el castellano con su madre.

BORGES: Así es. Mi padre me hablaba siempre en inglés.

REID: ¿De veras?

BORGES: Cuando mi padre murió —eso ocurrió en 1938— mi madre se puso a estudiar inglés para sentirse cerca de él.[170]

REID: Entiendo.

BORGES: Y luego ella hizo traducciones del inglés al castellano de libros de Sir Herbert Read, de Saroyan.

REID: Los tradujo ella sola.

BORGES: Sí, ella sola. También tradujo libros de Virginia Woolf y de otros autores.

REID: Pero usted establece además una diferencia en el sentido que allí decía que el inglés es para usted el idioma de los libros y el castellano es para usted un idioma hogareño, un idioma práctico.

BORGES: Supongo que sí. Aunque pienso, de todos modos, que el inglés es un idioma muy físico, mucho más físico que el castellano, ya que el inglés tiene expresiones como "pick yourself up".

---

[169] Emir Rodríguez Monegal (1921-1985). Escritor y crítico literario uruguayo, autor de la biografía *Jorge Luis Borges: A Literary Biography* (1978).

[170] Jorge Guillermo Borges, padre del escritor, murió el 24 de febrero de 1938.

REID: ¿Su padre nunca le hablaba en castellano?

BORGES: Sí, claro. Me hablaba en ambos idiomas. Pero yo sabía que debía hablarle de un cierto modo a una de mis abuelas, y de otro modo a la otra. Y luego descubrí que esos dos modos de hablar eran el idioma castellano y el idioma inglés. Era algo natural.

REID: De manera que usted pensaba en ellos como en diferentes formas de dirigirse a los demás, digamos, durante un tiempo.

BORGES: Diferentes formas de hablarle a dos personas distintas.

REID: O sea que los idiomas están asociados con personas más que con las cosas en sí mismas.

BORGES: Sí, un chico nunca sabe en qué idioma está hablando. Si usted le dice a un chico "Vos estás hablando en chino", le creerá, sin duda.

REID: No necesita saber.

BORGES: No. Las cosas le son dadas.

REID: De manera que usted no ve ningún futuro brillante para el "spanglish".

BORGES: ¡No!

COLEMAN: Borges, su padre escribió una novela que muy poca gente ha leído.

BORGES: Sí, *El caudillo*.[171] Se publicó en Mallorca, si mal no recuerdo. Mi padre me pidió que la reescribiera, y me dio una serie de capítulos que él ya había corregido

---

[171] Jorge Guillermo Borges, padre de Jorge Luis Borges, fue autor de una novela titulada *El caudillo*, publicada en Palma de Mallorca, España, en el año 1921.

para que los use como guía para reescribir el resto. Y es lo que pienso hacer. Es una buena novela.

COLEMAN: ¿Por qué no la reescribe ahora mismo? ¿Reescribirla es una de sus ambiciones personales?

BORGES: La reescribiré dentro de unos diez días. No puedo hacerlo aquí en los Estados Unidos.

COLEMAN: ¿Podría contarnos algo acerca de esa novela? ¿Recuerda la trama entera? Porque su padre quiso que *usted* fuera escritor. Y nadie describiría a su padre como un verdadero escritor. Era un hombre de letras pero...

BORGES: Escribió unos sonetos muy buenos. También un libro de cuentos. Y también una obra de teatro, y un libro de ensayos. Y luego los destruyó. En cuanto a la novela, si esperan un año o algo así, tendrán todas las respuestas. No puedo revelarles la trama ahora.

COLEMAN: ¿Usted está queriendo decir que piensa reescribir esa novela?

BORGES: Sí, voy a reescribirla en la forma que mi padre quería que fuera reescrita. No en la forma en que yo lo haría. Quiero rescatar ese libro, esa novela histórica, acerca de las guerras civiles de nuestro país en el siglo XIX.

COLEMAN: La mayoría de los chicos no se crían con el mandato de ser escritores desde el momento en que nacen.

BORGES: Pero me pregunto si lo sentí así, como un mandato. Más bien creo que *percibí* cuál sería mi destino.

REID: Lo percibió.

BORGES: Sí.

REID: Usted ha descripto esa percepción como un "entendimiento tácito".

BORGES: Sí, eso, un entendimiento tácito. Esa es la expresión correcta.

REID: Sin que nadie en particular fuera responsable de ello.

BORGES: Correcto. Era parte del universo, parte del destino.

REID: Que usted aceptó como algo inevitable.

BORGES: Sí, pero también con gratitud.

REID: ¿Se sintió usted abrumado al comprender que su destino era ser escritor?

BORGES: Al contrario, me sentí muy feliz. Recuerdo que mi padre me aconsejó que leyera mucho, que sólo escribiera cuando sintiera la necesidad de hacerlo, y, fundamentalmente, que no me apurara en publicar.

REID: Borges nos contó una vez una historia sorprendente acerca de su primer libro.

BORGES: ¿El libro sobre Buenos Aires?

REID: No, el anterior, el que vendió 75 ejemplares.

BORGES: ¿Tantos? Yo creo que usted exagera.

REID: Borges nos contó que, dado que había vendido solamente 75 ejemplares, sentía que tenía aún control sobre el libro porque aún podía, potencialmente, visitar en persona a toda la gente que lo había comprado, disculparse ante ellos y luego pedirles que se lo devolvieran y prometerles que el próximo libro que escribiera sería mejor. Pero cuando su segundo libro vendió 750 ejemplares, sintió que ya que el conjunto de sus lectores era una mera abstracción, y que la obra se le había escapado de las manos. ¿Qué siente ahora que sus libros venden 75.000 ejemplares?

BORGES: Siento que estoy rodeado de personas muy

generosas. Y también que están equivocadas, claro, pero ¿qué puedo hacer yo al respecto?

REID: Borges, ¿se le ha ocurrido alguna vez que usted a veces usa la modestia como un arma?

BORGES: Lo siento. Les pido disculpas. No estoy *usando* la modestia, estoy siendo sincero.

REID: Es sólo una observación, Borges. Discúlpeme usted a mí.

BORGES: ¡No! Estamos todos juntos en esto.

REID: Sin embargo, para justificar lo grosero de mi anterior comentario, debo...

BORGES: ¡No!

REID: ... debo contar una anécdota que ocurrió hace unos años. En una ocasión en que nos encontramos en Escocia, estábamos regresando en un auto y usted me preguntó qué era lo que yo andaba haciendo últimamente, y yo le respondí que había escrito unos poemas. Entonces usted pensó por un minuto y me dijo: "Ah... Yo también he escrito algunos versos".

BORGES: Algunas líneas, sí, no versos.

REID: Algunas líneas, sí. La modestia llevada hasta un extremo que me resultó un poco...

BORGES: ¿Incómodo?

REID: Un poco incómodo, sí.

BORGES: Lo siento. Le pido disculpas.

REID: Usted ha dicho en más de una ocasión que el arte y la literatura del surrealismo no tienen valor ni interés alguno. Incluso ha comparado al surrealismo, de manera desfavorable, con el expresionismo.

BORGES: Pero claro. Por supuesto.

REID: ¿Podría explicar y desarrollar esta opinión?

BORGES: Creo que hay una gran diferencia. Los expresionistas eran místicos, por ejemplo, en tanto que el objetivo de los surrealistas consistía en sorprender a su audiencia. Creo que el expresionismo *fue* importante, y esto incluye a la pintura. Kandinsky, Marc Chagall, Beckman, eran poetas.[172] Y luego —aunque esta no es más que una preferencia personal mía— está el hecho de que me gusta mucho el idioma alemán, en tanto que me disgusta bastante el francés. No la literatura francesa, por supuesto, a la que sin duda admiro, sino el idioma francés en sí: tiene algo de pomposo, de trivial, que me disgusta. Como buen argentino, no debería decir estas cosas. Pero esta es la realidad, es lo que siento al respecto. Acaso esto se deba a la influencia de mis antepasados ingleses.

REID: ¿Siempre tuvo esta sensación de que algunos idiomas le gustan más que otros?

BORGES: Yo quisiera dominar el inglés o el alemán, o quizá el latín. Me pregunto si he logrado dominar el castellano, al fin de cuentas. Acaso lo único que he logrado es hacerme un embrollo con todos estos idiomas.

COLEMAN: ¿Podría preguntarle a Borges qué piensa de las películas expresionistas? Y acerca de las primeras películas. Películas que usted recuerde haber visto.

BORGES: Me pregunto si son expresionistas. Pienso en las películas de Joseph von Sternberg, por ejemplo,

---

[172] El expresionismo propiciaba una visión intuitiva del arte que enfatizaba la percepción interna, subjetiva y sensible del artista —la expresión—, en oposición a la búsqueda de retratos objetivos de la realidad. Los artistas que Borges cita en este párrafo adhirieron en algún momento de sus respectivas carreras al expresionismo.

Underworld,[173] *The Docks of New York*,[174] *Dragnet*.[175] Recuerdo haber visto esas películas una y otra vez. Y también *Citizen Kane* de Orson Welles. A esta última la vi muchas veces.

COLEMAN: Creo que usted contó una vez que había visto *West Side Story*[176] diecisete veces. ¿Es cierto eso?

BORGES: Debo haberla visto dieciséis veces, o tres o cuatro veces.

COLEMAN: ¿Podría decirnos qué es lo que le gusta de las películas de Sternberg o de Eisenstein? ¿Cuáles son las técnicas de estos cineastas que pueden haber llegado a influir en su obra?

BORGES: Eisenstein nunca me llamó demasiado la atención. Prefiero a Joseph von Sternberg. Creo que fue mucho mejor director. Lo que me gustaba de Sternberg era el hecho de que era lacónico. Que describía, por ejemplo, un asesinato en tres escenas, tres imágenes. Hay algo de su estilo que me gusta y que me parece similar a Séneca.

COLEMAN: Lo que le gustó fue entonces el carácter lacónico de la narración.

BORGES: Sí, exactamente. Y yo luego he tratado de

---

[173] *Underworld* (*La ley del hampa*, 1927).

[174] *The Docks of New York* (*Los muelles de Nueva York*, 1928).

[175] *The Dragnet* (*La batida*, 1928).

[176] *West Side Story* (*Amor sin barreras*, 1961) es una película musical estadounidense, dirigida por Robert Wise y Jerome Robbins. Está basada en la obra musical homónima, que consiste a su vez en una adaptación de la obra de Shakespeare, *Romeo y Julieta*.

imitar ese rasgo. Imité minuciosamente a Sternberg[177] mientras escribía ese cuento demasiado famoso titulado "Hombre de la esquina rosada". Al escribir ese cuento hice mi mejor esfuerzo para ser Joseph von Sternberg, y también Chesterton.

COLEMAN: ¿Y qué hay de las demás películas, las películas clásicas norteamericanas?

BORGES: Siempre me gustaron los westerns[178] Especialmente *La hora señalada*.

COLEMAN: *¿High noon?*

BORGES: Sí, exactamente. Es un muy buen film. Tiene algo de épico.

COLEMAN: ¿Y qué hay de las películas de Bogart?

BORGES: Las recuerdo, pero de manera más bien tenue. Pienso más que nada en George Bancroft, en William Powell, en Fred Kohler, esos actores que eran gángsters, que actuaban de gángsters.

COLEMAN: ¿Pero por qué hay tantos gángsters y gente malvada en sus cuentos? Usted obviamente disfruta al ver esos personajes en la pantalla, y sus cuentos, por cierto, están llenos de asesinos. Pero usted no parece ser un hombre demasiado violento.

BORGES: No, pero he conocido hombres violentos. Aunque yo, obviamente, no lo sea.

COLEMAN: ¿Qué quiere decir cuando dice que conoció a hombres violentos?

---

[177] Borges utiliza aquí una expresión inglesa que tomó de Stevenson: "I played the sedulous ape to Sternberg".
[178] Películas de cowboys.

BORGES: Bueno, uno de mis amigos era un asesino. Un sujeto muy querible.

COLEMAN: ¿Y qué hay de los germanófilos de Buenos Aires?

BORGES: No son para nada interesantes, hasta donde yo recuerdo.

COLEMAN: ¿Qué clase de personas eran estos adoradores de Hitler de 1941?

BORGES: Eran nacionalistas. Eran católicos. Yo no puedo entender ni al catolicismo ni a los nacionalistas. Son cosas que me resultan desconocidas. Y tampoco quiero saber nada sobre ellas. Me resultan más bien aborrecibles. ¿Para qué tenemos que hablar de esto?

COLEMAN: Dejemos el tema. Lo dejamos inmediatamente.

REID: Pero hay una sola cosa más. Entre las figuras heroicas que aparecen una y otra vez en sus obras están los cuchilleros de Buenos Aires, a quienes usted trató en persona, ¿no es cierto?

BORGES: Sí. Así es.

REID: Los cuchilleros. Eso quiere decir que en Buenos Aires había un ámbito donde regía "la ley del revólver", o lo que en Buenos Aires se llamaría "la ley del cuchillo".

BORGES: Sí, pero esas son dos cosas distintas, porque el cuchillo exigía ser valiente.

REID: Y honorable, ¿no?

BORGES: Uno puede dispararle a un hombre desde lejos. Pero ¿los cuchilleros? No. Al cuchillero primero había que desafiarlo. Después cada uno elegía su arma y luego venía la lucha.

REID: Entonces era como un duelo, como batirse a duelo.

BORGES: No, ningún duelo. Para batirse a duelo había que ponerse de acuerdo de antemano para pelear.

REID: ¿Había personajes como estos en su vida, gente que usted conoció en persona?

BORGES: Sí, al menos uno lo era. Por qué no pronunciar el nombre de Nicolás Paredes aquí, en Nueva York. Era mi amigo.

COLEMAN: Esos *Naipes del tahúr*.[179]

BORGES: Ah, sí, eso me suena conocido. "Tahúr" es una linda palabra, ¿no?

COLEMAN: Significa "apostador", ¿verdad? Hay una pregunta muy simple que siempre les hacen a los escritores, pero espero que no le moleste si se la formulo aquí.

---

[179] *Los naipes del tahúr* es el título de un libro escrito y luego destruido por el mismo Borges. En su *Autobiografía*, Borges escribe: "En España escribí dos libros. Uno se llamaba —ahora me pregunto por qué— *Los naipes del tahúr*. Eran ensayos políticos y literarios (yo era todavía anarquista, librepensador y pacifista) escritos bajo la influencia de Pío Baroja. Pretendían ser duros e implacables, pero la verdad es que eran bastante mansos. Usaba palabras como 'idiotas', 'rameras', 'embusteros'. Como no encontré editor, destruí el manuscrito al regresar a Buenos Aires. El otro libro se titulaba *Los salmos rojos* o *Los ritmos rojos*. Era una colección de poemas en verso libre —unos veinte en total— que elogiaban la Revolución rusa, la hermandad del hombre y el pacifismo. Tres o cuatro llegaron a aparecer en revistas: 'Épica bolchevique', 'Trinchera', 'Rusia'. Destruí ese libro en España, la víspera de nuestra partida. Ya estaba preparado para regresar al país".

La pregunta es: ¿Cuál es su método para escribir? ¿Cómo lleva a cabo su labor de escritor? Usted dicta…

BORGES: Sí, pero trabajo todo el día y toda la noche. Todo el día estoy urdiendo poemas o fábulas. Y por las noches, lo que hago es soñar, es decir que sigo cumpliendo la misma tarea. Luego cuando la gente viene a visitarme les dicto quizá una estrofa o una página.

COLEMAN: Pero, Borges, cuando usted todavía escribía en papel, ¿escribía todo un párrafo seguido, o avanzaba lentamente, línea por línea? ¿Recuerda usted de qué forma redactaba?

BORGES: No, comencé utilizando un método erróneo.

COLEMAN: ¿A saber?

BORGES: El método erróneo consiste en escribir un párrafo y corregirlo. Y luego escribir un segundo párrafo. Pero esto implicaba detenerme a cada paso y el resultado era un texto entrecortado. Yo pienso que la manera correcta consiste en escribir de corrido todo lo que se pueda, sin detenerse. Y corregirlo luego. No en corregir una frase y luego escribir el borrador de la que sigue. Sino en producir el borrador completo.

REID: Ese es el método, Borges, al que los escritores de hoy en día llaman "vomitar".

BORGES: Sí, correcto.

COLEMAN: Por favor llamémoslo por su nombre italiano: *al fresco*.

BORGES: Yo lo llamaría "retching". Prefiero el término anglosajón.[180]

---

[180] *Retching*: en inglés, "arcadas, vómitos".

10

LA PESADILLA, ESE TIGRE
ENTRE LOS SUEÑOS

Yo tengo el hábito de la pesadilla. Y siento que si yo fuera
teólogo —cosa que, afortunadamente, no soy— podría
utilizar a las pesadillas como argumento a favor de la
existencia del infierno [...] La pesadilla tiene un horror
peculiar; la pesadilla, ese tigre entre los sueños.

Universidad de Indiana, abril de 1980

WILLIS BARNSTONE: Durante todos estos años, desde
que nos conocimos, hemos hablado casi exclusivamente
sobre poesía.

JORGE LUIS BORGES: Sí. Es el único tema, realmente.

BARNSTONE: Hace unos días cuando abordamos un
avión en Nueva York, usted me preguntó el nombre de
la aerolínea, y yo le respondí que era TWA. Usted me
preguntó qué representaban esas letras y yo le expliqué
que eran las siglas de Trans World Airlines. ¿Recuerda
lo que dijo entonces?

BORGES: Sí. Dije que debían ser las siglas de Trans
Whitman Airlines. Creo que eso le hubiera gustado.

BARNSTONE: ¿Qué hay de ese piloto trotamundos?

BORGES: Creo que lo que tengo para decir ahora es algo
que dije hace bastante tiempo en un ensayo: el hecho,

que mucha gente ha olvidado, de que Whitman concibió *Hojas de hierba* como una obra épica, no como una mera serie de poemas breves. Ahora bien, la épica ha sido ensayada varias veces, pero siempre con un personaje central como protagonista. *Arma virumque cano.*[181] Quiero decir, en la épica hay siempre un personaje extraordinario. Tenemos, por ejemplo, a Ulises, a Beowulf, a Roland. Pero cuando Whitman decidió emprender una obra épica, pensó, bueno, esta debe ser una épica de la democracia, de manera que no debe tener una única figura central. En uno de sus poemas, Whitman dice que algunos pintores retrataban muchedumbres, dentro de las cuales algún personaje aparecía aureolado y preeminente, y declara luego que él se propone pintar una tela en la que todos y cada uno de sus personajes lleve aureola. Y llega así a un concepto muy extraño, que nadie parece haber notado, ya que aquellos que han imitado, o han intentado imitar, a Walt Whitman, han imitado, no sus métodos, sino los resultados a los que Whitman llegó a través de esos métodos. Estoy pensando en grandes poetas, por ejemplo, en Carl Sandburg, en Pablo Neruda, en Edgar Lee Masters. Porque Whitman quería escribir una épica de la democracia, y entonces creó un personaje y ese personaje es una trinidad muy extraña, que mucha gente confunde con el autor. Pero no es así. Walt Whitman comenzó pensando en su propia vida. Pensó que él había nacido en Long Island, y eso no le bastó. Se dijo: "Yo debí haber nacido en cada ciudad y cada pueblo de los Estados Unidos".

---

[181] Primer verso de *La Eneida*: "Canto a las armas y al hombre".

Y entonces creó a ese extraño personaje, Walt Whitman, que no corresponde necesariamente al autor del libro, al periodista de Brooklyn, que había escrito una novela sobre el alcohol;[182] había escrito también, creo, un ensayo a favor de la esclavitud. El personaje central lleva el nombre del autor Walt Whitman, pero corresponde, ante todo, a Walt Whitman, ese ser humano, ese hombre tan desdichado que escribió *Hojas de hierba*. Luego, tenemos una magnificación o exageración de ese Walt Whitman, también llamado Walt Whitman, pero diferente al Whitman real, que no era el escritor que conocieron sus contemporáneos, sino un vagabundo de orden divino. Y esa deidad es el verdadero personaje de esos versos: "Walt Whitman, un cosmos, hijo de Manhattan / Turbulento, carnal, sensual, comiendo, bebiendo, engendrando".[183] Por lo que nos dicen las biografías, parece que esos hechos no son del todo reales. Encontramos en ellas muchos hechos inquietantes sobre Whitman, pero no sobre Walt Whitman. Y luego, dado que ese personaje debía ser una trinidad —ya que él así lo pensó—, agregó un tercer personaje. Ese tercer personaje es el lector.

De manera que Walt Whitman está conformado por

---

[182] Se refiere a la única novela que Whitman escribió en toda su vida, titulada *Franklin Evans, or the inebriate: a tale of the times* (*Franklin Evans, o el borracho: una historia de nuestro tiempo*), 1842. Franklin Evans es una "temperance novel" o "novela antialcohólica" que narra las desventuras de su protagonista a causa de su adicción a la bebida. Whitman publicó esta novela cuando era aún desconocido. Ya mayor, solía decir en broma que la había escrito estando ebrio.

[183] "Song of myself" ("Canción de mí mismo"), 24, versos 497-498.

Walt Whitman, el hombre; por Walt Whitman, el mito; y también por el lector, ya que Whitman pensó al lector como el héroe del libro, la figura central de esa imagen. Por eso el lector figura hablándole a Walt Whitman, preguntándole: "¿Qué ves, Walt Whitman? ¿Qué oyes, Walt Whitman?". Y entonces Whitman responde: "Oigo a América", o, por ejemplo, soy argentino y por eso elijo el siguiente ejemplo:

Veo al gaucho atravesando los llanos, veo al incomparable
rable
jinete de caballos arrojando el lazo,
veo sobre las pampas la persecución de hacienda
salvaje.[184]

"El incomparable jinete de caballos". Eso, por supuesto, fue tomado del último verso de la *Ilíada*: "Héctor, domador de caballos". Pero si Whitman hubiera escrito "el incomparable jinete", no habría escrito nada, pero "jinete de caballos" le da al verso una fuerza especial.

De manera que tenemos este extraño personaje, el Whitman cuyas fechas figuran en la enciclopedia y que ha sido olvidado, el Whitman que murió en Camden; luego, la magnificación de Whitman, y luego el lector. Y ese lector representa a todos los futuros lectores, a los que Whitman pensó únicamente norteamericanos. Él nunca

---

[184] "Salut Au Monde", líneas 122-123. En la versión de Whitman, la palabra que Borges transformó en "Gaucho" es originariamente "Wacho", miembro de una tribu del estado de Texas, Estados Unidos.

imaginó que se haría conocido en el mundo entero. Nunca pensó en esos términos. Pensó en los Estados Unidos, y en la democracia norteamericana.

Whitman revela a veces cosas sobre sí mismo. Pero dado que quería ser todos los hombres, dijo algunas cosas que ningún poeta había dicho antes. Creo que los versos dicen así:

> *Estos son en verdad los pensamientos de todos los*
> *hombres en todas las épocas y países: no son origina-*
> *les míos,*
> *Si no son tan tuyos como míos, son nada o casi nada,*
> *Si no son el enigma ni la solución del enigma,*
> *son nada,*
> *Si no son tan cercanos como lejanos,*
> *son nada.*
> *Esta es la hierba que crece donde hay tierra*
> *y hay agua,*
> *Este es el aire común que baña el planeta.*[185]

---

[185] En el original, Borges recita los versos en inglés: "These are really the thoughts of all men in all ages and lands, / they are not original with me, / If they are not yours as much as mine they are nothing, / or next to nothing, / If they are not the riddle and the untying of the riddle / they are nothing, / If they are not just as close as they are distant / they are nothing. / This is the grass that grows wherever the land is and the water is, / This is the common air that bathes the globe". Los versos pertenecen a "Song of myself" ("Canción de mí mismo"), 17, líneas 355-360. Los versos arriba citados corresponden a la traducción de Borges.

Otros poetas, por ejemplo Edgar Allan Poe, o uno de sus discípulos, Baudelaire, intentaban decir cosas inusuales. Buscaban sorprender al lector. Algunos poetas siguen jugando a ese juego hoy en día. Pero Whitman fue más allá. Whitman pensó que sus pensamientos eran "los pensamientos de todos los hombres en todas las épocas y países". Dijo: "No son originales míos". Quería ser todos los demás; quería ser todos los hombres. Se consideraba a sí mismo un panteísta, aunque al mundo le ha costado aceptar esto. Yo creo que esto surge de un sentimiento profundo de Whitman, pero me pregunto si esto ha sido notado, porque la gente lo lee sin darse cuenta de que, al hacerlo, ellos mismos se transforman en uno de los personajes de esa trinidad que conforma a Walt Whitman. Y sin embargo esa era la idea de Whitman: quería representar a todo Estados Unidos. En uno de sus poemas, escribe:

Ahora refiero lo que me contaron en Texas en mi niñez,
(No cuento la caída de Álamo
Nadie se salvó para contar la caída de Álamo
Los ciento cincuenta hombres siguen callados en Álamo)

Bueno, Whitman jamás estuvo en Texas. Y también escribió "Cuando daba mi paseo matutino en Alabama". Y tampoco estuvo en Alabama, hasta donde yo sé. Pero en otro poema dice que recuerda haber nacido en el Sur. Por supuesto que yo no creo que Whitman haya nacido realmente en varios lugares al mismo tiempo, lo cual constituiría una suerte de milagro. Pero eso lo convirtió, de todos modos, en un gran poeta. Ningún otro parece haber intentado algo similar. Muchos se han limitado a copiar su entonación, el uso de versos bíblicos en forma libre, pero nadie parece haberse dado cuenta de lo extraño de este experimento personal.

Y ni siquiera Walt Whitman parece haber estado a la altura de su épica, ya que luego, cuando aconteció la Guerra Civil, Walt Whitman no estuvo ya a favor de todos los norteamericanos; tomó partido, como cabía esperar, por el Norte. No se pensó a sí mismo también como del Sur, como se había sentido al principio. Y entonces, en cierto sentido, se transformó en alguien que era menos que Walt Whitman. Se transformó en una persona en particular. Dejó de ser todos los hombres en todos los países. Fue contemporáneo de la Guerra entre los Estados. Pero no sé si deberíamos decir estas cosas, ya que escribió las que son quizá sus líneas más hermosas hacia el final de libro, cuando dice "Camerado", pensó que estaba escribiendo en español pero en realidad había inventado esa palabra:[186]

Camarada, esto no es un libro
El que lo toca, toca a un hombre
(¿Es de noche? ¿Estamos solos los dos?)
Me tienes a mí y yo te tengo, me sujetas y te sujeto,
Salto desde las páginas a tus brazos, la muerte me llama

---

[186] Borges se refiere aquí al original en inglés. "Camerado, this is no book / Who touches this touches a man / (Is it night? Are we here together alone?) / It is I you hold and who holds you, / I spring from the pages into your arms – decease calls me forth". Del poema: "So long!", líneas 53-57.

Y más adelante:

Soy algo incorpóreo, triunfante, muerto.

El libro termina con esa palabra, "muerto". Pero el libro vive. El libro continúa viviendo a través de nosotros, y cada vez que abrimos ese libro, cada vez que regresamos a él (y yo me encuentro regresando a él una y otra vez) nos transformamos en parte de esa trinidad. *Somos* Walt Whitman. De manera que yo siento gratitud por Whitman, no por sus ideas —después de todo, yo personalmente descreo de la democracia—, pero la democracia fue el instrumento del que Whitman se valió para crear esa extraordinaria obra épica llamada *Hojas de hierba*, que luego fue variando con cada edición. Emerson dijo que ese libro, cuando apareció, era "la mejor obra de inteligencia y sabiduría que los Estados Unidos habían producido hasta entonces".

Pienso en Walt Whitman no solo como un mito sino también como en un amigo. Pienso en él como una persona que fue bastante desdichada, y se obligó a sí mismo a cantar la felicidad y la alegría, y eso es algo que acaso logró también, pero en castellano, otro poeta, Jorge Guillén, que nos brinda una verdadera sensación de felicidad. Y quizá también —de a ratos— Shakespeare. En cuanto a Whitman, uno puede ver que intentaba hacer todo lo que podía para ser feliz, aunque no lo era, y ese es en parte el interés que tiene Whitman para nosotros. Bueno, ahora debería hablar usted, Barnstone. Estoy hablando demasiado.

BARNSTONE: Una cosa que quería preguntarle es...

BORGES: ¿Por qué "una" cosa? ¡Que sean muchas!

BARNSTONE: ... es qué piensa de la noción de Whitman de estar escribiendo un único libro durante toda su vida. Y usted mencionó además a Jorge Guillén, a quien también le tomó más de treinta años escribir un solo libro, *Cántico*.[187]

BORGES: Un muy buen libro.

BARNSTONE: De la misma forma en que Baudelaire dedicó años a escribir un solo libro, *Les fleurs du mal*.[188]

BORGES: Sí, así es.

BARNSTONE: ¿Qué piensa usted del escritor que, a la manera profética de Whitman, dedica toda su vida a la redacción de un único libro?

BORGES: Mi opinión personal es que todos los escritores están, esencialmente, escribiendo el mismo libro, una y otra vez. Y sospecho que cada generación reescribe, con ligeras variaciones, lo que han escrito otras. No creo que ningún autor individual pueda innovar demasiado, ya que al fin de cuentas su instrumento es el lenguaje, y todo lenguaje es una tradición. Claro que el autor puede modificar esa tradición, pero al mismo tiempo esa tradición presupone todo lo que vino antes. Creo que Eliot dijo que debemos intentar renovar la tradición, pero con un mínimo de innovaciones.[189] Y recuerdo que Bernard

---

[187] Jorge Guillén (1893-1984). Poeta español, miembro de la generación del 27. Publicó *Cántico*, su primer libro de poemas, en 1928, a la edad de 35 años.

[188] *Les fleurs du mal* (1867), libro de versos escrito por el poeta simbolista francés Charles Baudelaire (1821-1867).

[189] En: Eliot, T.S., "Tradition and the Individual Artist" ("La tradición y el artista individual"), publicado en *The Sacred Wood* (1921). Escribe

Shaw dijo, injusta y peyorativamente, de Eugene O'Neill: "Lo único que tiene de nuevo son sus novedades", implicando, claro, que esas novedades eran triviales. En cuanto a dedicar muchos años a escribir un solo libro... Bueno, todos mis escritos han sido recopilados en un único volumen.[190] Acaso perduren, de todo ese libro, algunas páginas.

BARNSTONE: Resulta muy curioso que Poe sea para Europa lo que Whitman fue para las Américas.

BORGES: Sí, y eso se lo debemos a Francia; se lo debemos a Baudelaire y a Mallarmé. Cuando yo era chico, Poe nos llegaba a través de los franceses.

BARNSTONE: Pero ¿por qué es que Walt Whitman re-

Eliot: "Ningún poeta y ningún artista alcanzan su total significado de por sí. Su significado, su valoración, es la valoración de su relación con los poetas y artistas ya fallecidos. Resulta imposible valorar a un creador de por sí, es necesario, para lograr esto, compararlo y contrastarlo con aquellos que ya han muerto. Y esto lo digo como un principio de crítica estética, no solo histórica. La necesidad de que su obra sea coherente y acorde a las normas no va en una sola dirección: lo que ocurre cuando el artista crea una nueva obra es algo que le ocurre en ese mismo instante a todas aquellas que la precedieron. Los monumentos ya existentes conforman, en su totalidad, un orden ideal, que se modifica cuando agregamos a ese conjunto una nueva obra de arte. Ese orden preexistente estaba ya completo antes de la llegada de esa nueva obra; para que ese orden persista tras el arribo de esa novedad, el orden *entero* debe modificarse, aunque más no sea levemente, y así las relaciones, proporciones y valores de cada obra con el todo se reacomodan, alcanzándose a través de ese reajuste, una vez más, una suerte de armonía entre lo antiguo y lo nuevo".

[190] Se refiere a sus *Obras completas*, cuya primera edición data de 1974.

sultó ser para el Nuevo Mundo lo que Poe fue para el Viejo Mundo? Casi todos los poetas latinoamericanos, incluyéndolo a usted, han escrito algún poema sobre Whitman.

BORGES: Creo que Whitman gustaba también en Europa. Recuerdo haber leído a Whitman en una excelente traducción alemana de Johannes Schlaf.[191] También gusta en Europa. El hecho es que los Estados Unidos le han dado al mundo al menos tres nombres que resulta imposible ignorar sin cambiar la historia de la literatura. Y esos nombres son Whitman, el segundo es Poe, y en cuanto al último, yo elegiría a Robert Frost. Otra gente elegiría acaso a Emerson. Bueno, cada uno puede elegir al que quiera. Pero en todo caso los Estados Unidos le han dado al mundo esos tres escritores que resulta imposible soslayar. Son autores esenciales. Y la literatura contemporánea no sería lo que es si no fuera por esos dos autores, tan diferentes entre sí y tan desdichados: Edgar Allan Poe y Walt Whitman.

BARNSTONE: ¿Qué aspectos de la prosodia de Whitman cree usted que han imitado otros autores? ¿O, si no se trata de la prosodia, qué aspecto de Whitman cree usted que ha llamado más la atención a otros escritores?

BORGES: Whitman fue, por supuesto, uno de los muchos padres del verso libre, aunque quizá el más no-

---

[191] Johannes Schlaf (1862-1941). Dramaturgo y narrador alemán. Fue el principal difusor de Whitman en su país; su traducción de selecciones de *Hojas de hierba*, publicada en 1907 en una edición de bolsillo tuvo una enorme repercusión y confirió a Whitman una gran popularidad en la Alemania de comienzos del siglo XX.

table. Uno lee los salmos y luego lee a Walt Whitman, y resulta evidente que Whitman ha leído los salmos, pero la música de sus versos es diferente. Cada poeta desarrolla su propia música, y, en un punto, también su propio idioma. Luego de que un gran poeta ha atravesado a un idioma, ese idioma ya no es el mismo. Algo ha cambiado. Y ese es el caso de Walt Whitman. El idioma cambió gracias a él. Ahora bien, Whitman se dedicó a cultivar el lenguaje coloquial. Y uno encuentra unas líneas horribles de vez en cuando. Por ejemplo: "¡Americanos! ¡Conquistadores! ¡Marchas humanitarias!". Es un verso muy poco feliz, y Whitman era también capaz de escribir líneas como esa. Pero los escritores que lograron realmente dominar el lenguaje coloquial llegaron después de Whitman. Me refiero a dos hombres tan diferentes como Mark Twain y Sandburg. Ambos usan el lenguaje coloquial con fluidez, mientras que en el caso de Whitman, más bien podríamos decir que fracasó en ese sentido; él empleaba palabras del francés, del español, y el resultado fue poco feliz. Pero también es cierto que cuando descubrí a Walt Whitman me sentí abrumado. Sentí que era el único poeta. Más tarde me ocurrió lo mismo con Kipling, y luego también con De Quincey, que escribía poesía en prosa; todos poetas muy diferentes. Pero cuando descubrí por primera vez a Whitman sentí que era *el* poeta, *el* hombre que había descubierto la manera correcta, la verdadera forma de escribir poesía. Aunque sin duda existen muchas maneras de escribir poesía, diferentes entre sí.

BARNSTONE: ¿Quisiera hablarnos acerca del poema que usted escribió sobre Whitman?

BORGES: Bueno, no recuerdo ese poema. Pero por favor, continúe, me da mucha curiosidad… Quizá me guste más si lo leen traducido al inglés, ya que lo mejorarán bastante. De lo contrario creo que el poema va a decepcionarlos. Es muy malo.

BARNSTONE:

CAMDEN, 1892

El olor del café y de los periódicos.
El domingo y su tedio. La mañana
y en la entrevista página esa vana
publicación de versos alegóricos
de un colega feliz. El hombre viejo
está postrado y blanco en su decente
habitación de pobre. Ociosamente
mira su cara en el cansado espejo.
Piensa, ya sin asombro, que esa cara
es él. La distraída mano toca
la turbia barba y saqueada boca.
No está lejos el fin. Su voz declara:
Casi no soy, pero mis versos riman
la vida y su esplendor. Yo fui Walt Whitman.

BORGES: Está bastante bien este poema, ¿eh? No demasiado bien, pero bastante bien. Dentro de sus limitaciones, claro. Describe al Whitman humano, no al mito.

BARNSTONE: Whitman se pensó a sí mismo como una figura profética, que estaba escribiendo una suerte de Biblia.

BORGES: Bueno, ¡es que eso es exactamente lo que hizo!

BARNSTONE: Con frecuencia en sus cuentos y sus poemas, usted no escribe una Biblia, pero sí aspira a alcanzar secretos, a descifrar enigmas, a encontrar una palabra única.

BORGES: Yo vivo en un estado continuo de asombro.

BARNSTONE: Pero toma distintos caminos. Sus obras se vuelven cada vez más sencillas, tienen cada vez menos palabras.

BORGES: Sí, estoy de acuerdo.

BARNSTONE: Whitman, en cambio, cada vez que sentía que podía agregar un adjetivo, no vacilaba en hacerlo.

BORGES: Sí, es algo que hacía con frecuencia, debo decir.

BARNSTONE: La obra de Whitman podría haberse llamado *Hojas de hierba gruesa*, porque siempre agregaba palabras enfáticas, y no siempre con buen resultado. ¿Qué piensa usted del hecho que este poeta, a la vez maravilloso e irregular, logra...

BORGES: Pero es que realmente *es* maravilloso e irregular. Silvina Ocampo me dijo una vez que todo poeta necesita escribir malos versos. De lo contrario, los demás no se notarían. Estábamos hablando de Shakespeare y yo dije que tiene muchos malos versos. Y ella me respondió "Eso es bueno. Todo poeta necesita escribir malos versos". Sólo los poetas de segunda escriben únicamente buenos versos. Uno debe escribir malos versos cada tanto, aunque más no sea por cortesía.

BARNSTONE: Eliot dijo que tiene que haber palabras más débiles entre otras más fuertes para que los versos no pierdan fuerza. Pero entre las tareas que usted afirma haber realizado figura el haber traducido un libro de poemas de Walt Whitman. Usted afirma que Walt Whitman fue *el* poeta, y que significó tanto para usted. ¿Qué fue lo que Whitman le enseñó?

BORGES: Me enseñó a ser directo. Esa fue la lección que aprendí de él. Pero lo que él me enseñó no es, al fin de cuentas, importante. El hecho es que al leer a Whitman me sentí tan abrumado por la emoción, que me sabía páginas y páginas de sus obras de memoria, que las recitaba en voz baja día y noche. Creo que lo importante de la poesía es que el lector se sienta conmovido al leerla. Si una persona no siente físicamente la poesía, jamás llegará a percibirla.[192] En tal caso, es mejor que se dedique a ser profesor o crítico.[193] Yo creo que la poesía es una experiencia muy personal y muy importante. Es algo que se siente o no se siente. Y si uno realmente la siente, en tal caso no hace falta explicarla.

BARNSTONE: Lo estoy escuchando con tanta atención que todos los demás pensamientos y preguntas se me borran. Pero ahora siento la necesidad de mencionar a Edgar Allan Poe. ¿Podría hablarnos acerca de Poe?

BORGES: Todo escritor deja dos obras muy diferentes. Una es el verso que está escribiendo, el cuento que está

---

[192] En el prólogo a *La rosa profunda* (1975), Borges escribe: "La palabra habría sido en el principio un símbolo mágico, que la usura del tiempo desgastaría. La misión del poeta sería restituir a la palabra, siquiera de un modo parcial, su primitiva y ahora oculta virtud. Dos deberes tendría todo verso: comunicar un hecho preciso y tocarnos físicamente, como la cercanía del mar".

[193] "Hay personas que sienten escasamente la poesía. Generalmente, se dedican a enseñarla". En: "La poesía", *Siete noches* (1980).

narrando, la fábula que le ha sido dada en un sueño. Y la otra obra es la imagen que cada escritor deja de sí mismo. Quizá esta segunda labor, que se extiende a lo largo de toda su vida, es la más importante de ambas. En el caso de Poe, yo creo que nuestra imagen de Poe es mucho más importante que cualquiera de las líneas o páginas que él haya dejado escritas. Pensamos en Poe como un personaje de ficción. Resulta tan vívido para nosotros como Macbeth o Hamlet. Y yo creo que crear una imagen tan vívida y legar luego esa imagen a la memoria del mundo es una labor sumamente importante. En cuanto a los versos de Edgar Allan Poe, sé varios de memoria, algunos me gustan mucho, y otros no tanto. Comenzaré, por ejemplo, con unos versos que recuerdo bien:

> *Was it not Fate that, on this July midnight -*
> *Was it not Fate (whose name is also Sorrow)*
> *That bade me pause before the garden gate,*
> *To breathe the incense of those slumbering roses?*
> *(Ah, bear in mind this garden was enchanted!)*[194]

Y también esta línea muy extraña de su primer libro, *Al Aaraaf*, no estoy seguro. Mi erudición es tenue:

---

[194] "¿No fue el Destino el que esta noche de julio, / no fue el Destino, cuyo nombre es también Dolor, / el que me detuvo ante la puerta de aquel jardín / a respirar el aroma de aquellas rosas dormidas? / (¡Ah, sabed que este jardín estaba encantado!)". "To Helen", versos 21-24 y 30. Este poema fue escrito para Sarah Helen Whitman.

The eternal voice of God is passing by
And the red winds are withering in the sky![195]

Y al mismo tiempo, cuando pienso en "The Raven" ("El cuervo"), lo imagino como un cuervo embalsamado. No logro tomarlo en serio. Cuando el cuervo dice "Quoth the Raven, 'Nevermore'", eso me parece infructuoso. Rosetti,[196] que había leído "The Raven", hizo algo mejor. Se inspiró en Poe, pero escribió:

Look in my face, my name is Might-have-been;
I am also called No-more, Too-late, Farewell...[197]

Está luego esa maravillosa palabra que inventó el Obispo Wilkins[198] en el siglo XVII, una palabra tan hermosa que ningún otro poeta se ha atrevido a usarla. Wilkins inventó dos palabras. La primera es *everness,* y yo he tenido la audacia de utilizarla como título de uno de mis sonetos, "Everness", porque *everness* me pareció mejor que *eternidad.* Se parece a la palabra alemana *Ewigkeit.* Y también a

---

[195] "¡Pasa la voz eterna de Dios, / y los rojos vientos se marchitan en el cielo!". Versos 131-132 del poema "Al Aaraaf", de Edgar Allan Poe.
[196] Dante Gabriel Rosetti (1828-1882), pintor y poeta, e ilustrador inglés, fundador de la Hermandad Prerrafaelista.
[197] "Mira en mi rostro, mi nombre es Podría-haber-sido, / también me llaman Nunca-más, Demasiado-tarde, Adiós". Primeros versos del poema de Rosetti titulado "A superscription", incluido en *The House of Life* (1870-1881).
[198] John Wilkins (1614-1672). Filósofo, escritor y clérigo inglés, fundador de la Royal Society y Obispo de Chester desde 1668 hasta su muerte.

esa otra palabra, *doom*, que es incluso mejor que esa línea que tanto me gusta de Dante: *Lasciate ogni speranza voi ch'intrate*.[199] Y la segunda palabra que el Obispo Wilkins inventó y obsequió al idioma inglés y que nadie ha vuelto a usar jamás porque todos los poetas le han temido, esa terrible, esa hermosa palabra es *neverness*, que podríamos llevar al alemán como *Nimmerkeit*. Pero al castellano no, no es posible traducirla al castellano. Y como pueden ver, *everness* es una palabra muy bella mientras que *neverness* es una palabra terrible, una palabra llena de desesperanza y desolación. Edgar Allan Poe escribió muchos versos que no me parecen gran cosa, pero hay uno de sus relatos que sobresale entre los otros, y ese relato es *Las aventuras de Arthur Gordon Pym*. Tenemos a Arthur y Edgar, dos nombres sajones, y luego Gordon y Allan, ambos escoceses. Y luego Pym que corresponde a Poe.[200] Ahora bien, los primeros capítulos de esa larga historia no son, debo decir, demasiado memorables. Pero los últimos son una verdadera pesadilla, una pesadilla cuyo tema es la blancura, el color blanco pensado como algo terrible. Y resulta evidente que Herman Melville leyó *Las aventuras de Arthur Gordon Pym* y luego escribió *Moby Dick, o la ballena blanca*. Y ahí utilizó la misma idea, la idea del blanco, no el escarlata o el negro, como el más terrible de los colores. De manera que ambos libros, *Moby Dick* y *Las aventuras de Arthur Gordon Pym* son pesadillas sobre el color blanco.

---

[199] "Abandonad toda esperanza vosotros que entráis" (*Inferno*, III, 9).
[200] Borges está explicando la correlación que existe entre este seudónimo ("Arthur Gordon Pym") y el nombre completo de Poe ("Edgar Allan Poe").

Edgar Allan Poe creó, además, un género literario. Creó el género policial. Y yo creo que todos los relatos policiales que vinieron después ya habían sido pensados, esencialmente, por Poe. Ustedes recordarán "El misterio de Marie Roget", "Los asesinatos de la calle Morgue", "La carta robada" y "El escarabajo de oro". Y luego, todos esos libros maravillosos que vinieron después; al fin de cuentas, Sherlock Holmes y Watson no son otra cosa que Poe y su amigo, el Caballero Auguste Dupin. Poe pensó en muchas cosas. Pensó que las novelas policiales eran artificiales, de manera que no buscó para ellas una realidad próxima. Las ubicó en Francia; su detective es un detective francés, porque Poe sabía que sería más fácil para él describir París —a la que, creo, jamás llegó a ver— o a los franceses —a los que casi ni conocía— que escribir sobre hechos contemporáneos que acontecieran en Nueva York. Poe se dio cuenta de que la ficción policial es una de las formas de la literatura fantástica. Inventó, entonces, todas las convenciones del género. E inventó luego algo aún más importante. Inventó al *lector* de relatos policiales. Cuando leemos cualquier cuento policial, cuando leemos, por ejemplo, Eden Phillpotts,[201] o Ellery

---

[201] Eden Phillpotts (1862-1960). Escritor, poeta y dramaturgo inglés nacido en la India. Entre sus novelas policiales figuran *El señor Digweed y el señor Lumb*; *Médico, cúrate a ti mismo*; *La pieza gris* y *The Red Redmaynes*. En el prólogo que escribió para esta última Borges afirma: "Me ha tocado en suerte el examen, no siempre laborioso, de centenares de novelas policiales. Quizá ninguna me ha intrigado tanto como *The Red Redmaynes* [...] En otras ficciones de Phillpotts la solución es evidente desde el principio; ello no importa,

Queen,[202] o Nicholas Blake,[203] estamos siendo en realidad creados por Edgar Allan Poe.

Poe creó un nuevo tipo de lector. Y esto ha llevado, naturalmente, a la publicación de miles de libros en todo el mundo. Yo mismo he ensayado ese género, el género policial, pero siempre he sabido que el verdadero autor de esos relatos era Edgar Allan Poe.[204] De manera que

---

dado el encanto de la historia. No así en este volumen que sumirá al lector en la más grata de las perplejidades".

[202] Ellery Queen es el nombre de un personaje y el seudónimo que utilizaban dos autores de Brooklyn: Daniel Nathan, alias Frederic Dannay (1905-1982), y Manford (o Emanuel) Lepofsky, alias Manfred Bennington Lee (1905-1971), para redactar y compilar cuentos policiales. En la ficción, Ellery Queen es un detective que ayuda a su padre, policía de Nueva York, a resolver crímenes que no parecen tener solución.

[203] Nicholas Blake, seudónimo de Cecil Day-Lewis (1904-1972). Poeta irlandés y escritor de novelas policiales.

[204] "Hay un tipo de lector actual, el lector de ficciones policiales. Ese lector ha sido [...] engendrado por Edgar Allan Poe. [...] vamos a suponer que ese hipotético personaje haya leído novelas policiales y empiece a leer el *Quijote*. Entonces, ¿qué lee? 'En un lugar de la Mancha de cuyo nombre no quiero acordarme, no hace mucho tiempo vivía un hidalgo...' y ya ese lector está lleno de sospechas, porque el lector de novelas policiales es un lector que lee con incredulidad, con suspicacias, una suspicacia especial. [...] si lee: 'En un lugar de la Mancha...,' desde luego supone que aquello no sucedió en la Mancha. Luego: '... de cuyo nombre no quiero acordarme...,' ¿por qué no quiso acordarse Cervantes? Porque sin duda Cervantes era el asesino, el culpable. Luego... 'no hace mucho tiempo...' posiblemente lo que suceda no será tan aterrador como el futuro. La novela policial ha creado un tipo especial de lector. Eso suele olvidarse cuando se juzga la obra de Poe; porque si Poe creó el relato policial, creó después el

Poe nos ha dado muchas cosas. Y nos dio además una idea, que yo creo que es errónea pero, a la vez, muy interesante: la idea de que es posible crear poesía a través de la razón. Ustedes recordarán, seguramente, lo que Poe escribió sobre "The Raven".[205] Dijo que al empezar a escribir ese poema necesitaba una palabra con "o" y una "r". Y eso le dio la palabra *nevermore*. Y luego se encontró ante el problema que surgía de repetirla al final de cada estrofa, porque pensó en terminar cada estrofa con la misma palabra. Y entonces se dijo: "ningún ser racional repetiría esa palabra, *nevermore*, una y otra vez". Pensó entonces en un ser irracional, y se le ocurrió la idea de un loro. Pero un loro es de color verde y ese color no le pareció aceptable para sus propósitos. Llegó así al cuervo: los cuervos —pensó— son negros, y eso daba el tono correcto. Y luego, el negro debía resaltar en la escena, de manera que pensó en el mármol, y así llegó al busto de Palas Atenea. Y de este modo, a través de una serie de

---

tipo de lector de ficciones policiales". De "El cuento policial" en *Borges oral* (1979), tomo IV de las *Obras completas*.

[205] Edgar Allan Poe explicó el método que supuestamente empleó para escribir su famoso poema "The Raven" ("El cuervo") en el ensayo "The Philosophy of Composition". Publicado en *Graham's Magazine*, vol. XXVIII, n.º 4, April 1846, 28:163-167. Existen serias dudas de que el método que Poe ofrece en este ensayo sea el que realmente utilizó para componerlo. Borges hace un análisis sobre el método de Poe similar al que figura en estas páginas en el ensayo titulado "La génesis de 'El cuervo' de Poe", publicado en *La Prensa*, Buenos Aires, 25 de agosto de 1935 y compilado en *Textos cautivos* (1931-1955) y en la conferencia titulada "El cuento policial", compilada en *Borges oral* (1979), tomo IV de las *Obras completas*.

razonamientos, escribió ese poema, "El cuervo". Dijo que el poema no debía ser demasiado largo ya que, si uno necesita leerlo en dos partes, la atención se diluye y el lector ya no puede seguirlo. Pero no podía ser demasiado breve tampoco, porque entonces no tendría la misma fuerza. Entonces, se dijo Poe, voy a escribir un poema de cien líneas. Aunque al final creo que escribió 107 líneas o 97, o las que fueran. Y entonces pensó: "¿Cuál es el tema más trágico de este mundo?". Y se respondió enseguida: el tema más trágico es la muerte de una mujer hermosa. Y se dijo "¿quién es el que podría lamentar más ese hecho?". Y pensó en un amante. Eso le dio al amante y la muerte de una mujer perfecta. Y luego pensó que esa poesía no podía tener lugar en un ámbito demasiado amplio, así que imaginó un recinto cerrado: imaginó una biblioteca, y pensó que ese sería, sin duda, el lugar correcto para el busto de Palas Atenea. Y luego tenía que haber un contraste. Y ya que el cuervo debía entrar en el poema, Poe hizo que el cuervo irrumpiera en la casa, a través de una ventana, empujado por el viento durante una noche de tormenta. Así, nos dice Poe, fue urdiendo ese poema. Aunque en realidad yo creo que toda esta explicación no es más que una *boutade* de Poe, una broma. A Poe le encantaban esos juegos. No creo que nadie pueda escribir realmente un poema siguiendo un procedimiento de esa índole. Porque, supongamos que le creyéramos la primera de sus afirmaciones. Bueno, Poe podría haber dicho: "necesito un ser irracional". Y entonces podría haber elegido, digamos, un idiota o un borracho. Pero no, eligió un pájaro, un cuervo. Bueno, yo sé —por mi propia, pobre experiencia—, yo sé que nadie escribe poemas de ese modo. Y el mismo Poe escribió muchos otros poemas que no corresponden a ese sistema. Y creo, además, que el escribir poesía y el razonar son dos actividades esencialmente distintas; yo diría que hay dos formas esenciales de pensar. Una es el razonamiento y la otra es el mito. Los griegos eran capaces de usar las dos al mismo tiempo. Por ejemplo, en esa última conversación de Sócrates, antes de tomar la cicuta, el mito y el razonamiento van de la mano. Pero hoy pareciéramos haber perdido esa facultad. O bien utilizamos argumentos, o bien utilizamos metáforas, imágenes o fábulas. Pero no ambas a la vez. Yo diría que la verdadera forma de escribir poesía consiste en recibir pasivamente al sueño. No hay que intentar razonarlo. Claro que uno luego debe recurrir, inevitablemente, a la razón para fijar ciertos detalles: la métrica, la estructura y las rimas que uno empleará, las cadencias. Pero todos los demás elementos nos llegan en forma de mitos, de sueños.

Y todo esto surge de nuestra imagen de Edgar Allan Poe. Y es importante que imaginemos a Poe como alguien desdichado. La desdicha es parte de la imagen de Poe, de la misma forma en que la desdicha es parte de la imagen de ese otro viejo personaje, Hamlet. Y si yo tuviera que elegir una entre todas las obras de Poe, elegiría, creo, *Las aventuras de Arthur Gordon Pym*. Pero, ¿por qué habríamos de elegir? ¿Por qué no quedarnos, mejor, con todos sus cuentos? ¿Por qué no quedarnos, por ejemplo, con "Los hechos en el caso del Sr. Valdemar", "El pozo y el péndulo", "El escarabajo de oro"? Son cuentos muy distintos entre sí, y sin embargo en cada uno de ellos se oye la voz de Poe, y seguimos oyéndola hoy en día.

BARNSTONE: Uno de los mitos de Whitman era que él estaba retratando al hombre y la mujer comunes, que estaba usando el habla coloquial, y eventos históricos como la Guerra Civil, la muerte de Lincoln (la cual cantó en "When Lilacs Last in the Dooryards Bloomed"[206]). Su obra, Borges, comparte este rasgo de usar el idioma coloquial, con cuchilleros, con gente de la calle, con la muerte y la vida cotidiana.

BORGES: Bueno, esos son trucos literarios.

BARNSTONE: Pero no son esos, acaso, trucos del hombre común, es decir, es lo que usted comparte con Whitman, combinado con algunos otros rasgos de Poe, por ejemplo, la pesadilla, el sueño, la invención, la imaginación, la erudición, a veces falsa, pero presente, a veces la erudición parodiada, las referencias inexistentes. ¿No es usted, en parte, Poe y Whitman?

BORGES: Estoy, sin duda, en deuda con ambos, como todos los demás poetas contemporáneos. En cuanto a Poe y la pesadilla, hay algo curioso. Yo he leído muchos libros de psicología, pero en esos libros no se dice casi nada acerca de lo maravilloso, de lo extraño de la pesadilla, y esto es algo realmente curioso, ya que hay en la pesadilla algo peculiar que no se da en ningún otro ámbito. En castellano la palabra "pesadilla" es bastante fea y casi no puede ser utilizada. En griego tenemos una bella palabra, *ephialtes*, que representa al demonio de la noche. Ahora bien, yo tengo pesadillas casi todas las noches, yo tengo el hábito de la pesadilla. Y siento que si yo fuera teólogo —cosa que,

---

[206] Poema incluido en *Hojas de hierba*.

afortunadamente, no soy— podría utilizar a las pesadillas como argumento a favor de la existencia del infierno. Es común que en la vigilia nos sintamos desdichados, pero aun en esos momentos, no sentimos el roce de la pesadilla, ese roce siniestro, ese roce sobrecogedor. Eso nos es dado únicamente durante la pesadilla. La pesadilla tiene un horror peculiar; la pesadilla, ese tigre entre los sueños. Hay en ella un horror peculiar que no ocurre nunca en la vigilia. Y ese horror, bueno… ese horror es quizá un pregusto del infierno. Yo no creo en el infierno, por supuesto, pero este es un rasgo singular de las pesadillas que nadie parece haber notado hasta ahora. He leído muchos libros sobre sueños. El de Havelock Ellis,[207] por ejemplo. Y no he encontrado allí ninguna referencia a ese sabor tan extraño y siniestro de la pesadilla. Y sin embargo ese sabor está presente, y ese sabor es acaso, al fin de cuentas, una suerte de don. Ya que en mis pesadillas me han sido dados los argumentos de varios cuentos. Yo las conozco, además, demasiado bien, las tengo bastante seguido y son siempre las mismas. Tengo, por ejemplo, la pesadilla del laberinto. Comienza siempre en una esquina determinada de Buenos Aires, en una esquina que me es familiar: puede ser Venezuela y Perú o Esmeralda y Arenales, por ejemplo. Y yo sé exactamente dónde estoy, pero en mi pesadilla el lugar se ve completamente distinto: lo que veo son ciénagas, montañas, colinas, a veces ganado o caballos. Pero sé que estoy en esa esquina precisa de Buenos Aires, que no se

---

[207] Se refiere al libro titulado *The World of Dreams* del psicólogo inglés Henry Havelock Ellis (1859-1939).

parece a lo que veo, y sé que debo encontrar el camino a casa, que debo regresar y que no voy a lograrlo. Y entonces me digo, esta es la pesadilla del laberinto, porque a pesar de que camino y camino, en lugar de alejarme regreso una y otra vez al mismo lugar, a la misma habitación, una y otra vez. Esa es una de mis pesadillas. La otra es la pesadilla del espejo. Me veo levantando la mirada, y luego veo reflejada en el espejo la imagen de alguien que no conozco, de alguien desconocido, pero sé que *yo* soy ese ser, y cuando eso ocurre me despierto y me tiembla todo el cuerpo. Así que mis pesadillas son siempre las mismas. Pero me parece que nos estamos alejando de Poe.

BARNSTONE: Creo que nos hemos alejado de Poe porque usted se ha adentrado en esa extraña noción de realidad, es decir en el sueño y en la pesadilla, tan característica de su obra y de la obra de Poe.

BORGES: De la obra de Poe, por supuesto, y también del idealismo. En cuanto a la idea de que el mundo es irreal, eso es algo que yo siempre he pensado. Yo vivo en un estado constante asombro ante el mundo y ante las cosas que me ocurren. Por ejemplo, el año pasado cumplí ochenta años, y entonces pensé, bueno, ya nada nuevo puede sucederme ahora. Pero luego debí someterme a una operación que fue a la vez exitosa y muy dolorosa. Y luego hice también un maravilloso viaje a Japón, un país por el que siento ahora un profundo aprecio y que antes no conocía, y ahora, curiosamente, estoy aquí, en Indiana, hablando con todos ustedes. El futuro me tenía reservadas todas esas cosas, todos esos dones, y yo ignoraba todo eso. Y ahora ese futuro ha llegado, y yo sigo esperando del futuro que éste me depare más dones. Ya que lo único que podemos tener por cierto del futuro es que será muy distinto del presente. La gente suele imaginar al futuro en términos del siglo XX, pero de un siglo XX magnificado y distorsionado. Pero yo sé que, en primer lugar, habrá muchos futuros, y en segundo lugar, que las cosas que ahora pensamos que son importantes serán frívolas e irrelevantes en el futuro. Por ejemplo, a la gente no le interesará la política, nadie creerá que todos somos iguales —esa creencia es una mera ilusión—, la gente no pensará en términos de circunstancias, de fracasos o de éxitos. Creo que el mundo del futuro será muy distinto al de hoy y que habrá muchos mundos diferentes. No será como el *Mundo feliz* de Huxley,[208] que es una mera exageración del mundo de hoy, vista a través del cristal de Hollywood. Sé que nos aguardan muchos futuros diferentes. ¿Por qué hablar de *un* futuro? No tiene el menor sentido.

BARNSTONE: Me pregunto si para terminar esta charla usted podría decirnos algo sobre Robert Frost. ¿Quizá recuerda de memoria su poema "Acquainted with the night"?

BORGES:

I have been one acquainted with the night.
I have walked out in rain – and back in rain.
I have outwalked the furthest city light.[209]

---

[208] Se refiere a la novela *Brave New World* del escritor inglés Aldous Huxley (1894-1963).
[209] "He sido uno que ha conocido a la noche. / He salido a pasear bajo la lluvia - y regresado bajo la lluvia. / He ido más allá de la luz más lejana de la ciudad".

Y al final tenemos la misma línea: "I have been one acquainted with the night". Al comienzo, tras una primera lectura, uno piensa que "acquainted with the night" significa: "He caminado por una ciudad de noche," pero luego uno empieza a darse cuenta, al llegar a las últimas líneas, que la noche equivale al mal, especialmente en el sentido sensual como lo sentiría un puritano, porque

One luminary clock against the sky
Proclaimed the time was neither wrong nor right
I have been one acquainted with the night.[210]

Y ese, yo creo, es el mayor logro de Frost: era capaz de escribir poemas que parecen simples, pero cada vez que uno los lee uno se adentra más profundamente en ellos y encuentra allí nuevos senderos y significados diferentes. De manera que Frost nos ha dado una nueva idea de la metáfora. Nos da la metáfora de tal forma que en un primer momento la aceptamos como una afirmación simple y directa. Y recién después nos damos cuenta de que es en realidad una metáfora. "And miles to go before I sleep / And miles to go before I sleep".[211] Ahí vemos que las mismas palabras tienen significados diferentes. En el anteúltimo verso las palabras significan, literalmente, "millas" y "caminar" y "dormir". Pero en el último verso, que las repite, "dormir" ya quiere decir "muerte". Y Frost

---

[210] "Un reloj luminoso proclamaba contra el cielo. / Que el tiempo no es verdadero ni falso. / He sido uno que ha conocido a la noche".
[211] "Y faltan millas antes de dormir / Y faltan millas antes de dormir".

hace todo esto de una manera muy discreta. Era, supongo, un hombre tímido. Pero yo lo considero el mejor poeta de este siglo, si es que la frase "el mejor poeta" significa algo. Pienso que Frost fue quizá un mejor poeta que el otro candidato, que sería William Butler Yeats. Yo prefiero a Frost, pero esa es una preferencia mía, personal. Por supuesto que admiro a Yeats. Cuando recuerdo líneas como "That dolphin-torn, that gong-tormented sea"[212]... Ese es un verso maravilloso, es decir, el tipo de versos que Frost intentó evitar, y que yo mismo intento, de igual modo, evitar. Pero Yeats era también capaz de escribir versos muy simples y directos. Por ejemplo:

How can I, that girl standing there,
My attention fix
On Roman or on Russian
Or on Spanish politics?

Y luego:

And maybe what they say is true
Of war and war's alarms
but O that I were young again
And held her in my arms! [213]

---

[212] "Ese mar atravesado por delfines / atormentado por un gong". Último verso del poema "Byzantium", que Yeats escribió en 1926. Fue publicado en el libro *The Windings Stairs and other poems* (1933).
[213] Borges cita el comienzo del poema de Yeats "Politics". "¿Cómo puedo, con esa chica allí parada / fijar mi atención / En la política de Roma o de Rusia / o de España?" y luego "Acaso lo que dicen es cierto /

MIEMBRO DE LA AUDIENCIA: Quisiera saber qué piensa usted acerca del Premio Nobel, y qué es lo que Borges, el otro Borges, opina sobre él.

BORGES: Pienso que ambos sienten la misma codicia por el Nobel. Pero jamás lo obtendrán.

BARNSTONE: El comité del Premio Nobel se sigue equivocando año a año.

AUDIENCIA: También me gustaría escucharlo hablar más sobre el inglés antiguo, quizás solamente porque a mí también me encanta, el anglosajón.

BORGES: Recuerdo a un discípulo mío, un estudiante también, que dijo: "¡Qué pena, qué pena, la batalla de Hastings![214] Ahora el anglosajón ha degenerado en mero inglés, y debemos soportar a Shakespeare. ¡Qué pena!" Lo cierto es que me enamoré del anglosajón. Creo

---

sobre la guerra y sus alarmas / pero, ¡Oh, si pudiera ser otra vez joven / y tenerla entre mis brazos!" W.B. Yeats escribió este poema el 24 de mayo de 1938. El poema hace alusión a la guerra civil española y al clima prebélico que se vivía en Europa en la antesala de la Segunda Guerra Mundial. "Politics" se publicó por primera vez en el libro *Last Poems and Two Plays* (1939).

[214] En la batalla de Hastings, ocurrida el 14 de octubre del año 1066, Guillermo de Normandía derrotó al último rey sajón de Inglaterra, Harold Godwinson. La fecha de la batalla de Hastings representa una bisagra en la historia de Inglaterra, ya que marca el final del período sajón y el inicio del dominio normando. Los cambios sociales, culturales y lingüísticos que sobrevinieron en los años siguientes, al afianzarse el control normando sobre la isla, transformaron el destino de esa nación, modificando para siempre su organización política, su visión estratégica y geográfica, y también su idioma y su literatura.

que los sonidos del anglosajón, las vocales abiertas, las Rs duras como la R escocesa, son acaso mejores que los sonidos más suaves del inglés actual. El anglosajón era mucho más sonoro. Esa es la razón. Y ahora mi memoria está llena de versos anglosajones. En la poesía anglosajona tenemos continuamente la impresión de que los poemas han sido escritos o cantados por, o más bien, dados a, hombres simples y valientes. No abundan en vanidades. Hay quizá algo de vanidad en las *kennings*. Pero los anglosajones pronto se dieron cuenta de que las *kennings* no llevaban a nada y éstas se transformaron así en meros sinónimos. Los anglosajones fueron, además, los primeros en hablar abiertamente: recuerdo las elegías, el comienzo del *Seafarer*: *Mæg ic be me sylfum soðgied wrecan, siþas secgan*: "Puedo cantar una canción de mí mismo / narrar mis viajes".[215] Esas primeras líneas pertenecen en realidad a Walt Whitman. En la poesía anglosajona encontramos además algo esencial, no solo

---

[215] Borges cita aquí los versos iniciales de la elegía anglosajona conocida como *El Navegante* (en inglés: *Seafarer*). En *Literaturas germánicas medievales* Borges afirma: "Las llamadas elegías anglosajonas ya son específicamente inglesas, por el sentimiento de la soledad, por la pasión del mar y por cierto melancólico dejo que, a riesgo de cometer un anacronismo, podemos calificar de romántico". Ofrece asimismo una traducción de este poema en su *Breve antología anglosajona,* al que describe luego con la siguiente nota "Esta composición es la más famosa de las elegías anglosajonas. Data del siglo IX. Los dos primeros versos prefiguran la remota voz de Walt Whitman. El poeta, hoy anónimo, declara a la vez el horror del mar y la fascinación del mar, que es tan característica de Inglaterra, y que se repite a lo largo de su literatura".

para Inglaterra, sino para todo el mundo: estoy hablando
del mar. El mar está siempre a la vuelta de la esquina en
la poesía anglosajona. Incluso en ese poema tan árido, el
Beowulf, encontramos el mar al comienzo:

> ... *Men ne cunnon*
> *secgan to soðe, seleræden de,*
> *hæleð under heofenum, hwa þæm hlæste onfeng.*[216]

Allí está el mar. Y por supuesto en el *Seafarer*, cuando
el poeta habla de los rigores y la atracción del mar. Hay
quienes han visto en este poema un diálogo. Pero yo creo
que eso es un error, creo que debemos pensarlo como
un poema que ha sido escrito por una sola persona, un
solo personaje que ha sido derrotado por el mar, que ha
padecido al mar, pero ha seguido amándolo a pesar de
ello. Y ese poema es quizá el mejor de todo lo que ha sobrevivido de la literatura anglosajona. Pero hay además
otro poema, escrito después de la batalla de Hastings,
traducido al inglés actual por Longfellow. Es el poema
"La sepultura". Longfellow traduce:

> *Doorless is that house and dark it is within.*

---

[216] Versos 48-52 del *Beowulf*: "[Dejaron que lo llevara y lo arrastrara
el mar, el Guerrero Armado de Lanza. Tristes plañían]. Nadie puede
afirmar con certidumbre, ni los consejeros en las asambleas, ni los
héroes bajo los cielos, quién recibió esa carga". Borges traduce el
comienzo del *Beowulf*, que incluye a estos versos, en su *Breve antología
anglosajona*.

Pero si volvemos al original encontraremos que es aún mejor:

Dureleas is Þet hus, and dearc hit is wiðinnen[217]

AUDIENCIA: ¿Podría contarnos más acerca de su víncu-lo con Ariosto, o lo que siente por la literatura italiana y por Dante?

BORGES: Pienso que la *Divina Comedia* es quizá la obra cumbre de toda la literatura. Y creo que el hecho de que yo piense eso indica que debo tener razón, por-que no hay ningún otro motivo para que a mí me guste tanto la *Comedia*. No tengo, hasta donde yo sé, sangre italiana. No soy católico. No puedo aceptar la mitología en la que está basado ese poema. No creo en el infierno, en el purgatorio ni en el cielo. Y sin embargo, sé que Dante acierta en cada verso. En el caso de Shakespeare, bueno, sabemos que Shakespeare puede decepcionarnos en cualquier momento. Pero Dante no; Dante es total-mente confiable. Podemos confiar, podemos estar seguros de que no va a decepcionarnos jamás. Como poeta, sabe perfectamente lo que está haciendo. Y hay otra cuestión bastante curiosa que quisiera señalar ahora. Es una idea

---

[217] Los versos de "La sepultura" que Borges está citando significan: "Sin puerta es esa casa y oscura es ésta adentro". Borges traduce el poema completo en su *Breve antología anglosajona* (1978). Para más información sobre estos poemas anglosajones, pueden consultarse asimismo *Literaturas germánicas medievales* (1966) y las primeras clases de su curso universitario de literatura inglesa, recopiladas en el libro *Borges profesor*.

de Dante: que la vida de cada persona está cifrada en un único momento. Y ese momento representa años y años de vida, y denota o simboliza a esa persona. Por ejemplo, en la *Comedia* no se nos dice nada en absoluto acerca de Paolo y Francesca. No sabemos nada de sus opiniones políticas (si es que tienen alguna), de sus ideas (si es que las tienen), pero sabemos que estaban leyendo un libro que vino de Bretaña y que repentinamente supieron que los personajes de ese libro eran ellos mismos, y supieron también que estaban enamorados.[218] Con eso nos basta. De manera que Dante elige un momento en la vida de cada persona, y ese instante es ya suficiente, ya que ese momento en particular retrata la personalidad entera, y la vida entera del personaje. A veces Dante consigue esto en sólo tres líneas; a pesar de esa brevedad, el personaje queda retratado de ese modo y para siempre. Este es uno de los logros de Dante, uno de los muchos logros de Dante. Y dado que yo no había estudiado nunca italiano, comencé a leer la *Comedia* en inglés en la traducción de Longfellow. Y leía también las notas. Tenía además en casa una edición bilingüe, y yo leía, primero, el texto en inglés, leía un canto, y luego el texto italiano. Seguí leyendo así y cuando me encontré nuevamente en el Purgatorio, pude ya prescindir del inglés para continuar

---

[218] Borges describe ese instante en su poema titulado "Inferno, V, 29". "Son Paolo y Francesca / y también la reina y su amante / y todos los amantes que han sido / desde aquel Adán y su Eva / en el pasto del Paraíso. / Un libro, un sueño les revela / que son formas de un sueño que fue soñado / en tierras de Bretaña. / Otro libro hará que los hombres, / sueños también, los sueñen". *La cifra* (1981).

leyendo únicamente en italiano. Creo que intentar traducir a Dante al castellano es un error, ya que se trata de idiomas tan parecidos que cualquiera puede entenderlos a ambos. Además, los italianos han hecho muy bien ese trabajo. Yo ya he leído la *Divina Comedia* en diez o doce ediciones diferentes. La he leído en una edición distinta cada vez, y en cada caso me he encontrado con nuevas interpretaciones. Ariosto[219] también ha significado mucho para mí. Tengo un poema que se titula, de hecho, "Ariosto y los árabes".[220] En ese poema lamento que nadie parece haber leído a Ariosto desde que se impusieron *Las mil y una noches*. Y ya ni siquiera leemos *Las mil y una noches* como deberíamos. Hemos olvidado a Ariosto y no deberíamos haberlo olvidado. Esas dos obras, el *Orlando furioso* y *Las mil y una noches*, se parecen en el hecho de que ambas son, en realidad, infinitas. Y creo que el hecho de que sigamos leyendo libros tan vastos es en sí una virtud. Esa extensión es necesaria: todo laberinto debe ser vasto.

---

[219] Ludovico Ariosto (1474-1533). Poeta italiano, autor del poema épico *Orlando furioso*.

[220] "Ariosto y los árabes", poema incluido en *El hacedor* (1960).

11

YO SIEMPRE SENTÍ EL TEMOR
DE LOS ESPEJOS

Yo siempre sentí el temor de los espejos. Cuando era chico, había algo terrible en mi casa. En mi cuarto teníamos tres espejos muy altos. Y como los muebles eran de caoba, actuaban también como una suerte de espejo oscuro, como el espejo que San Pablo describe en su epístola. Me infundían temor, pero como yo era chico nunca me atreví a decir nada.

Universidad de Indiana, abril de 1980

ALBERTO COFFA: Todos los lectores de Borges saben que sus filósofos favoritos tienden a estar vinculados a la tradición idealista, y Schopenhauer es, sin duda, uno de ellos.

JORGE LUIS BORGES: Hume, Berkeley y Schopenhauer, sí.

COFFA: De manera que quizá podemos comenzar por las preguntas más fáciles y tontas para luego ir pasando a preguntas que sigan siendo tontas pero tal vez menos tontas.

BORGES: ¡Seremos lo más tontos que podamos!

COFFA: Podría empezar con lo siguiente. Leí que Borges afirmó sobre Schopenhauer: "Si hoy tuviera que elegir un único filósofo, yo lo elegiría a él. Si el enigma del universo puede ser enunciado en palabras, yo pienso que esas palabras están en sus escritos".

BORGES: ¿Yo dije eso? ¿De veras?

COFFA: Creo que sí. ¿Está usted de acuerdo con eso?

BORGES: Por supuesto.

COFFA: Rodríguez Monegal se pregunta, en la biografía que escribió de Borges[221]...

BORGES: No la he leído. No he leído ninguna biografía sobre mí.

COFFA: Bueno, ha hecho algo mejor, la ha vivido.

BORGES: La he padecido, sí.

COFFA: Rodríguez Monegal se pregunta en qué puede haber consistido exactamente la influencia de Schopenhauer, y responde con una conjetura, que yo quisiera leerle ahora en voz alta para preguntarle qué opina acerca de ella. "En Schopenhauer, Borges encontró quizá la noción de que el arte es el único camino hacia el significado. Que el arte es tan capaz como la ciencia de crear un cosmos natural significativo a partir de un orden social que se derrumba". Así que usando esta cita como excusa, usted podría tal vez decirnos si esta afirmación se aproxima a la verdad.

BORGES: Me pregunto si un orden social que se derrumba tiene algo que ver con la filosofía. Pienso que la

---

[221] Se refiere a Emir Rodríguez Monegal (1921-1985), escritor y crítico literario uruguayo, autor del volumen titulado *Jorge Luis Borges: A Literary Biography* (Dutton, New York, 1978), publicado luego también en castellano bajo el título *Borges: una biografía literaria* (Fondo de Cultura Económica, México, 1987).

filosofía es eterna. Con respecto a la primera parte de su pregunta...

COFFA: El comienzo de la afirmación de Monegal es que en Schopenhauer, Borges encontró tal vez la noción de que el arte es el único camino hacia el significado.

BORGES: Bueno, me resulta difícil aceptar esa afirmación. Yo creo que *todo* el lenguaje ofrece un camino hacia el significado. Cada cosa en el mundo puede ser usada para crear sentido. No veo ninguna razón para que el arte sea el único medio para ello.

COFFA: Usted escribió un poema a Sarmiento, ese gran político argentino.

BORGES: Es el único hombre de genio que hemos tenido, con excepción quizá del poeta Almafuerte. Los demás fueron solo hombres de talento.

COFFA: En este poema, usted lo compara...

BORGES: Me pregunto qué es lo que dije sobre Sarmiento.

COFFA: Bueno, voy a decírselo.

BORGES: Gracias, siento mucha curiosidad.

COFFA: Seguramente estará en desacuerdo, pero usted lo compara con lo que usted llama los héroes de la política argentina, esas personas...

BORGES: Se refiere usted a los padres fundadores, a los próceres.

COFFA: Sí, como Washington aquí o Bolívar en Bolivia.

BORGES: O quizá San Martín.

COFFA: Gente que es tan ambigua que cualquiera podría admirarla, independientemente de la política. Pero a Sarmiento, en cambio, la mitad de los argentinos lo odia y la otra mitad lo ama, incluso hoy.

BORGES: Lo cual es una prueba de que continúa viviendo, de que sigue teniendo amigos y enemigos.

COFFA: Bueno, esto me lleva ahora a Schopenhauer, de una manera misteriosa.

BORGES: Me resulta muy misteriosa.

COFFA: Aquí va: Me pregunto cuando intentamos evaluar a Schopenhauer, utilizando este criterio de su capacidad de ser inequívoco, ¿no le preocupa el hecho de que Schopenhauer puede ser admirado y tomado como ejemplo por una buena persona como el Sr. Borges, y por un tipo tan despreciable como Otto Dietrich Zur Linde,[222] comandante de un campo de concentración en uno de sus cuentos?

BORGES: Sí, claro, lo recuerdo.

COFFA: ¿No le preocupa?

BORGES: No, supongo que ambos tenemos razón, si admiramos a Schopenhauer.

COFFA: Pero por qué le preocupa que San Martín y todos los otros próceres puedan representar distintas cosas para diferentes personas, mientras que usted prefiere el inequívoco Schopenhauer, pero no le preocupa que Schopenhauer pueda ser usado por los nazis para decir lo que ellos querían y por el otro lado por usted mismo para decir lo que usted desea expresar.

BORGES: Si los nazis citan a Schopenhauer, esto únicamente significa que no lo han entendido. Lo mismo vale para Nietzsche. Nietzsche, por ejemplo, dijo tras la funda-

---

[222] Otto Dietrich Zur Linde es el protagonista del cuento "Deutsches Requiem", publicado en *El Aleph* (1949).

ción del imperio alemán: "Otro imperio, otra bobería".[223]
Pero luego los nazis lo usaron también para sus fines. Y
sin embargo Schopenhauer fue su maestro, y ninguno
de los dos era, en absoluto, nacionalista. Yo detesto a los
nacionalismos. Intento ser cosmopolita, ser un ciudadano
del mundo. Y soy a la vez un buen ciudadano argentino.
La República Argentina forma parte del mundo.

COFFA: Alguna gente discutiría esa afirmación.

BORGES: ¿Ah, sí? ¿Acaso la Argentina es parte del Infierno, o del Purgatorio?

COFFA: Probablemente.

BORGES: ¿Y del Paraíso?

COFFA: No, del Paraíso no.

BORGES: No, por cierto que no es parte del Paraíso.
Este es quizá inalcanzable, o inexistente. Mientras que
el infierno nos acompaña siempre, o casi siempre. No hoy,
aquí, por supuesto.

COFFA: ¿Cuál es, entonces, la interpretación correcta
de Schopenhauer? ¿Qué fue lo que lo atrajo desde un
comienzo?

BORGES: Schopenhauer, si mal no recuerdo, escribió

---

[223] Escribe Borges: "La reserva final no debe impulsarnos a creer que
las victorias de 1871 [...] regocijaban [a Nietzsche] con exceso. [...]
[Nietzsche] observa: "Alemania, Alemania encima de todo, es quizá el
lema más insensato que se ha propalado jamás. ¿Por qué Alemania
—pregunto yo— si no quiere, si no representa, si no significa algo
de más valor que lo representado por otras potencias anteriores? En
sí, [Alemania] es sólo un gran Estado más, una bobería más en la
historia". "Algunos pareceres sobre Nietzsche", publicado en el diario
La Nación, Buenos Aires, 11-2-1940.

que no tenía más que una idea: *Die Welt als Wille und Vorstellung*, "El mundo como voluntad e idea",[224] y que el camino más breve para explicar esa idea figuraba en esos dos volúmenes tan gratos que escribió. Ese, dijo Schopenhauer, es el camino más breve, no conozco ningún otro. Pero lo que yo digo todo el tiempo es *Die Welt als Wille und Vorstellung*. Claro que debo explicar esto, porque esas palabras en sí no tienen demasiado sentido. Lo que Schopenhauer llamó *Wille*[225] es, claramente, lo mismo que Bergson llamó *élan vital* y Bernard Shaw llamó *the life force*. Esas tres expresiones significan lo mismo. Y en cuanto a *Vorstellung*,[226] creo que es la misma idea que encontramos en el budismo, la idea de *maya*,[227] de ilusión, de que las cosas no existen en sí mismas sino únicamente como fenómenos. En el caso de Schopenhauer, creo que he seguido leyéndolo y releyéndolo durante toda mi vida porque es, además, un excelente escritor. Nadie espera eso de un filósofo. Y sin embargo, había filósofos que escribían muy bien antes de Kant y Hegel. Luego, los filósofos

---

[224] La traducción literal y más extendida de esta obra de Schopenhauer es *El mundo como voluntad y representación*.

[225] *Wille*: en alemán, "voluntad".

[226] *Vorstellung*: en alemán, "representación, imaginación".

[227] Maya (en sánscrito माया) es un concepto de origen hindú adoptado luego por el budismo. La traducción de este término por "ilusión" es la más frecuente en Occidente. Si bien el significado de esta palabra adquiere matices diversos en las distintas religiones y credos de Asia, en todos los casos apunta a la idea de que el universo, tal cual lo percibimos, no es más que una ilusión del yo y que esa percepción velada oculta una realidad más profunda, inaccesible en principio a los sentidos.

desarrollaron una jerga propia muy peculiar. Pero San Agustín era un buen escritor. Descartes era un buen escritor. Y luego tenemos, por supuesto, a Locke, a Hume y a Berkeley, que escribían muy bien también, al igual que Schopenhauer. Pero hoy en día la filosofía parece estar asociada a una suerte de jerga extraña.

COFFA: Rodríguez Monegal afirma que usted solía encontrarse con su padre[228] y Macedonio Fernández para hablar de filosofía y que ustedes conversaban sobre Schopenhauer. ¿De qué temas hablaban?

BORGES: Recuerdo que cuando yo era chico mi padre me explicó los enigmas esenciales, los problemas esenciales, de la filosofía sin recurrir a un solo nombre ni una sola fecha. Por ejemplo, con la ayuda del tablero de ajedrez, me explicó las paradojas de Zenón, de los presocráticos, sin mencionarlos. Recuerdo también una noche que estábamos en casa y me preguntó —tomó una naranja en su mano, estábamos cenando y había naranjas de postre— y me preguntó: "¿Esta naranja de qué color es?". Y yo le dije: "Bueno, creo que es color naranja". Y me di cuenta de que eso no bastaba y le respondí: "Digamos que es entre amarilla y colorada". Y mi padre me dijo: "Sí, pero qué ocurre si apago la luz o si cerrás los ojos…". Y me quedé mirándolo. Y entonces me dijo: "¿Realmente creés que la naranja está sintiendo continuamente su propio sabor, todo el día y toda la noche?". Y yo le dije: "Bueno, no, no iría tan lejos". Y entonces me preguntó:

---

[228] Se refiere al padre de su interlocutor, es decir a Jorge Guillermo Borges.

"¿Cuánto pesa esta naranja?". Y la sostenía en su mano. Y me fui deslizando así, suavemente, hacia el idealismo, sin que esa palabra hubiera sido siquiera mencionada. Y todo eso me llevó también no a comprender, sino a percibir, a sentir, las paradojas de Zenón, sin que mi padre hubiera siquiera pronunciado ese nombre. Más adelante me dio también un libro, un libro escrito por Lewes, judío, amigo de George Eliot, y ese libro se llamaba *A Biographical History of Philosophy*.[229] Todavía tengo ese libro a mi lado en casa. Y allí encontré que todos esos juegos, esas perplejidades de mi padre, figuraban en ese libro y se llamaban idealismo, filosofía presocrática, etc. Fui llevado a ellas por mi padre, que sabía enseñar. Él era profesor de psicología; descreía profundamente de ella pero la enseñaba de esa manera tan eficaz, haciendo preguntas simples. Me enseñó filosofía con la ayuda de una naranja y del tablero de ajedrez. Luego busqué sentir esos problemas yo mismo. A veces me despierto y me pregunto: "¿Quién soy?" o incluso "¿Qué soy? ¿Qué estoy haciendo?". Y pienso en el fluir del tiempo. Recuerdo un verso extraordinario que Tennyson escribió cuando tenía quince años: "Time flowing in the middle of the night".[230]

---

[229] George Henry Lewes (1817-1878). Filósofo y crítico literario inglés. A pesar de estar casado, Lewes sostuvo un romance con la escritora Marian Evans (cuyo seudónimo fue George Eliot). El divorcio no existía en Inglaterra entonces, pero Lewes dejó a su mujer y se mudó a vivir con Evans, desafiando las convenciones de la época. El estudio de Lewes titulado *A Biographical History of Philosophy* (*Una historia biográfica de la filosofía*) se publicó en 1845-1846.

[230] En el poema de Tennyson titulado "The Mystic", verso 39.

Claro que Tennyson se refería, creo yo, al tiempo Newtoniano, al *tempus absoluto*. Y hay otros versos sobre el tiempo, ya que el tiempo es un tema tan profundo. A mí me parece, de hecho, que el tiempo es *el* tema. Yo creo que es el enigma esencial. Si pudiéramos comprender qué es el tiempo —aunque está claro que no lo sabremos nunca— entonces sabríamos realmente quiénes somos y qué somos. El hecho de que yo esté hoy aquí con ustedes, que estaré en Buenos Aires dentro de diez días, y que recuerde períodos de mi infancia en Uruguay y Argentina... Todas esas cosas me pertenecen de una forma que no puedo expresar, que no logro entender. Pero seguiré intentando resolver estas cuestiones, aunque sé, por supuesto, que no lo lograré jamás, y que el placer no está en la respuesta, sino en la misma búsqueda.

COFFA: En relación a su interés por el idealismo, usted se encontró con el solipsismo; de hecho, usted se refirió al solipsismo la última vez en su charla sobre la poesía.

BORGES: La idea central del solipsismo es que existe un único individuo. Yo soy un individuo, pero también lo es cada uno de ustedes. Y todo el resto ha sido soñado por ese único individuo. Por ejemplo, digamos, el cielo, las estrellas, el planeta Tierra y la historia entera, todo eso no es más que un sueño. Claro que si uno acepta que el solipsismo es absoluto, entonces puede afirmar también que el mundo comienza cuando golpeo la mesa, así... Pero no puede haber empezado entonces, porque ese ya es un hecho pasado. Es un hecho que ocurrió hace mucho, mucho tiempo, en un instante, en el segundo en que golpee la mesa. Y uno puede seguir y seguir así y no terminar jamás. Creo que si fuéramos realmente solipsistas, pensaríamos que existe únicamente el presente: no creeríamos ni en el pasado ni en el futuro. Pero dado que el presente avanza continuamente, debemos aceptar una pequeña porción de pasado y una pequeña porción de futuro. Hay que aceptarlos. Y eso nos llevaría, bueno, a la historia universal, a todo el pasado del mundo, al futuro, y así siguiendo.

COFFA: Mientras me preparaba para esta conversación, pensé que debería explicarle a la audiencia qué es el solipsismo antes de formular mis preguntas acerca del tema, pero me encontré con un problema muy serio.

BORGES: Bueno, el solipsismo, creo, fue descubierto por Descartes, que lo rechazó. Nadie parece haber aceptado el solipsismo. Al menos yo he leído las refutaciones de Bradley y de Bertrand Russell. Pero jamás he leído ninguna prueba a favor, o que proponga seriamente aceptarlo. Sólo he leído refutaciones.

COFFA: Sí, y la mayoría escritas por personas que afirman que el solipsismo es irrefutable.

BORGES: Correcto, irrefutable, a la vez que no logra persuadir a nadie. Eso es lo que Hume dijo de Berkeley, ¿no? "Sus argumentos son irrefutables y no producen la menor convicción".[231] Esas son palabras de Hume.

---

[231] Estas palabras proceden del libro de David Hume titulado *An Enquiry Concerning Human Understanding* (*Investigación sobre el conocimiento humano*, Londres, 1748), Sección XII, Parte III: "Los argumentos de Berkeley no admiten réplica alguna y no producen la menor convicción. Su único efecto es causar ese asombro momentáneo e indecisión y confusión, que son resultado del escepticismo".

COFFA: Que son válidas para la mayoría de los argumentos filosóficos.

BORGES: Sí, eso creo. Pero recuerdo que Emerson escribió que los argumentos no convencen a nadie. Y Walt Whitman también sintió que los argumentos no servían para nada. Pueden convencernos el aire de la noche, el viento, mirar las estrellas, pero no los argumentos.

COFFA: Volveremos al idealismo en instantes, pero ahora quisiera hacerle una pregunta sobre un filósofo que no ha influido demasiado sobre usted, hasta donde yo sé, el filósofo español Ortega y Gasset. No quiero preguntarle específicamente sobre él, sino sobre un análisis que usted hizo...

BORGES: ¿Yo hice un análisis?

COFFA: Sí. Sobre un tema sobre el que Ortega y Gasset escribió, lo cual no es sorprendente dado que escribió sobre todos los temas, según me dicen.

BORGES: No lo he leído.

COFFA: Su análisis tenía que ver con la teoría de Ortega y Gasset sobre la novela.[232] En pocas palabras, lo que él decía era que...

BORGES: ... que es imposible inventar un argumento que sea realmente nuevo. Pero la gente está continuamente inventando nuevos argumentos. Por ejemplo, los escritores de cuentos policiales inventan nuevas tramas todo el tiempo.

COFFA: Correcto, y con esto Ortega y Gasset hacía alu-

---

[232] Este análisis figura en el prólogo que Borges escribió para *La invención de Morel* de Adolfo Bioy Casares.

sión a la distinción entre sustancia y función, y lo que él dice es que hasta el 1900, no solo la literatura sino también la ciencia habían estado basadas en la idea de función, en tanto que nadie se había fijado en serio en la sustancia...

BORGES: Sustancia y función. ¿Qué quiere decir con eso exactamente? Me cuesta seguirlo.

COFFA: Estoy citando a Ortega y Gasset.

BORGES: Pero hay que explicarlo para poder entenderlo. ¿Qué quería decir con "función"? ¿Se refería a la trama?

COFFA: Supongo que se refería a la estructura de la novela, independientemente de la psicología de los personajes.

BORGES: Bueno, eso depende. En el caso de un cuento, la trama es lo más importante. Pero en el caso de una novela, podemos llegar a obviarla, lo que realmente importa son los personajes. O tal vez en un cuento de Henry James, ambos son importantes. O en un cuento de Kipling, por ejemplo, ambas son importantes: la trama y eso que recibe el difuso nombre de "psicología de los personajes".

Pero para recurrir a un ejemplo famoso, el *Quijote*, incluso en el caso de esa novela tan famosa, uno siente que esas aventuras son poco más que adjetivos del protagonista. Son como atributos del Quijote. Son necesarias para que lo conozcamos *a él*. Todas las aventuras de Don Quijote son como adjetivos de Don Quijote. Están ahí para mostrarnos qué clase de persona era. Las aventuras en sí son irrelevantes y más bien pobres. Pero cumplen bien su función, ya que luego de leer el *Quijote* sentimos que lo conocemos y sabemos quién era. Y nos han permitido ser Don Quijote o Alonso Quijano durante todo ese tiempo, mientras leíamos el libro. Y lo mismo podría decirse de muchas otras novelas, por ejemplo, las de George Meredith, *The Egoist* y muchas otras. Uno siente que han sido escritas para mostrar al personaje. En tanto que en otras novelas, lo que realmente importa es la acción, y luego la sorpresa que uno encuentra al final. Por ejemplo en las novelas de aventuras. Yo diría que en *La isla del tesoro* de Stevenson y *Las mil y una noches* lo más importante son las aventuras y no los personajes, ya que los personajes no podrían existir sin esas aventuras. Las aventuras son lo más importante.

COFFA: Yo creo que lo que Ortega y Gasset trataba de afirmar es...

BORGES: Pareciera que Ortega y Gasset leyó muy pocas novelas, ¿no?

COFFA: No sabría decirle.

BORGES: Bueno, Ortega y Gasset no sabía nada de inglés, así que se perdió las mejores novelas del mundo.

COFFA: No sé. Pero me parece que lo que él afirmaba es que ya no hay posibilidad de inventar argumentos nuevos, que los hemos agotado.

BORGES: No lo creo. Yo estoy continuamente inventándolos. No parece que se me hayan acabado.

COFFA: Sí, creo que está en lo cierto. Pero en todo caso, lo que Ortega y Gasset quería decir...

BORGES: Ya sé. Lo que él quería eran novelas como *Mario el epicúreo*, de Pater, ¿no? Novelas en las que no ocurre prácticamente nada, que parecen haber sido escritas para que las lea una persona mayor. Creo que lo que quería era ese tipo de novela, ¿no?

COFFA: Proust... Aunque Proust era tal vez demasiado hasta para él.

BORGES: Sí, Henry James, Meredith; Pater.

COFFA: Lo que llamamos novela psicológica.

BORGES: Yo disfruto ambos tipos de novela. Me gustan las tramas y me gustan los personajes.

COFFA: Pero como a él le gustaban, y era filósofo, sentía la necesidad de demostrar que esa era la única opción posible.

BORGES: A ver, déjeme pensar... en el caso de Shakespeare, uno cree en los personajes pero no en los argumentos. Todos creemos en Hamlet. Termina siendo mucho más real que nosotros mismos. Pero no creemos en el fantasma de su padre, en la madre o en su tío. Yo al menos no logro aceptar el argumento. Me sucede lo mismo con Macbeth. Yo creo en Macbeth y en Lady Macbeth. Hasta en las tres brujas que son también las parcas. Pero no logra convencerme la trama.

COFFA: De manera que tenemos la novela psicológica, por un lado, en la que los personajes son lo más importante, en tanto que lo que les ocurre no es tan significativo...

BORGES: En el caso de Conrad, yo creo que *ambos* son importantes. Conrad es para mí *el* novelista. Entonces, en el caso de Conrad, ¿qué pensamos de él? Uno piensa en Conrad tanto en términos del relato como de los personajes. Así que en realidad ese contraste no existe. Estamos hablando de las dos cosas al mismo tiempo.

COFFA: Pero en sus propios escritos, o al menos en muchos de ellos, la trama prevalece por encima de los personajes.

BORGES: El hecho es que soy incapaz de crear personajes. Siempre estoy escribiendo sobre mí mismo en situaciones imposibles. Nunca, que yo sepa, he creado un solo personaje. En mis cuentos, creo que el único personaje soy yo mismo, disfrazado de gaucho, de compadrito, o de alguna otra cosa, pero en realidad soy siempre yo; yo mismo en épocas imaginarias o en situaciones imaginarias. No he creado ningún personaje.

COFFA: Excepto usted mismo.

BORGES: Así es. Pero si pensamos en Dickens, pensamos en términos de multitudes. También en el caso de Shakespeare. En el caso de Balzac, me han dicho que ocurre lo mismo, pero no lo he leído.

COFFA: Aquí viene mi pregunta.

BORGES: Sí, ¡al fin! Le pido disculpas.

COFFA: No se preocupe. No han venido a escuchar mis preguntas.

BORGES: Yo sí he venido a escuchar sus preguntas.

COFFA: La novela psicológica, afirma Ortega y Gasset, es la única opción viable, y hay muchos autores que escriben hoy en día este tipo de novela. Pero luego está este otro tipo de escritura...

BORGES: Son trucos.

COFFA: ... que usted afirma que está viva y gozando de buena salud, esa literatura que usted mismo practica, con Adolfo Bioy Casares y muchas otras personas, y que parece haber tenido una gran influencia en Sudamérica. Y no digo Latinoamérica porque si lo hiciera sé que usted me diría que no existe tal cosa.

BORGES: Así es. Latinoamérica es una ficción.

COFFA: La pregunta es: ¿Tiene esto algo que ver con su

decisión de no escribir novelas psicológicas y de escribir otro tipo de cosas? Y antes de que me conteste, quisiera leerle un párrafo de algo que usted escribió.

BORGES: Sí, pero antes quisiera aclarar que lo que yo escribo no depende de lo que yo *quiero*. Esas cosas me son dadas por algo o alguien. Podemos llamarla la musa o el Espíritu Santo o el inconsciente. Yo no elijo mis temas ni mis argumentos. Me son dados. Los temas me eligen a mí. Yo sólo debo mantenerme al margen y recibirlos con una actitud pasiva.

COFFA: ¿Tenemos a mano un ejemplar de *Otras inquisiciones*?

BORGES: Si no encuentran ninguno, da igual: pueden inventar cualquier cosa que se les ocurra.

COFFA: Quisiera pedirle que comente algo que usted afirma en "Nota sobre (hacia) Bernard Shaw" de *Otras inquisiciones*.[233]

BORGES: Ah, ¿yo afirmo algo?

COFFA: Sí, sí.

BORGES: Escribí esas cosas hace mucho tiempo y soy un señor mayor ahora, tengo más de ochenta. No puede esperarse que recuerde todo lo que he escrito. Además, yo nunca releo mis propios textos. Intento recordar a otros autores, mejores que yo.

COFFA: "El carácter del hombre y sus variaciones son el tema esencial de la novela de nuestro tiempo; la lírica es la complaciente magnificación de venturas o desventuras..."

---

[233] "Nota sobre (hacia) Bernard Shaw", incluida en *Otras inquisiciones* (1952).

BORGES: ¿Yo escribí eso?

COFFA: Sí. Usted lo escribió.

BORGES: Está bastante bien, ¿eh?

COFFA: "... las filosofías de Heidegger y de Jaspers..."

BORGES: ¿Yo escribí eso?

COFFA: Sí, pero déjeme terminar la frase.

BORGES: Nunca las he leído.

COFFA: "... hacen de cada uno de nosotros el interesante interlocutor de un diálogo secreto y continuo con la nada o con la divinidad..."

BORGES: Sólo he leído la filosofía existencialista de Alexis Meinong.

COFFA: "... estas disciplinas, que formalmente pueden ser admirables, fomentan esa ilusión del yo que el *Vedanta* reprueba como error capital".

BORGES: También fueron rechazadas por el Buda, creo, ¿no? Y por Hume.

COFFA: Y por Schopenhauer.

BORGES: Por Schopenhauer y por mi amigo Macedonio Fernández.

COFFA: "Suelen jugar a la desesperación y a la angustia, pero en el fondo halagan la vanidad; son, en tal sentido, inmorales". De manera que tenemos la poesía lírica, las obras de Heidegger y Jaspers que son en último término inmorales, y luego tenemos la obra de Shaw, que usted presenta como paradigma del enfoque opuesto, y que "deja un sabor de liberación".

BORGES: Me parece que alguien metió ahí los nombres de Heidegger y de Jaspers.

COFFA: ¿Podría darnos su opinión sobre todo esto?

BORGES: Sí. Claro que puedo. Al menos voy a intentarlo. Pienso que la novela intenta halagar al lector convirtiéndolo en un personaje interesante, mientras que en la épica, por ejemplo, no se espera que el lector analice sus propias desventuras. Y en ese sentido uno puede pensar que la novela es algo inmoral. O en Beider, que fomenta la introspección, y abunda así, como decía Kipling, en la autocompasión, que encontramos en la novela, pero que la épica jamás fomenta, ni tampoco aquellos escritores que tienen un sesgo épico, por ejemplo, Joseph Conrad o George Bernard Shaw.

COFFA: La conjetura absurda que yo quería que usted refutara era la siguiente: que a usted no le interesan demasiado las novelas psicológicas porque usted no cree que exista el yo, y que en todo caso el yo no tiene nada de interesante.

BORGES: Pienso que la novela psicológica propende a las falsedades y a las mentiras. Uno puede decir cualquier cosa en una novela psicológica. "Fulano era tan feliz que decidió suicidarse". Eso puede pasar en una novela, pero nunca en un cuento. En una novela, todo es posible. Por ejemplo, la idea de amar y odiar a alguien al mismo tiempo. Bueno, el psicoanálisis es una suerte de novela. O de chisme.

COFFA: Entonces, ¿podríamos decir, o estoy totalmente equivocado, que la novela psicológica está basada en una filosofía errónea, en una filosofía que, como las de Heidegger y de Jaspers, y la poesía lírica, son en cierto sentido éticamente incorrectas?

BORGES: Sí. Me atrevería a afirmar eso, al menos aquí y ahora. Me pregunto qué pensaré de esto mañana, o pasado mañana. Pero hoy, sí, estoy completamente de

acuerdo. La novela psicológica es algo en cierto sentido erróneo. Y lo mismo puede decirse del movimiento
romántico, del sentimentalismo. Me parece que a todas
esas cosas habría que atenuarlas, más que propiciarlas.

COFFA: ¿Sería correcto vincular a la novela psicológica
con una actitud realista...

BORGES: Supongo que sí.

COFFA: ... en tanto que su literatura mágica y fantástica, estaría más bien vinculada con una visión idealista
de las cosas, idealista al menos en términos de la noción
del yo?

BORGES: Yo tiendo a pensar que todas las cosas son
ilusorias. La idea de que el mundo es acaso un sueño no
me resulta ajena. Todo lo contrario. Pero sé que cuando
escribo debo enriquecer al sueño, debo agregarle algo al
sueño. Debo, digamos, darle estructura al sueño. Y en
cuanto al realismo, siempre he pensado que es intrínse-
camente, esencialmente falso. Yo no tengo interés, digamos, en el color local, o en la veracidad histórica. Esas
cosas me son ajenas. Lo que a mí verdaderamente me
gusta es dejarme soñar, es dejarme llevar por el sueño.
Eso es lo que realmente me agrada. Pero luego, claro,
debo regresar a la labor de escribir, de corregir las prue-
bas, de pulir las oraciones. Pero yo creo que un escritor es,
esencialmente, un hombre que está siempre soñando. Yo
estoy continuamente soñando, y quizá los esté soñando
a todos ustedes en este momento, al fin y al cabo.

COFFA: Usted ha dicho que la historia universal es la
historia de unas cuantas metáforas.

BORGES: Supongo que al escribir eso estaba intentando decir algo que tuviera fuerza. Me pregunto si será

cierto eso, ¿eh? Podría decirse que sí, y además suena bien. Con eso debería bastar, ¿no? "La historia universal es la historia de unas cuantas metáforas". Cuando lo escribí, estaba seguro de eso. Pero ahora no me convence en absoluto. Acaso los convenza a ustedes. Pero a mí en este momento, no; yo creo que la historia universal es mucho más que eso. Es, acaso, lo que describió James Joyce: una pesadilla de la que todos estamos intentando despertar.

COFFA: Una afirmación cercana a esta que usted hace y con la que usted esté acaso más de acuerdo es que la literatura es la exploración de un número finito y bastante reducido de metáforas.

BORGES: Sí, eso es cierto. Creo que existen sólo unas pocas metáforas. Creo que la idea de inventar nuevas metáforas es una idea errónea. Tenemos, por ejemplo, el tiempo como río, la vida como sueño, el sueño que equivale a la muerte, los ojos como estrellas. Con eso debería bastar. Y sin embargo, hará unos diez años, leí una metáfora que me sorprendió muchísimo. Pertenecía a un poeta hindú. Y allí descubrí que los Himalayas son la risa de Shiva.[234] Es decir, un dios terrible para una montaña

---

[234] La metáfora que Borges recuerda se encuentra en el *Meghaduta* o *La nube mensajera,* obra lírica del poeta Kalidasa (siglo IV), considerado por muchos el más célebre de los poetas sánscritos. *La nube mensajera* cuenta la historia de un *yaksha* o semidiós quien le pide a una nube que lleve un mensaje a su amada. Para convencer a la nube de lo conveniente de esa misión, el *yaksha* le describe en detalle los bellos paisajes que encontrará en su camino. La estrofa relevante es la siguiente: "Y yendo ya más lejos, serás huésped del

terrible. Y esa metáfora es nueva, o al menos lo es para mí; no se parece a ninguna de las metáforas comunes que ya conozco. La idea de las montañas como la risa de Shiva. Y luego pensé también que había encontrado metáforas nuevas en Chesterton, pero más adelante descubrí que no eran en realidad nuevas. Por ejemplo, cuando le hace decir a un vikingo danés, en *The Ballad of the White Horse*:

> *And marble like solid moonlight*
> *and gold like a frozen fire.*[235]

Esas son, por supuesto, metáforas imposibles. Y sin embargo la idea de comparar el mármol blanco con la luna, o el oro como fuego, no son nuevas. Pero allí están expresadas de una manera nueva. Y cuando Chesterton escribe:

> *But I shall not grow too old to see*
> *Enormous night arise*
> *A cloud that is larger than the world*
> *And a monster made of eyes.*[236]

Monte Kailasa, cuyos cimientos fueron devastados por Ravana, y que se yergue con altos picos blancos como lotos, hacia el cielo, como la risa de Shiva" (parte I, línea 58).

[235] "Mármol como luz de luna sólida / y oro como fuego congelado". Chesterton, G.K., *The Ballad of the White Horse* ("La balada del caballo blanco"), Libro III, estrofa n.º 22.

[236] Estos versos pertenecen al poema titulado "A second childhood" ("Segunda infancia"), que figura en el libro de poemas titulado *The Ballad of St. Barbara and other verses*.

podemos pensar que esto es algo nuevo, pero en realidad la idea de ojos y estrellas siempre han ido juntas. De manera que lo que Chesterton hizo fue darle una forma nueva a esas metáforas tan antiguas y, diría yo, esenciales.

COFFA: Usted utiliza un conjunto exiguo de metáforas.

BORGES: Recordaré aquí lo que dijo Emerson: el lenguaje es poesía fósil. Emerson dijo que todas las palabras son metáforas.[237] Y eso lo podemos comprobar fácilmente buscando una palabra en el diccionario. Toda palabra es una metáfora o, en todo caso, poesía fósil, una expresión que es también, de por sí, una linda metáfora.

COFFA: En su obra tenemos la imagen del espejo, los sueños, usted tiene un repertorio propio, como ha dicho alguna gente.

---

[237] En el ensayo titulado "The Poet" ("El poeta"), Emerson escribe: "Los poetas crearon todas las palabras, y por lo tanto el lenguaje es un archivo de la historia y, podríamos decir, una suerte de tumba de las musas. Ya que, aun cuando el origen de la mayoría de las palabras ha sido olvidado, en su origen cada palabra surgió de un arrebato de genialidad, y logró luego extender su uso porque resultó apropiada para representar el mundo, tanto para el hablante como para el oyente. La etimología devela que hasta la más olvidada de las palabras fue una vez una imagen vívida. El lenguaje es poesía fósil. Así como la piedra caliza del continente está conformada por los restos minerales del armazón de infinitos microorganismos, el lenguaje está compuesto de imágenes y usos figurativos que ahora, utilizados solo en su sentido secundario, han quedado despojadas de su primario origen poético. Pero el poeta da el verdadero nombre a la cosa porque la ve, o al menos se acerca más a ella que cualquier otra persona". En: Emerson, Ralph Waldo. *Essays. Second Series* (1844).

BORGES: Sí, es verdad, tengo algunos temas que se repiten. Un repertorio, sí. Pero esas cosas me han sido dadas. No puedo evitarlas. Me resulta imposible escribir sin recurrir a ellas.

COFFA: Está bien, no es una acusación.

BORGES: Esos temas son esenciales para mí. No son arbitrarios. No los he elegido, son ellos los que me han elegido a mí.

COFFA: Bueno, ¡entonces tienen buen gusto! ¿Se refiere a los espejos, por ejemplo?

BORGES: Yo siempre sentí el temor de los espejos. Cuando era chico, había algo terrible en mi casa. En mi cuarto teníamos tres espejos muy altos. Y como los muebles eran de caoba, actuaban también como una suerte de espejo oscuro, como el espejo que San Pablo describe en su epístola. Me infundían temor, pero como yo era chico nunca me atreví a decir nada. Y entonces cada noche me enfrentaba a tres o cuatro imágenes de mí mismo. Y yo sentía que eso era algo terrible. Pero jamás dije nada: la niñez es tímida.

COFFA: Me parece que usted utiliza la mayoría de las metáforas que uno encuentra en sus obras para sostener alguna versión del idealismo, si es que cabe utilizar ese argumento.

BORGES: Supongo que sí. Mi idea del *fetch*, del *Doppelgänger* en alemán, el doble en Jekyll y Hyde.

COFFA: Que encontramos también en "Tlön"[238] cuando

---

[238] "Tlön, Uqbar, Orbis Tertius", publicado en *Ficciones* (1944).

el heresiarca dice que los espejos y la cópula son abominables porque multiplican las imágenes del hombre.

BORGES: Pienso que las imágenes de la humanidad y las imágenes del espejo son igualmente reales, e igualmente irreales. Los espejos y la cópula son la misma cosa. Equivalen a crear imágenes, no realidades.

COFFA: De igual modo los sueños, que están con frecuencia basados en esas otras metáforas del retorno circular o de un retorno...

BORGES: ... en el tiempo.

COFFA: Sí, *ad infinitum*, en el que los soñadores...

BORGES: El tiempo, al que San Agustín llamó "el laberinto circular de los estoicos". Ellos pensaban que la historia se repetía una y otra vez. Recuerdo un muy buen poema de Dante Gabriel Rosetti[239] basado en la misma idea:

I have been here before,
But when or how I cannot tell:
I know the grass beyond the door,
The sweet keen smell,
The sighing sound, the lights around the shore.
You have been mine before.

El poema tiene tres estrofas y se llama "Sudden Light".[240] Trata sobre lo que uno siente cuando percibe

---

[239] Véase la nota 196.

[240] "Sudden Light", "Luz repentina". Rosetti escribió este poema alrededor de 1853. Fue publicado por primera vez en 1863 en el volumen titulado *Poems: An Offering to Lancashire*. En castellano, los versos que Borges cita rezan: "He estado aquí antes / Aunque no

que lo que está viviendo ya ha sucedido. Lo que los franceses llaman *déjà vu*.

COFFA: ¿Podríamos decir que a través del uso de estas metáforas lo que usted está generalmente intentando es destruir nuestras percepciones, basadas en el sentido común, acerca de la naturaleza del mundo que nos rodea?

BORGES: El progreso.

COFFA: No, no me refiero al progreso. Me pregunto si usted está intentando dar a sus lectores la impresión de que el mundo no es tan sólido como parece.

BORGES: Yo podría llegar a creer que el espacio no existe. Yo creo que podría imaginarme perfectamente un mundo sin espacio, un mundo de música, por ejemplo: un mundo en el que solo existen los sonidos, las palabras, y sus significados. Pero no puedo imaginar un mundo sin tiempo. Y sin embargo, dos veces en mi vida he tenido la experiencia de estar en un mundo sin tiempo. Esto me ocurrió sólo dos veces en toda mi vida. Un día en que me sentía muy desdichado, me sentí repentinamente fuera del tiempo. No sé cuánto duró. Fue una experiencia muy rara.

COFFA: En sus cuentos hay personajes que logran descifrar el enigma del universo. Como usted dice, si hay alguien que ha dejado escrita la respuesta a ese enigma, ese alguien es Schopenhauer. En sus cuentos, algunos personajes logran encontrarla.

---

recuerdo cómo ni cuándo / Recuerdo la hierba más allá de la puerta / El dulce y ansioso aroma / El sonido del suspiro, las luces alrededor de la costa / Ya fuiste mía antes".

BORGES: Sí, mis personajes lo logran, pero yo no. Y lo logran porque son personajes de ficción. Pero yo mismo no tengo ninguna solución para ofrecer.

COFFA: No iba a pedírsela. Solo quisiera que nos explicara las cosas extrañas que les ocurren a estos personajes una vez que resuelven el enigma del universo.

BORGES: Bueno, por supuesto que jamás logran expresar esa solución porque yo soy incapaz de expresarla por ellos. Ellos la encuentran pero yo no la sé, de manera que debo inventar algo que justifique su silencio.

COFFA: Bueno, acaba de darme la respuesta a la próxima pregunta que pensaba hacerle, pero la formularé de todas maneras. Me parece que dos casos opuestos de esa misma situación son Carlos Argentino Daneri, de "El Aleph",[241] quien, al observar el Aleph, logra finalmente observar el universo. Luego intenta explicar lo que vio y escribe un poema que no tiene el menor sentido.

BORGES: Sí, sin el menor sentido. Como la mayoría de los poetas.

COFFA: Por el otro lado, está Tzinacán, el mago de la pirámide de Qaholom, que también ha logrado, en cierta forma, resolver el enigma del universo, pero decide callar.[242]

BORGES: La razón es que en ese caso soy yo el que no puede hablar, porque no sé la respuesta.

---

[241] Relato incluido en el libro homónimo, publicado por primera vez en 1949.

[242] Tzinacán es el personaje principal del relato de Borges titulado "La escritura del dios", publicado en *El Aleph* (1949).

COFFA: ¿Eso es todo, realmente? ¿Se trata solamente de un truco?

BORGES: Me temo que sí, es un truco. ¿Qué puedo hacer al respecto? Escribí ese cuento hace ya tanto tiempo...

COFFA: ¿Le leo el último párrafo? Le va a gustar.

BORGES: Gracias, sí. Espero que me guste. Yo escribía en un estilo muy barroco en esa época. Es un cuento sobre un leopardo, ¿no?

COFFA: Sí, hay un leopardo. Es la historia del sacerdote o mago de la pirámide de Qaholom.

BORGES: Al final siente el poder de Dios, o de uno de sus dioses.

COFFA: Descifra la escritura del leopardo.

BORGES: Creo que es un azteca, si mal no recuerdo.

COFFA: Sí, correcto.

BORGES: Tenía que ser azteca porque yo necesitaba un jaguar.[243]

COFFA: "Que muera conmigo el misterio que está escrito en los tigres".

BORGES: Sí, porque yo pienso que la piel del leopardo se parece a la escritura.

COFFA: "Quien ha entrevisto el universo, quien ha entrevisto los ardientes designios del universo, no puede pensar en un hombre, en sus triviales dichas o desventuras, aunque ese hombre sea él".

---

[243] Véase a este respecto el capítulo titulado: "Criptograma y escritura: perdiendo cuentas en 'La escritura del dios'", en Balderston, Daniel. *¿Fuera de contexto? Referencialidad histórica y expresión de la realidad en Borges*, Rosario, Beatriz Viterbo, 1990.

BORGES: Está pensando en el mal.

COFFA: "Ese hombre *ha sido él*, y ahora no le importa".

BORGES: Porque ahora la revelación lo ha transfigurado, lo ha convertido en otra persona. Ya no le importa el individuo que fue antes de haber alcanzado esa revelación.

COFFA: Carlos Argentino Daneri y Tzinacán son dos personas que han descifrado el secreto del universo. Una de ellas intenta hablar y dice las cosas más estúpidas que uno podría imaginarse.

BORGES: Y el otro calla porque yo no he logrado encontrar las palabras adecuadas.

COFFA: No solo eso, sino que además adopta una visión del mundo afín a Schopenhauer.

BORGES: Supongo que para él, el mundo era inefable, indescriptible, ¿no? Y tenía razón, porque todas las palabras presuponen una experiencia compartida. Si yo uso la palabra "amarillo", y ustedes nunca han visto ese color, nunca comprenderán lo que digo. Y si yo he sentido lo absoluto, y ustedes no, jamás lograrán entenderme. Esa es la verdadera razón. Todas las palabras postulan una realidad o una irrealidad compartidas entre el hablante y su interlocutor, o entre el escritor y el lector. Pero en ciertos casos, como en el caso de los éxtasis, esas cosas solo pueden transmitirse a través de metáforas, no pueden ser dichas directamente. Hay que decirlas a través de símbolos. Esa es la razón por la cual los místicos emplean una y otra vez las mismas metáforas. A veces son metáforas conceptuales, y otras veces los místicos recurren a la uva, la rosa, o también el amor carnal. Es el caso de los místicos persas, los sufíes.

COFFA: Hay un filósofo muy importante que ha recibido una fuerte influencia de los pensadores más caros a usted, de Schopenhauer y también de Mauthner, que a usted también le gusta mucho. Me refiero a Wittgenstein[244]...

BORGES: Wittgenstein, claro, sí.

COFFA: ... quien afirmó que la diferencia filosófica más significativa es aquella que puede trazarse entre lo que puede ser dicho, que coincide con aquello que puede ser pensado, por un lado, y aquello que uno quisiera que fuera dicho, aquello que los filósofos están intentando decir en medio de su confusión profesional, a lo largo de sus vidas, pero que sólo puede ser mostrado. La distinción es entre decir y mostrar.

BORGES: Pienso que el arte es una alusión continua. Creo que uno solo puede aludir a las cosas, nunca expresarlas. Esto va por supuesto en contra de toda la teoría de Benedetto Croce.[245] Pero siento que yo solo soy capaz

---

[244] Ludwig Wittgenstein (1889-1951), filósofo británico de origen austriaco. Estudió filosofía, lógica y lógica matemática en la Universidad de Cambridge, donde fue discípulo de Bertrand Russell. Al comenzar la Primera Guerra Mundial, se alistó en el ejército austrohúngaro. Vivió luego en Austria y Noruega y en 1929 regresó a Cambrige, donde se doctoró con el apoyo de Russell y fue nombrado profesor. Sólo se publicó en vida su *Tractatus Logico Philosophicus* (1921); sus demás obras fueron llevadas a la imprenta en forma póstuma.

[245] Benedetto Croce (1866-1925), filósofo, historiador y crítico de arte italiano. Estudió filosofía e historia en Roma y en Nápoles y en 1902 publicó su obra titulada *Estética*. Al año siguiente fundó la revista cultural llamada *Crítica*. Fue asimismo un apasionado antifascista, y

de aludir a las cosas. Puedo mencionar la luna, pero no puedo definirla. Me es dado mencionarla, si lo hago de manera discreta.

COFFA: Quizá su héroe Tzinacán también pensaba así.

BORGES: No lo sé. Sé muy poco acerca de él.

COFFA: Al igual que todos nosotros. Pero quisiera leerle el último párrafo de uno de sus cuentos, "La muralla y los libros".[246]

BORGES: Ese es en realidad un ensayo, no un cuento. Pero en cierto sentido es, también, un cuento.

COFFA: Me han dicho que usted ha desdibujado la diferencia entre el ensayo y el cuento, y que gracias a usted ya no sabemos cuál es el límite entre una y otra cosa.

BORGES: Y también entre el verso y la prosa. Oscilo siempre entre ambos.

COFFA: Bueno, voy a leerle el último párrafo.

BORGES: La curiosidad me está matando.

COFFA: "La muralla tenaz que en este momento, y en todos, proyecta sobre tierras que no veré su sistema de sombras"...

BORGES: "Sistema" es una buena palabra porque denota algo ordenado y al mismo tiempo desconocido.

---

su participación en la vida pública de Italia en los años que siguieron a la Segunda Guerra Mundial contribuyeron a la restauración de las instituciones liberales de su país. Sus contribuciones a los estudios culturales, a la filosofía de la estética y al estudio del pensamiento del artista renacentista Giambattista Vico constituyen acaso su legado más importante.

[246] "La muralla y los libros", publicado en *Otras inquisiciones* (1952).

COFFA: "... es la sombra de un César que ordenó que la más reverente de las naciones quemara su pasado".

BORGES: Me refiero allí al Primer Emperador, Shih Huang Ti, el emperador chino.[247]

COFFA: "Es verosímil que la idea nos toque de por sí, fuera de las conjeturas que permite. (Su virtud puede estar en la oposición de construir y destruir, en enorme escala). Generalizando el caso anterior, podríamos inferir que todas las formas tienen su virtud en sí mismas y no en un 'contenido' conjetural. Eso concordaría con la tesis de Benedetto Croce; ya Pater, en 1877, afirmó que todas las artes aspiran a la condición de la música, que no es otra cosa que forma. La música, los estados de la felicidad, la mitología, las caras trabajadas por el tiempo, ciertos crepúsculos y ciertos lugares, quieren decirnos algo, o algo dijeron que no hubiéramos debido perder, o están por decir algo; esta inminencia de una revelación, que no se produce, es, quizá, el hecho estético".

Me pregunto si tiene algo que agregar.

BORGES: Solo puedo decir que estoy de acuerdo, aunque han pasado ya tantos años desde que escribí esas líneas. Tengo esa misma sensación de vez en cuando. Especialmente cuando miro el mar o la llanura o la monta-

---

[247] Shih Huang Ti (259-210 a.C.). Monarca que logró la unificación de China convirtiéndose así en el primer emperador. Inició la construcción de la que se convertiría en la Gran Muralla e instauró la política llamada 焚書坑儒 *Fénshū Kēngrú*, "Quema de libros y enterramiento de estudiosos", que llevó a la prohibición de las antiguas escuelas de pensamiento, a la destrucción de sus textos y a la ejecución y exilio de numerosos eruditos, intelectuales y maestros.

ña, quizá, o cuando me alcanza una música. Siento que estoy por recibir algo que luego seré acaso incapaz de expresar. Sí, eso es lo que siento.

SOBRE LOS PARTICIPANTES

Jaime Alazraki (1934-2014). Nacido en La Rioja, Argentina, se recibió en la Universidad Hebrea de Jerusalem y se doctoró luego en la Universidad de Columbia, Nueva York, donde fue luego profesor. Enseñó también en Harvard y la Universidad Autónoma de Barcelona. Autor de varias obras sobre Borges, entre ellos el volumen *Borges y la cábala*.

Willis Barnstone (n. 1927). Escritor, poeta, estudioso de la Biblia, ensayista y fotógrafo, se doctoró en la Universidad de Yale y es profesor emérito distinguido de la Universidad de Indiana. Ha publicado traducciones de obras en varios idiomas, entre otros chino, griego y hebreo bíblico, y ha recibido numerosos premios literarios. Entre sus libros más recientes: *Life Watch* (poemas), *Café de l'Aube a Paris* y *The Restored New Testament*.

Luis Beltrán (1932-2019). Profesor de Español y Literatura Comparada de la Universidad de Indiana, fue autor de varios volúmenes de poesía, escribió la novela autobiográfica *El fruto de su vientre*, y publicó asimismo estudios sobre Federico García Lorca y *El libro del buen amor* de Juan Ruiz.

Kenneth Brecher (n. 1944). Actualmente profesor de física y astronomía de la Universidad de Boston. Compartía con Borges su interés por las paradojas y el tiempo. Se especializó en astrofísica, cosmología, relatividad e historia de la astronomía. Es autor del libro *Astronomy and the ancients.*

Dick Cavett (n. 1936). Guionista, actor y personalidad televisiva de los Estados Unidos, fue el anfitrión del programa de entrevistas *The Dick Cavett Show*, que se transmitió intermitentemente durante más de cuatro décadas en distintas radios de ese país.

Alberto Coffa (1935-1984). Profesor de Historia y Filosofía de la Ciencia de la Universidad de Indiana, fue autor de numerosos artículos, entre ellos un estudio filosófico del uso del tiempo en Borges.

John Coleman (1935-2003). Escritor, traductor y crítico musical, fue profesor de Español y Estudios Latinoamericanos de la Universidad de Nueva York (NYU). Autor de *Notes on Borges and American Literature*, y de numerosos artículos y reseñas.

Roger Cunningham (n. 1948). Recibió el doctorado en literatura comparada de la Universidad de Indiana en 1978.

Robert Dunn. En el momento en que Borges visitó la Universidad de Indiana en 1976, era profesor asistente de inglés de esa casa de estudios.

Miguel Enguídanos (1924-1986). Profesor de Español de la Universidad de Indiana, fue autor de varios libros y ensayos, y editor del libro *Borges: Sus mejores páginas.*

Alastair Reid (1926-2014). Destacado ensayista, poeta y editor colaborador de *The New Yorker*, fue traductor de muchas obras de escritores latinoamericanos al inglés, entre otras, *El oro de los tigres* de Borges.

Margery Resnick (n. 1944). Profesora de letras hispánicas del Massachusetts Institute of Technology y autora de *The Broken Rhythm: the poems of Pedro Garfias* y varios artículos. Editó el volumen *Women Writers in Translation: An Annotated Bibliography, 1945-1982*.